逍遥法内

孟勤国　著

SPM 南方传媒 | 广东人民出版社

·广州·

图书在版编目（CIP）数据

逍遥法内 / 孟勤国著. -- 广州：广东人民出版社，

2025. 7. -- ISBN 978-7-218-18320-6

Ⅰ. D90-53

中国国家版本馆 CIP 数据核字第 2024YG0999 号

XIAOYAO FANEI

逍遥法内

孟勤国　著

出　版　人：肖风华

责任编辑：古海阳　廖志芬
组稿编辑：向继东
封面设计：集力书装
责任技编：吴彦斌

出版发行：广东人民出版社
地　　址：广州市越秀区大沙头四马路10号（邮政编码：510199）
电　　话：（020）85716809（总编室）
传　　真：（020）83289585
网　　址：https://www.gdpph.com
印　　刷：广州市豪威彩色印务有限公司
开　　本：787mm×1092mm　1/16
印　　张：21.75　　字　　数：243千
版　　次：2025年7月第1版
印　　次：2025年7月第1次印刷
定　　价：55.00元

如发现印装质量问题，影响阅读，请与出版社（020-85716849）联系调换。
售书热线：（020）87716172

自 序

年轻时的眼里地球是飘的，上了年纪就知道尘世中一根针也是沉的。在物权法现代化、中国化上耗白头发后，我的写作重心转向了零零碎碎的事情。

这些文字短小随意，或大或小的议题，如针如绵的意见，似雅似俗的词语。《法学评论》将其放在法学随笔栏目之中，《法治周末》将其作为时事评论，《法学家茶座》当然认为是茶客闲谈。当时说的那些在20年30年后已成共识或被证实，可能是归类这些文字的唯一意义。

我自己也说不清楚如何归类。但抹去作者名字，读者可以认出是我的文笔，法学界可能就我写得有点怪异：像论文那样考证，像杂文那样针砭，像演讲那样随性。因此，这几年，我绞尽脑汁也想不出合适的书名。

幸运的是，向继东先生偶尔读了其中一文与我有了联系，他和责任编辑古海阳先生一番沟通，建议本书取名《逍遥法内》。我与向先生、古先生至今未能有缘相见，但已有深深的心心相印，因为"逍遥法内"是如此地贴合我的写作动机与过程。

2024年2月1日

于珞珈山

CONTENTS

目 录

上篇　法学沉浮

1

中篇 法制论衡

下篇 法务纵横

法学沉浮

法学的
风光与自大

这十几年来，法学真的风光起来了。

先是电视屏幕上冒出了许多"说法"的面孔。在《今日说法》《以案说法》之类的专栏中，专家们西装革履、伶牙俐齿，将这个事件那个案例的法律是非说得很像那么一回事，不仅显示了法学的能耐，而且传达法学在中国社会崛起的信息。能在电视上常年摆弄专业知识的行业绝对是社会热门，除了法学，眼下好像也就剩股评和医疗广告了。股评经常与股票走势相反，观众边看边骂，医疗广告听说国家不给上电视了。法学不破人钱财、一般观众不懂不能不信，应能一枝独秀了。

接着，涌现了许许多多的法学成果和法学家。以前的法科学生为没什么书可读而着急，现在的法科学生为读不完书而发愁。走进书店，法学琳琅满目，连一向比较冷清的物权法学，一下子也冒出了几十本。法学成果多了，就需要评奖，一评就发现了许多具有国际和国内领先至少是先进水平的成果，就不得不给作者以法学家之称号。于是，大学校园的树上，随便飘下一片树叶，都有可能落在法学家的头上。光是中国"杰出"的中青年法学家就有上百号，为了安置法学家，中国的法律院校（系）已由20多年前的不足10所爆炸到了600多所。

后来就不用细说了。法学家走进了中南海，给中央领导讲授法学道理，备课、讲课的细节和主讲人对中国法制建设的巨大贡献，随着媒体报道为公众知晓。法学家走进了国家立法机关，为正在起草的法律献计献策。《合同法》出台了，法学家为介绍立法艰难和立法意图到处出书、讲课。《物权法》还没出台，法学家也忙着在报纸、电视及各种会议上指指点点。法学家还走进了社会，成为独立董事、法律顾问、咨询委员等。随着法学家成为公众熟悉的社会精英，有人放出豪言：中国改革的主角将由经济学家转向法学家。

法学的风光应该说是一件好事。从大处说，有助于推动中国走向民主与法治，走向四个现代化，走向和谐社会。中国的几千年历史积淀了厚重的文化，但法学不在其中。封建专制需要大明律、大清律，也需要洗冤录，但不需要探索公平正义的法学，天子就可代表公平正义。只有人民当家作主的社会，才有法律如何集中和体现人民意志的问题，才需要一个以追求良法为根本目标的法学。法学风光的本身就说明了中国社会开始需要法学，反映了中国社会的进步。从小处说，有助于法学家及其与法学沾边的人士活得小康、活得体面、活得自在。如今法学旺了，自然就带动相关产业，法学家有了各种各样挣钱的机会，考研辅导、司法考试培训、出具专家法律意见书等等。

好事来了，皆大欢喜，只是来得似乎突然了一些，有点超出法学的承受能力。范进先生寒窗苦熬多年，突然接到中举喜报，一激动就犯傻。法学比范进先生有自制力，没犯傻，但得意是免不了的。得意很容易洋洋，到了洋洋的境界，就免不了自大。这几年中国社会上下捧着、哄着法学家，弄得不少法学家觉得自己是悬壶济世的神医，能祛中国的百病。前年（2005年），有位主流经济学家豪气地说中国经济学家为中国创造了十万亿的国民财富，法学家还没到这般痴人说梦的地步，但在自大上也病得不轻。其主要症状有三：

一是忘了自己的出身。

是生活决定法律和法学而不是相反，这本是一个人类社会的基本事实。法律是人们共同生活在一个特定的社会必须遵守的行为规则，这种规则虽然由立法者制定，但立法者必须遵循实际生活的规律和需求。法律当然也能影响实际生活，有时还能一定程度改变实际生活，但这种影响和改变始终是次要的、有限的，正如游戏规则无论如何变通都不能脱离游戏本身，打桥牌若约定使用"双扣"的规则，这桥牌就玩不下去。立法者常出昏招，立一些不三不四、有害无害的法律，需要法学琢磨现行法律之不足和提出完善法律之良策。所谓不足、所谓良策，都是以符不符合实际生活的需要作为尺度的。因此，法学研究必须面对社会生活，从实际生活中归纳和抽象出正当、合理的称之为法律的"游戏"规则，形成与之相应的我们称之为法学理论的概念、逻辑和原理。在现有的法律、法学理论与社会生活发生内在冲突时，只能改变前者而不能要求社会生活适应前者。

法学是为社会生活服务的，但法学通常以社会指导者的形象出现在公众前。立法建议、案例分析、普法宣传等，纷纷登场，久而久之，法学似乎就有了主宰社会生活的能力，社会生活似乎就应该为法学服务。在许多法学家的眼里，法学的概念、原则、原理是永恒的真理，从罗马法到德国法再到中国法，一直延续过来而且必须延续下去，如果法学与中国的社会生活不能对接，错在中国的社会生活。因此，体现大陆法系永恒真理的中国台湾地区的法学理论，成为不少法学家规范他们看来很不规范的中国社会的主要依据。他们什么都研究，就是对中国的社会生活没有兴趣，甚至不乏鄙视。贩运和推销中国台湾地区的法学并据此起草立法建议稿仿佛就是法学的根本任务：论文、著作、教材卖力地搬运王泽鉴、谢在全等先生的著述，规矩一点的还能注明出处，让一般公众误以为法学就该是也只能是中国台湾地区那个样子。立法建议力求不失民国时期《六法全书》的原汁原味，让一般公众误以为法律与国际接轨就是与中国台湾地区的所谓"法律"接轨。这还不算，在传播中国台湾地区法学的过程中，这些法学家渐渐忘掉了自己的"传教士"角色，滋生了"上帝"的感觉，将自己的每一句话都当成了"圣经"。他们认定介绍英美法是不合时宜，改良大陆法是不懂常识，研究中国国情是不务正业，甚至宣布只有法学家才能对法律说三道四，因为其他人未经法律专业训练。于是，在自我崇拜的香火中，法学随着缭绕的烟雾飘向了伟大。

二是手伸得很长。

法学在现代社会中确实重要，但再怎么重要，也就是与政治学、经济学、社会学并列的一个学科，没有凌驾或取代这些学科的价值和功能。法学本质上是保守的，是以承认现有社会制度为基础的科学，不像政治学既可以是保守的也可以是激进的。法学的固有价值是为了改善现有的法律状态，使现有的法律更合理更有效，所有的付出都只是改良社会而不是颠覆社会，颠覆社会用不着法律。一个真正的法学家不可能像一个激进的政治家或革命者那样以否定现有的社会制度作为出发点和归宿点。固然，法学是要涉及政治、经济、文化等各个方面的社会状态，要研究法律在政治上、经济上、文化上的正当性和合理性。但是，这种研究是为了使法律更加适应社会生活，而不是为了改变现有的政治、经济和文化，后者的改革应由政治学、经济学和文化学研究和决定。不认同现有的政治、经济、文化，可以呼吁改革，甚至可以改行，但不可以拉法学作虎皮，在法学名义下从事非法学的活动。法律是为了建立和维持秩序，不是为了制造混乱，与现有社会基本制度发生内在冲突的法律是法学所要革除的恶法。法律必须跟着现行的社会基本制度走，是社会主义制度，法律就是社会主义的；假如哪一天实行资本主义制度了，就按资本主义的法律改。

法学应当跟着社会生活转，但是，法学可以直接影响国家立法、司法乃至于人民的法律观念，容易在公众面前造就强势形象。久而久之，法学俨然有了超学科的地位和能力，可以代表政治学和其他社会科学发言和行动。不少法学家习惯于抨击中国政治体制、经济体制和社会体制，以一些先验的、抽象的、孤立的概念，甚至原则作为是非标准，随意解释政治问题、经济问题和社会问题，甚至提供解决方案。他们并没有受过正规的政治学、经济学、社会学的教育，他们有的只是自己的政治信仰，而政治信仰的形成从不需要科学知识。法律和政治关系密切，法学家或多或少关注政治，很容易利用法学能影响立法、司法的便利，在法学研究中以自己的政治信仰作为价值取向，从而将法学变成事实上的政治学。有些人对宪法写有四项基本原则不以为然，如果只是认为这些不是规范的宪法语言倒也罢了，如果反对中国有这些原则，显然是踏入了政治。物权法草案是否违宪，与其说是法学争论，不如说是政治争论，因为争论的双方都不掩饰自己的政治立场。热衷于政治上的角斗，但顶着法学家的光环，他们所说的一切理所当然地被认为是法学。于是，在社会的聚光灯下，法学的神通显得特别的广大。

三是喉咙扯得天响。

公平正义是衡量法律的尺度，但这个尺度本身没有确定的刻度。复杂的相互纠缠的现实利益如何确立和实现公平正义，需要特别的冷静和耐心。梳理现实生活中的各种利益，了解古今中外对同类问题的处理方式及其得失，提出切实可行的平衡各种利益的措施，是法学的日常工作。这些工作必须理智、中立和客观，不能掺杂一丝个人情绪和自身利益。法学应该是很讲理的，对公平正义的解说必须有根有据而且令人信服；法学应该是很宽容的，应让社会和立法者去选择公平正义的不同解说；法学也应该是很实在的，对公平正义的解说都能转化为一种扎实的立法设计。

法学应该是平和的，但法学可以因立法青睐而身价百倍。为立法所采纳的立法设计往往被认定为唯一正确，有关法学家就成为官方认可的法学大家。即便没有提交立法设计，只要被立法机构邀请开上几次会，也能在市面上打出"某某法起草小组成员"的招牌。久而久之，法学难免急躁起来，为争夺话语权拼得你死我活。不少法学家因此丧失了说理的习惯和能力，他们只会说"我认为"，不会说也说不出"我为什么这样认为"。他们常常以常识、国际惯例和一个叫做拉伦茨的德国教授的话作为依据，殊不知所谓常识不过是100多年前的具有时代局限的知识，殊不知所谓的国际惯例也只"通行"于德国、日本和中国台湾这几个地方，殊不知拉伦茨的话还没有进入圣经而且其自身也还需要进一步论证。不少法学家练就了一身武艺，党同伐异，一见到不同"法"见者就拳脚相向。巩献田先给了物权法草案一顶"违宪"的大帽子，一狼牙棒将民法学家打得眼冒金星；随后民法学家一拥而上，在《南方周末》记者的协作下，以"极左""缺德""无才"三大兵器打得巩献田落花流水；已故的郑成思老师说了几句财产法，就有著名民法学家在网上发表了3万字的檄文，宣布民法学界绝不答应。

现在的法学界太平多了。许多法学家运用先进信息技术大量生产法学产品，确保市场份额。找十个八个博士生、硕士生，花上十天半月，学会软件公司提供的复制、剪切程序，一本本由法学家主编的专著或教材便带着油墨清香来到人间。找上几个国家的法律条文，以中国台湾地区的有关规定做母本，改几个实在拗口的名词，再加几句社会主义的习惯用语，一份份法律草案建议稿隆重登台。什么叫理直气壮？似乎有了新的解释：气壮了理自然就直。为了青史留名，许多法学家在嘶喊、不顾一切地嘶喊。于是，在名利场上，法学充分展示了自己的强大。

自大是人性的弱点。如果有本钱自大，倒也没什么，假若比尔·盖茨自大，世人能说什么？顶多说他傲慢。就怕是没来由的自大，那就是极端自卑产生的极度自大。我们的法学有本钱自大吗？中国历史上有过辉煌的哲学、文学、史学，何曾有过像样的法学？只是清末民初，才有沈家本、史尚宽几位先生搞了几年法学，弄了些大清民律草案、中华民国民法，后来又中断于长期战乱。也就是中国改革开放以后，我们的法学才真正起步。一二十年可以产生暴发户，不可能产生贵族，俗话说三代才有可能孕育出贵族。德国法学家、日本法学家以及中国台湾地区的法学家纷纷造访我们的大学和研究机构，固然给我们的法学增添了繁荣景观，但至今没有一处是中国风格的。从洋人和台湾同胞那儿搬来的，摆得再怎么富丽堂皇也不过是大陆法系法学的陈列馆。当下走红的法学家几乎都有"文革"时期的求学背景，外语、汉语、哲学、逻辑，甚至法学，缺这缺那，难免常出"无财产即无人格"之类的现代笑话。我们的法学凭什么自大？是因为得到了官方的赏识？是因为法学家有车有房？是因为法学博士点硕士点的急剧扩张？如是，这是世界上最丑陋的自卑和自大。没有本钱不是耻辱，借人家的东西谋求发达也不是耻辱，耻辱的是不思进取，永远以人家的脑袋为自己的脑袋，而且还自鸣得意。

但法学是可以不自卑、不自大的。少出一些垃圾一样的"成果"，少做一些贩子一样的学问，少争一些浮云一样的名利，法学家就有时间有耐心多关注一些中国的民生，多比较一些国外的情况，多研究一些公平的规则。这样，我们的法学才有可能修炼出不卑不亢的大家风范，自立于世界法学之林。

（原载《法学评论》2007年第1期）

如何成为著名的
法学教授

经常和学生笑谈法学硕士、博士前程，我的态度毫不含糊。

第一选择当然是从政。当了官就有话语权，可以坐学术会议主席台，谈几点谦称为个人意见的指示，台下昔日的老师和同窗隆重地仰望着你，为你成为专家型官员而自豪。学问跟着级别长，只要长到厅级以上，你就有学问，而且你的手下通常会感觉你的学问盖过了史尚宽先生。

第二选挣钱，当大律师，银子多到懒得数，拿点出来设个研究基金或课题，你昔日的老师和同窗会按时拿出你要求的成果，在成果扉页上鸣谢你这位学者型大律师。学术跟着银子走，只要捐出一个亿，想要哪个法学院姓你的姓，随你挑。

没能耐从政或挣钱，只能选择第三——去大学教书。混20年，当个名义上与副厅平起平坐、实际上常挨教务处小科长修理的教授不成问题。但这有点窝囊，不如费点劲，争取当个看起来真有点副厅以上模样，活得滋润、活得牛气的著名教授。

人人都有成佛的慧根，当著名教授一靠努力、二靠方法。在确定了努力的方向以后，方法就是决定的因素，如果你定下著名教授的远大志向，应该熟悉以下三招。

第一招：搏命著书，绝不立说。

讲师、副教授、教授，一路晋升，全靠科研。"没有数量就没有质量"的哲学观点发展为"数量就是质量"，因而什么事都以总量论英雄。没有一大堆的书和文章，一般评不上教授；没有一麻袋以上的书和文章，绝对不可能是著名教授。在尽可能短的时间内出尽可能多的书和文章，就能尽快当上教授；当上了教授，就可以招脑瓜子灵活的研究生，抓他们来编更多的书和文章，形成良性循环。

快出、多出成果，除了需要一台编辑功能强大的电脑以外，还得知道两个秘诀。一是在没出名时舍得花钱，付了费就能变成铅字。职称文件规定：没变成铅字一律不算成果。一篇文章一千，十篇也就是一万，如果职称上一个档次，也就是花费一年不到的新增工资和津贴，第二年开始就净赚，这个账一定要会算。二是坚持人云亦云，不想标新立异的事儿。古人著书是为了立言，今人著书是为了谋生，时代不同了。法学圈内聪明人不少，但没什么天才，天才只选有诺贝尔奖的专业。不是天才就难以文思泉涌，弄出一麻袋的新思想、新观点、新见解，在被翻掘了无数遍的法学田野上，刨出独特的学术见解本不容易，再要自圆其说，很耗费光阴。你若想学古人将著书和立说连在一起，那这辈子也就是一个资深讲师。再说，你说的与主流不同，著名的同行会很生气，会说你错、不懂、没水平，在评审时给一个"不合格"，后果很严重。

还有，你的书和文章多引用些在世同行最好是著名同行的书和文章，容易形成良好的学术人脉。著名的同行一高兴，说不准给你的成果赐一篇悼词般的序，你拿去申报中青年法学家就很有底气。实在忍不住想说点不同意见，也一定要注明是"浅见"或"抛砖引玉"。没人在乎你说了什么，只在乎你说了没有，只要法律书店到处是你主编的什么新论、什么论丛、什么大全，你不想著名都不行。

第二招：糊涂上课，煽情演讲。

郑板桥有一至理名言：难得糊涂。这四个字体现了东方哲学的最高境界。给本科生上课，将基本概念、基本知识、基本原理讲得那么清楚，学生给打70分就算对得起你，简单意味着没有神秘，没有神秘哪有崇拜可言？在课堂上，不将简单问题复杂到学生找不到北，不足以显示学问的博大精深。试着讲讲主观说、客观说、折中说，背诵几段拉伦茨至少是谢在全的论述，再穿插几段德国民法典立法花絮，看哪个学生的眼神不迷茫、不崇敬？学生听得云里雾里，会到处显摆听过有学问的课，慢慢地，你就声名远播。将本科生当成研究生上课、将研究生当成本科生上课，这样换位，本科生崇拜你学富五车，研究生崇拜你记忆过人——他们忘光了的基础知识你居然一清二楚。

如果有哪个论坛或沙龙请你当嘉宾，一定要去，不讲条件——成了著名教授后才可以与邀请方讨论出场费问题。嘉宾通常要作或长或短的演讲。每一次演讲都是提升知名度的机会，绝不能浪费在平淡无奇之中。小小骂一下现行体制或某个政府以显示你的独立和勇气，大大翻一下"风可进、雨可进、国王不可进"之类的典故或传说以显示你的博学和信仰，狠狠批一下对著名同行大不敬的持不同"学"见者以显示你的忠诚和能力，能使你的演讲跌宕起伏，扇起一片赞叹之声。声情并茂更好，没这个能力，要敢于牵强附会、指鹿为马、断章取义，哪怕是无中生有，只要你以一种断然的口气说"孟勤国主张农民有种地的义务"之类的，听众自然也深信不疑。人气是著名法学教授的魂魄，一定不能散了，要想方设法以不能流芳百世就遗臭万年的心态积聚和保持人气。

第三招：出国镀金，进京扬名。

在著名同行的心目中，中国法制的主要矛盾是落后的中国社会生活跟不上先进的外国法理的需要，中国法制的主要任务是以外国法理改造落后的社会生活。出国留学了，你就不再是落后的社会生活的一分子，就有权代表先进的外国法理，即便你也赞成法律应适应实际生活需要，也不算是著名同行斥责的受苏联意识形态毒害的国情论，而属于著名同行追捧的本土资源论。当然，出国留学不能像张里安教授那样在德国特里尔大学一待七八年，想"著名"的教授很多，在国外耽误时间非常影响竞争力。出国留学的最佳时间是一年左右，前半年熟悉当地的风土人情，后半年收拾行李准备回家。出国留学的重音在"留"而不在"学"，"留"就是溜达的意思。学习外国法理是为了劝说中国立法机关照搬外国法律，知其然足矣，读点外国法典、波茨纳或梅迪斯库的中译本绰绰有余，没必要在外国傻啃外文书。外文书读多了，万一发现外国法理有什么短处，会有损外国法理的高大形象和普适性。

留学回来，不要再回原单位，一定要进北京城，首选北大、清华。进不了，进北京其他学校也行，哪怕这个学校只招三本。北

13

京是首都，也是著名法学教授的唯一原产地。在北京，能经常出入国家立法机关、在央视频道上《今日说法》、拿到国家级的重大攻关课题，随便说个什么就上中央媒体弄得地球人都知道。外地放十炮不如北京放一枪，此言极为传神，京城以外很少有"著名"的机会，就算偶尔"著名"了，也不能算正宗，除非攀上京城著名同行的小圈子。京城内外，学识标准有别，评价当然也不一样。进了北京城，你可以信口开河，对着全国电视观众发布"两个股东如果是夫妻关系应视为一个股东"之类的惊世骇言，这属于新锐观点，正确性高于现行公司法，而同样的事落在进北京城之前，就属于违背法律常识。进了北京城，有更多机会谋一个中国法学会什么研究会的副会长，这也算是你这行的"领导人"了，谋上了可不得了，走到哪里都有人勾兑你，求你在评审时高抬贵手。肚子里学问只有自己知道，身上的光环谁都能见到，光环越多、越耀眼，就越容易折服芸芸众生。

不是所有学生都相信上述三招，有大胆的学生质疑我怎么就不用这三招。我不能故作高尚说我不用这三招是因为不屑于"著名"或不屑于这样"著名"，实在是我想"著名"时没人给我指点如何"著名"——已经"著名"的绝对不会将自己"著名"的经验告诉别人，等到我琢磨出"著名"之道时我已白发苍苍——身处人生下半场再想着"著名"有点老不正经。

要知道，成功者的经验大多是靠不住的，什么上大学时拉小提琴多于读书之类，不过是炫耀聪明或掩饰阴暗，相信而且模仿这等成功经验等于是找电线杆上小广告的游医治病。真正有用的常常是未成功者的人生体验，因为内含的是长期的生活观察和经验教训。

当然，所谓有用，完全在功利层面上，如果加上人生观和价值观的因素，那就是仁者见仁、智者见智了。

（原载《法学家茶座》第22辑，山东人民出版社2008年版）

学术论著的
风骨

以前写论著很费劲。在图书馆翻卡片找资料，摘录各式各样参考文献，拷问别人和自己的观点与理由，再一字一句书写于格子纸上，不耗上几个月或几年光阴，不留下一堆废弃草稿，不会有比较体面的论文或著作。那时都很讲究体面：学者普遍不写自己思考不成熟的论著，越是大家越惜字如金。我硕士研究生导师戴镌隆先生——新中国成立初期湖南大学法律系主任——一生就只有几篇论文。编辑普遍以论著学术含量为取舍的唯一标准，我1988年在《中国社会科学》发论文时是广西大学的讲师，1990年上《社会科学战线》封底人物介绍也不过是刚评上的副教授。

那是因为论著不是随便可以写的。立德、立功、立言，古人谓之不朽。除了混迹官场的，读书人几乎没有机会立德立功，唯有立言，凭着舞文弄墨的一技之长，算是可望可即。读书人大多清贫一世，过的也是引车卖浆般的生活，也就是吟诗作画、著书立说能显示读书人本色和价值。自古以来，读书人信奉和自傲的是文以载道，从中凝聚读书人的志向、责任和尊严。论著总是被称为学术论著，学术在中国社会具有宗教般的神圣，地位不亚于立言，学术论著也就成为立言的重要载体。"学术"两字刻画出论著的不朽本质，渲染出论著的庄严形象，当然也叙述出论著的写作艰辛。文章千秋事，生前身后名，论著立言，必须经受岁月的无情打磨，若非精工细作决难流传于世。

我一贯瞧不起写了一麻袋书和文章的法学名家。某教授几年前就发表了1400篇文章，我断言，至少有1399篇属于垃圾。我承认这样有点偏执，不过是对粗制滥造表达一种强烈厌恶。但一个大学教授，一年去掉上课、开会、应酬和堵车的时间，能有多少时间思考和写作，是可以计算的。论著不是七步诗，没有足够时间沾不了学术的边。一篇万把字的论文，搜集资料、形成观点、论证成文、修改定稿，起码也得两三个月，著作就更不用说了。中国大学定量考核科研，逼得许多大学教授生产文字垃圾。若悄悄地，也能招来几分同情；但做了丑事还大肆张扬，以发表千万字为荣，就很令人无语。法学教授只需要在中国法学网上公布至多十篇论文，其学问高低和见解深浅就一目了然，可惜中国教育部部长和法学会会长不知这一点。

学术论著的价值源于学者品位。严肃的学者只说别人没有说过的，即便是赞成别人观点，也一定有别人没有说过的理由。严肃的学者将论证和理由置于观点之上，不会只说"我认为"，而不交代"为什么这样认为"，更不会以个人好恶或倾向取舍客观事实。严肃的学者小心翼翼地表达自己的思想，从标题的推敲到结构的安排，从逻辑的运用到文字的选择。严肃的学者很少或者学者严肃的时候很少，所以有价值的学术论著也很少。法学书籍琳琅满目，法学论文汗牛充栋，法学教授熙熙攘攘，真要寻找有价值的论著和有思想的作者，可不那么容易。现在，90%的法学论著是垃圾，法学论著90%的内容是垃圾，这两个基本判断也许刻薄，也许残酷，也许误差不小，也许让法学权威愤怒，却很真实。

不过，学术论著的价值主要不在于昭显学者品位，而在于肩担道义、笔写春秋、为民请命。人文科学关注人类自身的完善，社会科学关注人与人关系的和谐。法学为人与人之间的相处和交往提供尽可能合理的法律规则。因而，研究现行法律之不足，提出完善法律之对策，是法学的根本目的和价值所在，也是法学论著的主要学术尺度。中国已宣布基本建立社会主义法律体系，基本建立的正面意思是中国已有法可依，反面意思是中国还有很多法律盲点。事实上，中国有很多不合理、不公正、不正当的法律规则，很多空洞无物、漏洞百出、互相冲突的法律规则，很多从国外抄来、不服中国水土的法律规则，需要法学找出这些不良的法律规则，提出修改、废除和补充的立法建议。法学论著不研究现行法律，不致力于完善现行法律，整天空谈公民权利、私权保护，纯属无聊，没有任何学术价值可言。那些重述教科书的概念、知识和原理的，那些将各国立法例贩运过来却无得失取舍分析的，那些以拉伦茨或王泽鉴的话作为前提或主要论据的，那些动辄以国外经验或国际惯例作为对错标准的，还有那些不着边际没有操作可能的立法建议，都是垃圾，因为除了可用来评职称、过考核和捞稿费外，没有任何有助于法律改良的功能和意义。

我的物权二元理论问世之前，物权法领域几乎没有学术争鸣，民法学者守着100多年前传下来的德式物权理论，就像虔诚的基督教徒捧着圣经。我携着13年的研究成果挑起了中国物权立法的重大问题争论，最终在中国物权法上留下了自己的理论印记：中国物权法不存在有体物、法人所有权之类的概念，不存在物权优先债权原则，不存在宅基地自由买卖，等等；中国物权法确认财产利用关系的独立，确认动产上可以设定用益物权，确认国有财产的针对性保护，等等。物权优先债权原则是德、日以及我国海峡两岸的通说，一度写进中国物权法的立法草案，我两次在全国人大法工委组织的论证会舌战群儒，这一条理论和实践都非常谬误的条款最终为立法所抛弃。面对放开宅基地自由交易的强大呼声，我几乎孤军奋战，在全国人大法工委的论证会上呼吁不要把农民变成流民，在《法学评论》上发表《开禁农村宅基地交易之辩》，中国物权法最终确认了现行法律政策。这是学术论著的力量，也是学术论著的价值。

学术论著的价值也有赖于编辑品位。学术论著的社会价值与传播范围直接相关，没有编辑的青睐，学术论著的价值不免趋向于自娱自乐。编辑选用稿件的价值取向和学术眼力，不仅决定着真正的学术论著能否脱颖而出，而且引导着一个刊物或出版社的学术风气。22年前，我在长春的一次学术研讨会上遇上了《社会科学战线》的张盾编辑，他看中了我的论文。这是中国第一篇公开批评中国最高法院司法解释和提出规范措施的论文，费了我整整一年的时间，张盾编辑的赏识和恳切使我深感学术付出的价值和意义。自此以后，《社会科学战线》在我心目中一直是一片学术圣地，《论中国的司法解释》后来获得了省部级二等奖，今年（2012年）我再次在《社会科学战线》发表论文。现在流行以刊物的等级认定论文的价值，这颠倒了因果，是论文质量决定刊物的名声，而不是刊物的名声决定论文质量，关键在于编辑的学术品位。

我至今对《中国社会科学》的张志铭，《社会科学战线》的张盾、朱志峰，《中国法学》的王丽萍，《法学研究》的张广新、张新宝，《环球法学评论》的徐炳，《法学》的傅鼎生，《法学评论》的赵刚和所有编辑过我稿子的编辑持有敬意，无论他们是否还是编辑、是否还在原刊物编辑。我也在非核心刊物上发表论文，如《北方法学》《中国审判》《湖北社会科学》。非核心期刊上的论文在学校考核中是不算科研工作量的，但我从不拒绝非核心期刊编辑的约稿，而且绝不偷工减料。收不到版面费，还要支付稿费，是眼下许多刊物和编辑绝不肯干的事儿。找我约稿，是对我的学术能力和学术态度的高度信任，我不能失礼于这些不在学术商业化大潮中随波逐流的编辑。

我的《物权二元结构论》第一版至第三版后记的标题分别是："学术，应是沉甸甸的""学者，应是坦荡荡的""学界，应是亮堂堂的"。我对学术的态度也许有点落伍，有点像堂吉诃德，但至少腰背是直的，底气是足的。从事法学研究近30年，我出版两部著作，发表百余篇论文、随笔和时评，谈不上有什么水平，但没有发表过垃圾文字，这还是有点自豪的。

（原载《社会科学战线》2012年第2期）

学术争论应是
蓝天净土

不承想，不到七千字的文章会将我卷进民法典编纂重大争论的漩涡。2018年4月26日，梁慧星教授的演讲录音整理稿《民法典编纂中的重大争论——简评法工委两个人格权编草案》，一掌将包括本人在内的赞成人格权独立成编的民法学人打入"忽悠我们党和国家"的"牛棚"。接着，周某博士后及时发布《暗战与角力：民法典编纂之背后故事》，揭露王利明教授与我之间投桃报李的交易，我"有幸"成为人格权编争论中绝无仅有的在"民法大佬"中左顾右盼、唯利是图的小人。

人格权不是我的研究特长，只是梁慧星教授和王利明教授的论争引起了我的好奇：一个编纂体例问题有何可争？如果人格权条款只有三五条，塞在民法典哪里都行；如果人格权条款几十上百条，民法典当然应腾出一个专用空间予以安置。于是，我花了点时间查阅资料和琢磨双方的观点与理由。我的学习能力还行，弄清了这不是简单的体例之争，而是如何认识和对待现代社会人格权的原则性问题。无视信息化时代人格权的多样性和复杂性，自然就有百年前的德国民法"总则+侵权"责任模式完美无缺的幻觉；反之，必然得出人格权编才能适应现实生活条件和需求的结论。2017年夏，在瑞士联邦比较法研究所访学期间，我与瑞士学者就人格权编作了深入交流，他们介绍了瑞士民法典总则70多个条款，我看到了瑞士民法典总则人格、人格权不分的拥挤和混乱，因而有了《人格权独立成编是中国民法典的不二选择》（《东方法学》2017年第6期）一文。

只写了这么一篇人格权论文，而且也就是一点学习心得，文中只有一句"人格权有别于西方国家的人权概念，更与'颜色革命'风马牛不相及"，没有任何言辞冒犯反对人格权独立成编的学者。赞成人格权独立成编的学者不少，文章很多，周某博士后为何拿我开刀？他给公众讲了一个我引诱王利明教授统战我的传说，活龙活现，就像他在现场一样。可这是一个不折不扣的谎言。我不是全国人大代表，又不生长于著名法学家的原产地，立法机关也并未邀请我参与民法典立法，只能说些"《民法总则》现代性缺失"的风凉话，哪有能耐搅黄或促成人格权编？武大历来是民法学会副会长单位，温世扬副会长从武大调往中南政法，换届时武大必须出一个副会长，在武大民法博导中，我学问一般、年龄最大，不能推辞，常务副会长孙宪忠教授自然清楚，这不是投给我个人的"桃子"。我生性懒散，学术研究上只能将自己定位为票友，有点异想才写点东西，只能完成学校科研工作量，以免下岗，从无攀登"民法大佬"的动机和条件。先将我虚捧为大佬再刻画我自命大佬的阴险表情，有点过分。

问题的关键不在于周某博士后。一个刚入民法之门的年轻人说什么影响有限，有能力引导民法学风气的是海峡两岸民法学"绝代双骄"之一的梁慧星教授。梁慧星教授只是周某的导师组成员，但他的公开演讲客观上催生了周某迎风而上的动机和勇气。杨立新教授的《对否定民法典人格权编立法决策意见的不同看法》是一个比较全面的回应，但我读梁慧星教授的公开演讲，更多的是不寒而栗和不知所措。

梁慧星教授扬言，党中央早就决定不搞人格权编，全国人大法工委搞人格权编是阳奉阴违。梁慧星教授没有举证哪怕是中央文件或领导讲话中不搞人格权编的片言只语，无视民法典编纂分两步走应是先总则后分则的逻辑意义，一跃就占据了政治正确的制高点。政治正确了，梁慧星教授就无推崇德国、日本和我国台湾地区人格权保护模式的后顾之忧，就能不碰其避之不及的中国国情或中国特色，就有权要求全国人大法工委学好"当今世界的共同经验"。学术不能不讲政治，但政治不是捕风捉影、无中生有、无限上纲。说千道万，学术论争能有多大的血海深仇？不就是文人相轻的那点面子？

梁慧星教授同意学术问题应以学术方法解决，"冷静看待人格权"。梁慧星教授谈了人格权的概念、特殊性、侵权法保护人格权的历史与趋势，认定全国人大法工委的《人格权草案（征求意见稿）》一无是处。梁慧星教授谈这些时还算冷静，没有多少政治戾气，显示了其学者本色。但是，从头到尾，立论依据只有两个，即各国民法典和王泽鉴教授等学者的论述，理据严重不足，而且没有证明力。100多个国家没有人格权编，中国就不能搞人格权编？"国外没有中国不能有"和"国外有中国也得有"都是价值选择，不是逻辑证明，梁慧星教授本应依据中国社会现实证明中国不需要人格权编。王泽鉴教授的学问很深很广，他的人格权论述理应受到尊重，但任何学者的论述都是一家之言，没有一锤定音的功能，更无证明是非对错的效力。王泽鉴教授等学者的论述只能说明梁慧星教授与他们英雄所见略同，不能自我证明王泽鉴教授等学者的论述是唯一真理。我读研时，导师戴镇隆先生一再告诫我持之有据才能言之成理，我也是这样指导学生33年，难道我一直错了或者落伍了？以理服人是学术论争有别于打群架的关键，有理有据是以理服人的前提。

梁慧星教授还有许多独具一格的论述和提法，远远超出我的理解力。梁慧星教授发问："没有人格权概念的社会是不是人就不被当作人"？谁这样说？我查了好久没有查到，想了好久也想不出谁会这样说，最后只好猜想会不会是梁慧星教授搞混了人格权编和人格权概念？梁慧星教授定义"人格权的不可言说性"的依据是"很难下笔千言"，一个事物的本质特性居然取决于能写多少字，其高深莫测不亚于量子纠缠或霍金黑洞，国家社科基金是否应考虑将"字数与事物属性的因果关系"列为重大资助课题？梁慧星教授断言"有权依法维护自己的生命"的条款颠覆了现代社会禁止私力救济、实行公力救济的基本原则，可我的常识是现代社会只禁止血亲复仇性质的私力救济，并不禁止依法进行的自力救济，道理很简单，面对暴徒岂能只可报警不得反抗？梁慧星教授指责中国法学会没有就人格权编征求全国1200名民法教师的意见。我1985年就是民法教师，2006年还侥幸成为第二届国家级教学名师，除了物权法是我自己凑上去的，民法通则、合同法、侵权法、民法总则和其他各种各样的民事法律，从没有谁问我搞不搞、如何搞，怎么人格权编就那么特别？

如果梁慧星教授和我一样是一个普通学者，我就不吭声了。我小学三年级就遇上"文革"，知识和思维结构有着无法弥补的缺陷，缺少仁者的修养和智者的学识，免不了激动时撒野，思索时偏狭，表达时不羁，没有资格也没必要批评与我同一水平的学者。梁慧星教授不同，他是公认的中国民法学界领袖之一，一举一动代表着中国民法学界的品位。梁慧星教授肩负着指明民法学研究方向和为民法学人树立榜样的责任，其任何一种行为方式都会成为先例，任何一个价值取向都会成为风标，任何一点思想都会成为源泉。梁慧星教授公开演讲的后果不在于为难全国人大法工委和我们这些"忽悠者"，而是树立了一个不合学术伦理和规范的典范，年轻一代的民法学人或以为学术论争就该是梁慧星式的论争。没有批评的声音，梁慧星教授的公开演讲极有可能成为中国民法学界雾霾的源头。

我没有任何贬低梁慧星教授的意思。我与梁慧星教授曾有三次争论。记得是在1988或1989年中国民法经济法年会上，我质疑梁慧星教授的法人所有权主题发言，论据是我在《中青年经济论坛》1988年第4期发表的《也论法人所有制》。梁慧星教授在《法学研究》1995第2期发表《电视节目预告表的法律保护与利益衡量》，我在《法学研究》1996年第2期发表《也论电视节目预告表的法律保护与利益平衡》，证伪电视节目预告表是作品。最后是2000年《法学评论》第2期的那篇千余字的《质疑"帝王条款"》，推翻梁慧星教授的诚实信用原则是民法"帝王条款"之说。只和值得我论争的人论争，将论争对方当成理性对手，试图以理性求同存异，这是我的学术敬意。作为《法学研究》主编，梁慧星教授允许张新宝教授一字不改地发表我不甚温和的文字，展示了其当时的胸怀。学者论争应有曲水流觞般的境界，对事不对人是应有的气度和规则。

我与梁慧星教授没有任何个人恩怨。我指导的博士作为最高人民法院应用研究所的博士后得到梁慧星教授的指导，我非常开心。梁慧星教授的学生参评楚天学者、复旦教授，他们很优秀，我都给了最高等级的评审意见。梁慧星教授也没有记恨我与之论争，10多年前应我邀请到广西大学讲学，我至今愧疚广西大学微薄的课酬。在我看来，梁慧星教授公开演讲仅仅是一次急火攻心的偶然离谱——忧心中国民法典因此不能成为伟大的民法典，问题是德国民法典的中国版或我国台湾地区的所谓"民法典"的大陆版绝无伟大可言。我的批评没有丝毫的恶意，于公是追梦学术论争的蓝天净土，于私是为了梁慧星教授的"金字招牌"永不褪色。而且，无论梁慧星教授接不接受我的批评，我都先行赔礼道歉。不接受，或许是我的批评过分或无理；接受，我也有言辞尖刻之过。梁慧星教授是我西政的学长，过去是、今后依然是我仰望的民法大师。

（原载《法学家茶座》第49辑，山东人民出版社2018年版）

反抄袭检测软件的
价值与命运

前几个月，央视报道全国超20所高校使用论文反抄袭软件检测学位论文，也不知道结果如何。但从网上的反应看，这个软件对学生的杀伤力很大。①这套软件不仅能测出被测论文与其他论文的重复率，而且能标示重复的是哪几篇论文的哪一段、哪一句。只要将被测论文相关部分放在左边，将重复的其他论文的相关部分放在右边，打印出来，是否抄袭一目了然。以前求证和判断一两篇学位论文很费劲，学位委员会开几次会议都定不下。现在几个操作人员就能将全校的学位论文清查一遍，而且是非清晰，这套软件反抄袭功能是没得说了。

但是，这套软件首先被用于检测学位论文，值得研究。现在绝大多数的硕士和博士并不打算也不可能从事教学科研，学位论文就是为了一纸文凭以便谋个令人羡慕的职位。名牌大学的硕士只需两

---

① 参见《全国超过20所高校使用反剽窃软件 学生叫苦》，中新网，2009年6月18日。

年，第一年上课修完学分，第二年四处应考、面试，论文的事儿只能忙里偷闲。博士的第一年上公共课，第二年开始代导师讲课挣生活费，第三年抽空完成10多万字的论文。不东抄西抄，时间根本来不及。硕士、博士无心向学令人痛心，校长整顿学风理所当然。不过，指望以这个软件培养严谨治学的学风，有点异想天开。论文被测出抄袭，怎么发落，同学当然出不得声，但校长真敢不留情面地发落？不怕一半或三分之一的硕士、博士拿不到学位留在校园寻衅滋事？不怕别的学校将自己的事儿遮掩得严严实实却笑话你百年老校的清誉？不怕生源大幅下降弄得学校入不敷出连带着教授失业？中国是没有这样的校长的，想这样干的是当不上校长的。所以，同学别怕，也别在网上激动，校长也就是表示一下反学术腐败的严正立场，测完后校长会想办法善后的。①

学位论文抄袭，根子恐怕不在同学这边。20多年前的硕士、博士有几个敢不认真写论文的？导师学富五车，就是述而不作，说是自己的思想、观点还不成熟。在这样的导师面前，别说抄袭，想偷点懒也是罪过。那时的学术，一尘不染，就像青藏高原透明的蓝天。现在，学术是农贸市场到处堆着的青菜萝卜，谁都能拉上一大车来。著作等身曾经只能形容季羡林先生这样的大师，如今不过是评个教授或者博导的基本条件之一。据说有位著名的法学教授发表了1300篇论文，1300篇哪！有时真为那些没知天命就发表了千万字以上成果的教授揪心，每天一万字，身体顶得住吗？年纪

---

① 参见《学生叫苦 反剽窃"测谎"论文软件能否杜绝抄袭?》，世界经理人学院，2009年6月18日。

轻轻就把民法总论、债法、物权法、知识产权法、亲属法、合同法以及公司法等所有的商法摸了个遍，以后不会闲得无聊吗？人非圣贤，不太可能有那么多的新思想、新观点填充那么多的书和论文，免不了抄外国的，抄台湾的，抄古人的，抄同行的，甚至抄学生的。以前学术界最瞧不起抄袭，现在学术界最理解、最宽容抄袭。窃书不算偷，这是孔乙己的教导，据此可知，窃书里的文字更不能算偷。

这套软件用来对付学生的导师，可能比对付学生更有价值。教授都是靠书和论文成名成家的，将教授的学术成果过一过这套软件，立马知道教授有几分成色。不是经常有这个大奖那个大奖的评选吗？那就将所有的参评成果全部输入这套软件并且在网上公示详细的对比结果，说不准会出现因合格的参评成果稀少而终止评奖的喜剧呢。不是很多人要评教授、博导吗？那就将候选人的成果全部输入这套软件并且在网上公示详细的对比结果，说不准现在满街都是的教授以后就像熊猫那样珍稀呢。不是建设国家精品课程、国家教学团队、国家重点学科基地吗？那就将这些建设的理论成果、实践成果全部输入这套软件并且在网上公示详细的对比结果，说不准所谓的特色、经验、效果都是些肥皂泡儿呢。如果决心大一点，将所有有点名气或者荣获省级以上荣誉的教授的成果全输入这套软件，说不准天安门广场也装不下南郭先生们呢。如果决心再大一点，所有的教授就地卧倒，重新评一轮职称，所有评职称的材料都由这套软件检测一番，说不准无数的著名教授将重新回到助教、讲师的位置呢。

不过，用这套软件不分青红皂白地对付教授也不是很公平。

现在的教授可不是以前的教授。以前的教授拿几倍于处长的工资，可以一辈子就上点课，写几篇文章。现在的教授在岗时拿处长的工资，退休后拿资深科员的退休金，但每年都须完成认真起来能过劳死的教学、科研指标。教学怎么也好说，指标再高也就是累一点。科研却不是累一点就能出成果的，即便出了成果也不那么容易发表。许多学校只认核心期刊的论文，一篇算一分，一个教授每年需要五六分。这种体制下的教授，其实就是磨坊里的骡子，不磨完麦子不能卸肩。可怜的教授。但可怜之人必有可恨之处，深受其苦的教授在评他人的职称、资格、奖励时也是按"数量就是质量"的原则投票的。连体制本身也是教授自己搞出来的。量化考核学术水平的始作俑者是南京大学，随后风靡全国高校。制定苛刻得像周扒皮那样的量化考核指标的，无一不是教授。过去反对外行领导内行，现在看来过于盲目。外行领导内行至多是简单粗暴一点，不像内行整起内行来如美国飞毛腿导弹那样精准。在中国，真不能搞教授治校，因为教授治校很可能变成教授整教授。教授争着当院长、处长，哪怕是副的也行，不一定全是官迷，有些就是想当个不被治或被少治一点的教授。这么细分一下教授——治人的教授和被治的教授，不难看出，这套软件不可用于那些被治的教授，否则这些教授十有八九要下岗。这可涉及民生问题。

要说合适，还是将这套软件用于那些治校、治院的教授。试想，这些教授也是人，每天也只有24小时，怎么就那么厉害？管着那么多与学术无关的事还能在学术上硕果累累？检测的结果一定很吸引人。量化考核指标是这些教授搞出来的，反学术腐败也是这些教授在大会小会上喊得最凶的，如果检测证明这些教授确是真材实料，凡夫俗子的猜疑和误解只能烟消云散，被治的教授对量化考核指标也没什么可抱怨的了。真测出了什么令人遗憾的结果，这些教授神通广大，自有化解的招数，一般不会出现类似于学生拿不到学位、被治的教授被辞退这么严重的后果。学生或下属会主动出面承担抄袭责任，①亲朋好友会四处解释这不过是权力之争，②出版社甚至可以重新刻制学术会议论文光盘。③万一证据确凿，辩无可辩，那就放弃学术这项副业，专心致志地当好校领导，为学校的教学、科研作出更大的贡献。④实在不行，请求组织将自己调到湖北省宜城市，与周森锋市长共同打造中国最能容忍论文抄袭的宜居之都。⑤更为重要的是，这些教授历经官场磨炼，心理素质极好，不会因为东窗事发吃不下、睡不着，更不用说寻什么短见，有兴致还可一纸诉状将举报者送上法庭，当回原告威风威风。⑥

问题在于谁来决定是否使用、怎么使用这套软件。任何工具的价值虽首先在于技术层面和效率层面，但最终都取决于使用层面。沈阳副教授作为发明人肯定很想广泛地推广这套软件，但这套软件

---

① 参见《辽宁大学初步确认副校长'抄袭事件'基本属实》，新华网，2009年6月16日；《浙江大学校长通报论文剽窃事件处理情况》，新浪网，2009年3月15日。

② 参见《西南交大副校长抄袭背后：举报者借公共舆论制胜》，新浪网，2009年7月23日。

③ 参见《武汉理工大学校长论文抄袭始末：明目张胆的抄袭》，央视网，2009年8月4日。

④ 参见《西南交大副校长因抄袭被取消博士学位》，中新网，2009年7月15日。

⑤ 参见《湖北29岁市长周森锋被质疑曾抄袭论文》，新华网，2009年6月25日。

⑥ 参见《西安交大六教授联合举报长江学者造假被告上法庭》，新华网，2009年7月24日。

的使用以得罪人为结果，这就和一般的技术发明大不一样。这套软件能不能推广，不是一个技术问题，而是一个社会问题。从整个社会痛恨学术腐败的大气候看，这套软件很有推广的社会基础，但具体使用触动方方面面的利益，未必能推广下去。用于学生投鼠忌器，用于普通教授于心不忍，用于亦官亦学的教授倒是比较公平又无后顾之忧，但用不用这套软件的权力恰恰在这些亦官亦学的教授手中。他们有足够自信使用这套软件吗？他们能以身作则使用这套软件吗？时间会给出答案。

对于沈阳副教授和这套软件而言，最理想的结局莫过于教育部明令所有的高校使用这套软件。"对学术不端零容忍"[①]，这套软件为不折不扣地执行周济部长的指示提供了强大的技术支持。在学位授予、人事评聘、项目申报等一切需要论文作为主要支撑材料的事项上全面使用这套软件并将检测结果放上网以供公众查阅。不出三年，中国高校以抄袭为核心的学术腐败肯定基本绝迹。抄袭成风是因为抄袭被揪出来示众的概率就如中双色球一等奖般低，而职称、职务、奖金和名声上的利益非常诱人。如果抄袭被逮住的概率高达95%，没有几个人会铤而走险，中国的知识分子还是要面子，也是会算账的。但是，这样一来，中国高校的科研成果一定会大量缩水，以法学专业而论，起码缩水95%。科研成果一缩水，量化考核指标一定完成不了，势必影响高校的排名、校长的政绩。沈阳副教授肯定听说过蝴蝶效应，但未必想过自己发明的软件居然与中国

---

① 参见周济：《对学术不端零容忍 "一票否决"一查到底》，腾讯网，2009年3月16日。

高校的量化考核体系水火不容。教育部会要求高校使用这套软件吗？这个问题的本质是：要清白学风还是要政绩数字？让我们拭目以待。

（原载《法学家茶座》第29辑，山东人民出版社2010年版）

学术，应是
沉甸甸的

17年前，在戴錞隆先生家小小的客厅里，我定下了我的硕士论文题目，也铺设了我人生的轨道。先生一直盯着我听我"指点江山"，最后轻轻地叹了一口气："搞物权法，得有十年八年的打算。""行！"我毫不在意地回答。那年我27岁，窗外明月金秋。

此刻也是"秋天"，我在广西大瑶山的金秀县城——费孝通先生60多年前踏足的土地。时值盛夏，山中已寒气袭人，荡漾的云雾浓浓淡淡、远远近近，演绎着生命的深邃与苍凉。我画上了这本书的最后一个句号。

白驹过隙，人生易老。

学生时代，我以为我懂物权法，我很得意自己熟悉物权法中最冷僻的术语。

上了讲台，才知道自己只懂得教科书上的物权法，我常常为无法解开学生的疑问而愧疚。

写完这本书，我懂得了一点物权法，这是人们相处的规则，一切的理由都在实际生活之中。地球上就一个月亮，但每一个民族都有自己的信仰与传说。

每个人都有财产，物权法应让每个人都能看懂。地役权、物权行为、占有改定，连法学院的学生都不太整得明白，能指望乡镇法庭上的当事人和法官熟能生巧？

财产归属、财产利用，原本就不要求有复杂的物权法，拂去历史的尘埃，擦亮窗户，让生活的阳光照进物权法的殿堂。

这本书未必易读，但以此制作的物权法，一定通俗易懂。这本书现在未必得到普遍认同，但50年后，一定还会有人在读。

不算前期研究，这本书写了12年，三次推倒重来，拖累了许多师友。

戴錞隆先生、余能斌先生两位导师为之倾注的心血，难以尽言。赵中孚先生、马俊驹先生、王保树先生、杨振山先生、罗玉珍先生、李静堂先生、凌相权先生、王利明先生、吴汉东先生、覃有土先生、崔建远先生、余劲松先生、漆多俊先生一直关注和支持我的研究，他们的鼓励和批评，使我思想的火花迸发。张志铭先生将我的阶段性成果推荐给《中国社会科学》的国内外读者，张晓秦先生为出版这本书等了整整四年。

这本书一再难产，广西大学、广西教育厅、广西人事厅和武汉大学却一再资助。

我确实很感激他们。我幸运地处在一个宽松的学术环境。

我的智商中等偏上一点，揽这份活，有点过分。

如果没有黄莹女士的监工，我肯定早已放弃。她也被绑在这个课题上，她看了多少遍稿子、挑了多少处毛病，难以说清，直到现在，她还在检查。可以统计的是，她前后打了上百万字，连我自己也常认不出的字迹，她居然能辨认。她似乎比我更热切地希望这本书的完成。

人需要压力。

这一辈子，我不会有第二本这样的书。

读研究生时，我很想很想发表文章，可写了十几篇，都被戴先生一一否决，直到临近毕业，才通过了一篇。我问投哪儿，先生闭着眼沉思了一会儿，吐出四个字：《法学研究》。

我的第一篇论文发表在《法学研究》上，我不能再有缺少自己思想的文字。

学术，应是沉甸甸的。

[本文为孟勤国《物权二元结构论——中国物权制度的理论重构》

（人民法院出版社2002年版）后记]

学者，应是
坦荡荡的

一位在北京就读的广西学子曾问我："反对你的物权理论的学者不少，为什么见不到一篇正面与你商榷的论文？"

我无言以对。或许是本书问世不久，他们还没有琢磨出从哪儿开刀或已在制作鸿篇檄文；或许是本人才疏学浅，他们不屑争辩以免自贬身份或坚信蚍蜉撼不动大树，更有可能的是他们没有时间或耐心读完本书，确实不甚清楚书中说了些什么。

这是我对初版原文不作任何改动的原因之一。初版原文已成为我思想的历史，而历史是不能粉饰的，应完整地留下供人慢慢地评说。另一原因是我还没有发现本书有必须改动的地方，除了一些初版中的错别字外。人难有自知之明，我这样不入流的学者尚且如此，何况一流、二流、三流大学者。

初版出版于2002年初，印了两次，共8000册。我对读者心存感激，是他们在为我的"胡思乱想"埋单，我希望再版的书价尽可能定得低一些。

二

尹田教授说：北京的大多数学者读不懂孟教授的书。

我丝毫不怀疑他是北京"大多数学者"的杰出代表。我的印象中，北大法学院去年似乎是上了排行榜的首席。他说的应该是实话，这从他对"物之特定性"[①]和"交易安全"[②]的论述与本书相同却得出与本书不同的结论中就可看出。但当我亲耳听到他将本书定性为20世纪80年代国有企业经营权理论[③]时，我又怀疑他是否读完了本书。

不管怎样，都不是他的错。本书确实不易读懂。因为书中没有系统介绍众所周知的大陆法系物权法知识，也没有遵循民商法学界按教科书体例写专著的金科玉律，而是以读者已深刻了解传统物权理论为前提探讨现代中国的物权问题。当初只想着压缩字数，结果给一般读者带来了阅读与理解上的麻烦。我还疏忽了一点：即便是传教士，也不一定个个都能苦读或读通《圣经》。

为了弥补我的过失，本书加了附录。附录一收了我起草的《中国物权法草案建议稿》，以表明二元物权理论如何转化为可操作的方案；附录二收了我近来写的四篇论文，这些论文通俗地阐述了我

---

① 参见尹田：《论物权标的之特性》，《河南省政法管理干部学院学报》2003年第4期。

② 参见尹田教授在福州召开的"物权法学和海峡两岸经贸环境研讨会"（2023年12月）上的发言。

③ 同上注。

与传统物权理论的一些重大分歧，可以帮助尹田教授看懂本书——如果他愿意看的话。

尹田教授是我本科的师弟，是近年来冉冉升起的学界新星，借此机会向他致意。

2003年8月，民商法律网、学术批评网和法学时评网先后出现了秦海生的帖子《“大胆设想，小心求证”的学风仍应提倡——评孟勤国先生的〈物权二元结构论：中国物权制度的理论重构〉》。

这是一篇“文革”期间天天都有的大字报。文中以市井无赖的语言侮辱我甚至我的老师余能斌先生。他以书中有若干处错误为由大打出手，实际上除了一处校对错误，都不过是他读书不多产生的幻觉。他自称是研究生，一副掩耳盗铃的样儿，正常情况下谁会在网上特意说明身份？我年近半百也不太清楚“平调风”是怎么回事，作者一定是位经受“文革”洗礼的斗士。

我素来厌恶藏头露尾的鼠辈，毫不客气地回了一个帖子《愤然不能代替读书——答秦海生“研究生”》。文中使用了犀利但绝不下流的文字，表明了严厉但绝不偏激的态度。有趣的是，帖子发出后，秦研究生们仪态万千：有的像无辜的羔羊，埋怨我这个“长辈”对“晚辈”不够宽容；有的像饿极的野狼，咬定我是“党国大员”鼓吹“歪理邪说”。

本书将我的帖子收为附录三，以说明我是一个普通的学者，无法在任何场合都挤出笑容。很遗憾，秦研究生的大字报没能收进去，毕竟，大字报也涉及著作权。

四

在我读书的时候，郑成思就是一个响亮的名字，因此，得知署名为"靳雪捷"的书评作者是郑先生时，我不免一呆。书评的题目为《一部有所突破的法学专著——评〈物权二元结构论〉》登于2002年3月31日的《法制日报》，时离本书初版问世仅二月有余。2003年，郑先生将该文收入《郑成思自选集》。

我反复阅读这篇书评，不是为了寻找被夸奖的感觉，而是为品赏书评的思想和文采。郑先生一下就看穿了我试图将英美财产法的精神和内容融入大陆法系民法的概念与体系的用心。郑先生笔走春风，将通常是枯燥无味、晦涩难懂的书评写得清新洒脱、平和自然。"这本书闪出可能最终走出洞穴的光芒"，有几人能写出这样的句子？

上网偶然见到郑先生回答中国政法大学的学生提问时引用本书的论述。郑先生指明相关论述在本书的第91—92页。学生的问题肯定是随机的，郑先生也不会把书带在身上，连我自己也记不得这一段话的具体页码。一个学贯中西的学者，这么仔细地看一本书，而且是一个学生辈的书。只有真正的学者，才有这样的人格魅力。

书评寥寥数语，就刻画了本书的逻辑线索：以史尚宽先生《物权法论》的框架为起点，最终没有回到史先生的框架中。因此，我请求郑先生同意将这篇书评作为本书再版的序。这篇序无疑将吸引更多读者关注本书，虽然会使本书其他的文字黯然失色。

五

郑先生说他是因为何山先生的推荐才去书店买我的书。

我早听说何山先生是一位资深的立法专家，参加了改革开放以来几乎全部的民事法律的起草工作，但2003年11月以前，我们一直无缘相见。

何山先生几年前就在推敲传统物权理论，在多个场合提出不少问题和看法，但总得不到民商法学界的回应。前不久，我有幸与他共同探讨中国物权立法的方方面面，我们的观点是如此地相同或接近，以至于相互之间不需要过多的说明和解释。

何山先生和我，在互不了解的情况下，各自研究得出了传统物权理论不适合于现代中国的共同结论。这说明本书的研究确实触及了一些中国物权法的内在与本质的东西。

能有这样一位学长与我"同道为朋"，何其幸也。

11年前，我凭几篇论文破格晋升为教授；7年前，我仍凭几篇论文受聘为武大博导。我不算很称职，因为我没有太多的东西给学生读，是徐国栋教授鄙视的那类写不出书的教授，无怪乎秦研究生警告我不得"冒充智力中等偏上一点"。

但我一直努力做一个合格的学者。教授、博导是谋生的职业，学者不是。三百六十行，不包括学者。学者也要生活，所以去当教师、职员、公务员等，但学者懂得思想的探索与生存的追求必须分开。学者缺钱，可去讲课、炒股，哪怕摆个地头小摊；学者少名，不妨作秀、演双簧，或者搞点花边新闻。但若要思考世上万物如何尽善尽美，必须摒弃杂念。不说谋官捞银子，即使只想自己在学术圈中的排名，也会弄出一堆文字垃圾。

我自觉做得还可以，搞研究从来不计成败，写文章也不在意编辑的口味，学术批评直来直去——我相信学术批评不会影响学者之间的私人交往。为了维护我曾有过的学者荣誉，在我的思想源泉干涸的时候，在我只能捧着史尚宽先生的书读给学生听的时候，我绝不自称学者。

学者，应是坦荡荡的。

[本文为孟勤国《物权二元结构论——中国物权制度的理论重构》

（人民法院出版社2004年版）后记]

学界，应是
亮堂堂的

二版书断销很久了，出版社还不时接到购书的信息。

想读这本书的，也许是想看看已经实施的物权法与物权二元理论有什么联系，也许是想看看物权二元理论究竟如何地胡说，当然，也许是其他原因，比如准备报考武汉大学的研究生。

我有责任提供这本书。当年蜂拥奔物权法而来的现在正蜂拥奔侵权法和民法典而去，物权法学十年浮华即将消退，或将重归十几年前的寂寞：孤灯寒窗，就那么几个人在皓首穷经。我注定要守在这儿，我缺乏随时追逐立法热点的志向和体力，而且必须对物权二元理论及其影响承担学术责任。

书的正文除一些错别字和几处生涩表述外，几乎没有改动。二版书附录中已经完成了使命的四篇文章换成了《论中国物权法的历史价值》和《中国物权法走向何处》。前者阐述了我为什么给中国物权法打高分，后者展现了物权立法中我与主流学者的分歧。

总体而言，学界还是比较宽容物权二元理论的。

近十位知名同行，曾在评审《占有概念的历史发展与中国占有制度》一文时，无一例外地予以了友情般的评介。这篇文章提出了物权二元理论，发表于《中国社会科学》1993年第4期。

我的文字不算厚道，有时还指名道姓。但迄今为止，似乎只有一位教授真的很生气，在一次评审中将我申报的课题大刀阔斧了。学术批评就事论事、无尊无卑、不朋不党，使得学界有别于月黑风高的江湖。

我的书甚至得了奖，先是全国首届法律优秀图书奖，后来居然是司法部三等奖。三等奖，是我平生获奖最低的档次，但我仍然要对评委致意：一部被某位京城教授定性为胡说的书，本不应该占一个宝贵的奖励名额。

感谢宽容，但宽容不是学界最高的价值。

三

现在的学界熙熙攘攘，有点像农贸市场。

放眼望去，到处都是背着一麻袋、拎着一篮子著作和文章的教授、博士。在佟柔先生的时代，民法、经济法两大学科算上助教也就是百余人，如今民法学会就有理事108将。

摆在摊上的著作、文章很多，但似乎都有教科书的味道，就像大白菜、白萝卜、蒜头、香葱，是些老祖宗时就有了的东西，只不过有些看上去鲜嫩欲滴，有些叶黄茎老。

什么时候能见到有品位的专卖店？里面的货物可以不多，但要精致，有独特的设计和精细的工艺。

浙大光华法学院，最近有点新闻。

据说那里不以书和文章数量论英雄，全凭教授委员会的慧眼。这个教授委员会有10名成员，一人是理工背景的副校长，其余均为华裔法律学者和外国学者。这似乎有点看低我们那么多的著名法学家。

不知道光华法学院是否说着玩，如果当真，那是很麻烦的。在一个数量就是质量的学术体制下，是不可能不以字数、引用率和项目经费作为评价标准的。浙大也许可以容纳一大批没有"成果"的法学教授，但能否容忍因没有"成果"填表而总是得不到国家重点学科之类？

光华法学院从现行学术体制成功突围的概率大概是万分之一，但我还是希望能看到这万分之一。

五

年轻人要在学界立足，真的很难。

论文无新意，自然是没人理会，想发表就得从微薄的工资中挤出一大块作为版面费喂给那些以创收为业的刊物；论文有新意，容易被指为胡说，稍有辩解就可能在评审或答辩中被枪毙。选题更难，平常一点的已经被前人挖地三尺，能说的话似乎早就说完了；冷僻一点的，没有参考文献，引用少，不符合所谓的学术要求。

有一篇博士论文抄了一大截我的书，我没吭声。凡副教授以下抄袭者，均有情可原，他们需要这些东西谋求生存。生存权似乎应该高于著作权。但我无法容忍当了教授还干偷鸡摸狗的营生。教授已处于学界食物链上的顶端，没有任何抄袭或变相抄袭的正当理由。对那些为了声名的显赫而不顾体面的教授，可以给点鄙视。

不过，年轻人在谋求生存之余还是应该有一点自己的思想的。当你不再为生计发愁时，你可以为自己未在风尘中失落所有的理想和尊严而感到些许欣慰。

对巩献田教授的围攻，是学界不可磨灭的耻辱。

围攻当然是出于学者的义愤，巩献田教授的公开信有太多的曲解、偏见和误导。但是，义愤不是学术。

我们本应该一条一条地论证公开信中的谬误，以事实和道理澄清问题，让世人信服我们对物权法草案的态度和观点。但结果是，学术批评的回应没有出现，只见到许多慷慨激昂的口号、声嘶力竭的训斥和揭人隐私的段子。这是一场没有品位的群殴。

我们是书生，打架不是我们的职责，恐怕也不是我们的长项。学界不是政府，无权管理意识形态，似乎也不应该以"左"和"右"划线。是学者，就不能忘记：我不同意你的观点，但我誓死捍卫你发表观点的权力！

学界，应是亮堂堂的。

[本文为孟勤国《物权二元结构论——中国物权制度的理论重构》

（人民法院出版社2009年版）后记]

我心目中的
马俊驹老师

一

1983年的一个春日，阳光灿烂，我第一次见到马老师。那时的马老师不是一般的帅，高个、笑意、清音，卸着家具的解放牌卡车旁，马老师3个小孩在嬉闹。我、里安、建国、国林，武汉大学法律系首届四位民商法硕士研究生，荣幸地帮马老师搬家。不过，马老师后来不时揭我的"短"——最懒，主要贡献在于指指点点。

研究生的时光如小溪般缓缓流去。马老师给我们讲法人制度，课堂上充满了民法教材欠缺的信息，荡漾着字正腔圆、抑扬顿挫的魅力。关于我的论文选题，戴鐥隆先生和马老师不约而同地希望出于实际生活。后来，我的硕士论文《论国家财产的民事保护》全优通过，被《中国人文社会科学博士硕士文库法学卷》（浙江教育出版社1998年版）收录，主要就是选对了论题。

毕业后，我自愿支边到了广西大学。彼时的广西什么都有，就差一点学术风味，1988年我在《中国社会科学》发表长篇论文，广西大学非常平静，年终表扬的是《兵役法基础知识》。那时的通讯和交通很"乡土"，和马老师只有偶尔的联系，但马老师总记得我这个远隔千里的学生。有一次，马老师去北海路过南宁，就在我家的沙发蜷缩午休，当时我已拥有广西大学副教授50平方米的住房。

1995年，马老师要我回武汉大学，充实申报民商法博士点的队伍。母校召唤义不容辞，但我是广西唯一的法学教授，广西大学坚决不放。马老师亲自带着余运鹏副书记造访广西大学，与广西大学领导周旋了3天，两校终于签下两全的协议：我调入武汉大学，也服务广西大学。2017年，我离开广西大学，对着从保险柜里翻出的那张发黄的协议，不由得感慨马老师的睿智和情商。

武汉大学获京外第一、全国第四的民商法博士点后，马老师功成身退，去了清华大学任校学术委员会副主任、法学院学术委员会主任。1997年，当时只有硕士学位的我当上了武汉大学的博士研究生导师，像模像样地指导起青年才俊。我的脑袋挤满着"小农意识"，如果没有马老师，我会沉浸在老友粉、螺蛳粉、桂林米粉中，幸福感满满，不会参与立法机关的物权法研讨会，也不会卷入人格权编的争论。人生就是这样，朋友圈决定品位和价值。

我是马老师的"粉丝"，相知相交已38年的铁杆"粉丝"。像我这样的"粉丝"有很多很多，武汉大学民商法学科年年请马老师主持博士学位答辩，是"粉丝"们最快乐的时光。我去马老师任特聘教授的西南财经大学看望他，那里有十几个马老师栽培出来的博士教授、副教授，他们有着如我对马老师一样的敬重，还有着我没有的照料机会。

马老师的宅心仁厚温暖着无数与之有缘的晚辈。

马老师，正宗的法律科班。1962年至1967年就读于北京政法学院法律本科；1979年至1982年于北京政法学院攻读民商法硕士学位，师从中国民法学人无不敬仰的江平先生、张佩霖先生。那时的民商法硕士屈指可数，珍稀得就像大瑶山中惊鸿一瞥的金斑喙凤蝶。郑成思、梁慧星、张俊浩、马俊驹，四个闪亮的名字组成了当时承前启后的民商法硕士"梦之队"。

从1981年的第一篇论文到2020年第1期《中国法学》上的《中国民法的现代化与中西法律文化的整合》，马老师写了整整40年。出版独著、合著、主编著作和教材25部，发表论文140篇，其中19篇在《中国社会科学》《法学研究》《中国法学》上发表。若非心无旁骛、心静如水，怎能有如此深远的学术境界？马老师65岁至80岁年均发表论文3篇，篇篇锦绣、字字珠玑，放眼学界，无出其右。我过了60就老眼昏花，不得不写点什么时总泛起苦涩的胃酸，哪有下象棋快活？见面，马老师几乎每次都批评我实在贪玩，我"知错不改"，也是因为心安——当今中国，又有几个像马老师那样活着就是为了学术的？

更让人汗颜的是，马老师的学术成果不是从故纸堆里刨出来的，也不是从域外模仿来的，更不是从逻辑到逻辑推理来的。马老师的论文充满了人间烟火味儿，讨论的都是与生民百姓息息相关的问题。马老师的论文主题集中在法人与合伙、财产与物权、债总与合同、人格与人格权、公司与破产等，这些都是中国社会和中国民法典的焦点、热点。马老师精通德国民法，但不膜拜德国民法，合则留之、不合去之，只以中国社会的现实生活为选择和整合的标准。读了马老师的论文，就能知道：有限责任不是法人天然的要素，而是一国立法的选择；民法典如果设立财产法总则并非"大逆不道"，而是有其合理理由；人格权保护不应停留于宣示层面，更应有操作层面的具体规则。因而，我经常告诫我的学生，没读完马老师论文的研究生不可能成为一个合格的硕士或博士。

马老师一直挺立于中国民法的学术潮头，1981年的企业与合伙研究，1987年的国有企业财产权研究，1989年的企业破产研究，1995年的企业法人人格权研究，1996年的财产制度体系研究，2014年的土地权利研究，等等。马老师许多拨云见日的观点在今天已成为常识或通说，读2004年《法学评论》连续3期登载的《法人制度的基本理论和立法问题探讨（上）（中）（下）》，看中国民法典法人制度的进步，不难发现，前者是后者的理论依据，后者是前者的思路延伸。同时，马老师许多独树一帜的观点在今天还是"非主流"，2019年《民法典担保权编的立法模式研究》一文的建议虽未被中国《民法典》采纳，但时间将证明担保物权脱离物权法的趋势无可逆转。

马老师的学术成果闪耀着当代中国民法学的光辉。

中国民法学有一个现象：老先生多述而不作，新生代常作而不述。马老师述而有作、作而有述，既承继老先生的大家风范，又引领新生代的不息劳作。每每学习马老师的新作，总觉得马老师有点神秘——没有一丝岁月应有的迟暮之气。因缘际会，我探索了马老师的人生轨迹。

马老师1941年4月出生于天津市一个知识分子家庭，1949年就读北京西城区武定侯小学，1953年转学河南新乡第一小学，1954年就读新乡二中，1957年考入新乡第一高级中学。书香门第和完整的中小学教育，决定了马老师的读书人基因。1960年高中毕业，马老师留校任数学教师和学生教导员，数学是天赋的专利，教导是品德的标志，青年时代的马老师就是一个德才兼备的模特。人生百态，一辈子或波澜不惊，或跌宕起伏，都可追溯到青少年时的修为。江山易移，本性难改，所谓本性，其实就是青少年时定型的三观和才学。

马老师1967年毕业分配至河南延津县，在公安局工作5年，在法院从事民事和刑事审判工作7年。这是一个读书人深刻体验中国社会底层生活的历程，也是一个法科生深刻理解人类公平正义的历程。民法是什么？不是别的，就是生民百姓衣食住行的需求、利益长短的安排、相安无事的约束，潘德克顿仅仅是民法旅途的一个驿站。知了生民百姓的小利，慈悲生民百姓的负重，呼吁生民百姓的心声，马老师的学术生涯充满了家国情怀。

马老师1984年任武汉大学法律系副主任，1991年至1997年任武汉大学法学院院长。学院管理无疑是中国最难的事务管理，没有政府管理的权力，没有企业管理奖勤罚懒的本钱，全凭廉洁、公道、服务吸引自尊自强的教师。马老师在任14年，于公，武大法学成绩斐然；于私，两袖清风有口皆碑。知行合一，同马老师的学院管理一样，马老师的学术从来不坐而论道，总是有道有术，正当性、合理性后必有可行性、操作性，具有匡时济世的功力。

马老师的丰硕人生凝聚着君子自强不息的精神。

四

在马老师80寿辰之际，数千学生萦绕于心的《马俊驹法学文集》（全6卷）付梓。这是中国民法学界的一大盛事。

作为20世纪90年代的中国民法经济法学研究会副会长、现任中国民法学研究会顾问，马老师全程参与和引领了中国民法的起步、成长与自立，对中国民法作出了有目共睹的重大贡献，是当代中国少有的公认的著名民法学家。马老师1986年任副教授，1991年任教授，1996年任博士研究生导师。自1982年至今，在武汉大学、中国政法大学、清华大学、西南财经大学，马老师授课的本科生数千人，指导的硕士研究生135人、博士研究生48人，可谓桃李满天下，是当代中国闻名遐迩的杰出法学教育家。

今天的马老师，身体依然那么康健，思维依然那么活跃，笑声依然那么爽朗。正所谓"智者乐，仁者寿"，我们期待着马老师90大寿时再次欢聚。

（原载《马俊驹法学文集》，法律出版社2021年版）

编一本真正的法学
本科教材

不算读大学前3年多小学代课老师的经历，我在讲台上已站了22年了。多少年来，我认识或不认识的学生所提问题频率最高的，莫过于"选什么教材"，而我总是让他们失望。现在哪一门课都有上百本教材而且大多非常厚实，我还真没时间一一细读，但我会告诉学生我自己选书的原则：一是看得懂，二是薄一些。

这两条原则是我自己琢磨出来的，谈不上科学，只能说是一种人生的体验。当年高考，我这个初中毕业生只有30多个晚上用于自学高中数学，没做一道题，就靠着记住课本例题，混了个高于文科数学平均分20分的成绩。说到底，就是因为那六本高中课本是我看得懂的，而且不厚，所列的知识点和常用的场合都很清晰，不像现在的高中课本，一翻开就能让人头晕。我读大学的时候，许多课没有教材，只能做课堂笔记。但民法课是有的，是金平、张序九老师他们自己编印的，大约20万字。那时没有民法的这个论那个论可读，就读这本民法课本，前后也许有一百遍吧，差不多都烙在脑海中了，不仅考研究生时不用复习民法，即便现在，我常常也能本能地发现一些大牌教授的高论中隐含着的基础知识缺陷或错误。

本科应该是人生最重要的阶段，这是一个初步形成谋生所需的专业知识和能力的阶段。一个高中毕业生跨进法学院的大门，也就跨进了全新的知识领域。同时，再没有老师一天到晚地耳提面命，法学院的教授在课堂上叽哩呱啦一番后扬长而去，剩下大把的时间须由学生自己安排。法科学生首先要认得法学语言符号和系统，这与小学生认字数数没有什么差别，因而只能从最简单的地方学起，这大概就是需要教材的理由。法学很少有作业，空出的时间当然不是让法科学生去泡网吧，而是留给学生自习，而教材正是自习的最基本的资料。然而，现在法科学生大多不知道在教材上下功夫的重要，他们拿到教材后翻上一两遍就丢开了，把主要精力投向死背课堂笔记以便考试，阅读著名教授的厚得能砸死人的著作以显学问。我见过许多从不泡网吧勤奋之极的学生，他们读了很多书。包括王泽鉴的八大本《民法学说与判例研究》，但一开口，就不停地冒出常识性错误。他们通常很难通过司法考试，于是又涌去考硕考博。现在的法学硕士、法学博士，法学本科基础扎实的还真不多。法科学生不夯实本科基础，简直是在跟自己的饭碗过不去，实际发生的案件有几个不能用本科的基本知识和原理处理？我大三时作为辩护人办了重庆市自新中国成立以来第一个一审判决无罪的案件，至今过手的案件有数百起，在本科教材中找不到依据和理由的，不足十件。

责任不在学生身上。法学院教授学富五车，常常以自己的水平要求学生，编出的教材大多很厚，动辄五六十万字，内容包罗万象，与法学院教授的同名著作没有什么区别。不仅如此，文字深奥，许多概念尤其是别的学科概念不加解释。例如，物权法教材经常提到担保物权支配物的交换价值，但从来不解释什么是交换价值，当然更不解释这个交换价值的概念是不是与《资本论》中的交换价值同一。教材不是武侠小说，厚了谁都记不住，不信就请法学院的教授说说自己教材的内容，能讲出一半就是神人，我一定五体投地。现代生活要记的东西太多，非要把占有客观说、主观说、纯客观说的鼻祖和他的观点如数家珍，有点浪费我们脑袋的硬盘空间。资料性的知识在需要时查一下就可以了，枝枝节节的都放进教材，学生容易迷失主次，该记的不记，不必记的倒记得很牢。教材不是博士论文，许多在专家看来无须解释的概念对学生而言可能是很陌生的，更不用说那些半文半白的连主谓宾都不太明了的表达了。许多人认为常识是不言自明的，事实上，我们常常对用得烂熟的名词一知半解。经济学家没几个不将"产权"挂在嘴边的，但又有谁讲清楚了什么是"产权"？无数国内领先的研究成果就建立在这个没有确切解释的产权概念上。我很小就知道"形而上学"这词，现在还经常看到法学院的教授以此作为批评同行的法宝，可是我不敢肯定我真正理解了这词的含义，相信我这样的法学院教授还有不少。

我在小学教语文时，能领到两本教科书，一本是发给学生的课本，另一本是留给老师备课的参考本。课本很薄，只有一些基本的内容，参考本则比课本厚上一两倍，内容丰富，细节清晰，有许多背景资料、分析意见和不同观点。这个参考本对老师很重要，不仅省了老师找资料的麻烦，而且老师在课堂上能讲出学生没听过的东西，显得知识渊博。但参考本对学生是没用的，甚至是有害的。太多的资料和观点容易分散学生的兴趣和注意力，如某段故事性的资料、某个很新奇的观点，而必须知道的基本知识常常因为简单枯燥被学生忽略掉。再说，参考本的内容是专家学者长期研究的结果，但学生要学的不只是这门课，要求学生在有限的教学时间内知道专家学者所知道的，未免过于苛刻。学生需要的是课本，要记的内容不多，但都是必不可少的知识点。掌握和理解了这些知识点就算入了门，至于学深学精，是以后深造或个人兴趣的事情。由彼及此，现在的法学教材，大多属于老师备课的参考本，不是学生的课本。这样说没有丝毫贬低现有法学教材的意思。参考本有自身的价值，编起来也不容易，除非是教授挂名、研究生胡编乱凑。但参考本再好，不合适当作课本。也许，这些教材本来就不是为学生编写的，或者大学生本来就不再需要课本，甚至将教材分为课本和参考书本来就是一个谬论。搁下这些可能的争论，为法科学生，至少为部分法科学生编写一本简单明了、通俗易懂的课本，指引他们入门，应该没有坏处。如果法科学生抵制使用这种似乎含有低估他们智力的课本，那也只是编写课本的教授和出版事业白忙活一场而已。

　　问题是能不能编出这样的课本。我这样说，难免引来一些嘿嘿的笑声。在许多人的眼里，编写课本是很简单的，不就是横、竖、撇，A、B、C这些事吗？这些事看起来简单，做起来并不容易。我们处在一个知识爆炸的时代，但课本的容量有限，哪些知识放进去，哪些不放进去，需要费尽思量，费尽思量了也未必不出差错，不少合同法教材，花好几页讲七八点合同法的作用，大多数是些隔上几年不可能不修改的东西。取舍得当了，还必须通俗易懂，课本是为几乎什么都不懂得的学生准备的。我也算是一个经常写东西的人，而且对自己的文字还有点自信，在国内正正经经的学术刊物上发表了不少文章，但我一直不敢编写课本。弄不好，坑害学生不说，自己还要落下骂名，万一学生边翻着我编的课本边骂我是为了混稿费，那多丢人！想要编出不被学生诅咒的课本，起码得知道学生的认知能力和学习规律，对课程知识相当熟悉和有所研究，有游刃有余的选择和表达知识的能力和技巧。这需要人生阅历。现在编教材的人多如牛毛，连在读的硕士、博士也参与导师主编的国家什么规划教材的编写，许多高校因而明文规定教材不算学术成果。然而，有几个人知道？百年前陆费逵先生创办专事出版中小学和师范教材的中华书局时说过一句分量很重的话："立国根本在乎教育，教育根本，实在教科书。"

但我终于编写课本了——在我将满50岁的时候，从我最熟悉的物权法课程开始。物权法是我近10年上课次数最多的课程，也是我20年来研究的主要领域，应该算有点阅历了。我找到了几位愿意和我一起编写课本的学者，而且还遇到了志同道合的谌鹏飞编辑，于是就有了这本物权法课本。为了实现编出一本课本的理想，我解散了第一次编写的团队，因为第一稿怎么看也不像是课本。重组后的团队编出的稿子仍有35万字，我毫不留情地大动刀斧，留下不到20万字。这样实在有点得罪朋友，而且未必没有不妥之处，但课本一定得有课本的样子。这课本前后编了两年多，最近一年多，我几乎没写其他文章，老是在琢磨其中的这句话那句话能否为学生看懂，投入不可谓不深。但我还是不太满意。作为课本，还是不够薄，物权法不过是民法的一部分，编出了18万字，如果编民法课本，不得编上百万字？作为课本，是否能让每一个没学过物权法的人都看懂，心里也没什么底，但我们现有的能力只能达到这样的程度。好在我离退休还有11年，还有时间增加我的人生阅历，提高编写课本的水平。我想我总有一天能编出几乎没有遗憾的法学课本。

［为孟勤国、张里安主编《物权法》（湖南大学出版社2006年版

一书所作的后记］

让这份答卷伴随你的法律生涯
——致武大法学本科2022民法总论2班的同学

110份答卷批改完了。这5天细细批阅你们的答卷，不时浮想你们20年后的职场模样。这也许是你们入武大之门的首次考试，也许不是，无论如何，你们都应刻骨铭心地记住答卷上的一切。答卷上有你们考试时的所思所言，有我勾画给分要点或扣分要点的红线，更映照着你们这几个月来的长进和不足。

这次考试，90分以上的17位，85—89分的19位，80—84分的20位，70—79分的32位，60—69分的18位，还有4位同学不足60分，最高97分，最低43分。这或许不是你们所期望的绩点或推免、奖学金所需的分数，但绝对是你们今后与任何名校强手同台竞争的一次预演。在通货膨胀的年代，分数是不断贬值的纸币，你们应该拥有的是与时俱进的实力。

二

我站在本科课堂整整37年，之前还当了3年多小学代课老师，

59

从不以偏题怪题为难学生或显摆学问，这是教师道德与责任的底线。这次测试，每题10分的6道概念题无一不是课堂讲解的基本概念：民法调整对象、宣告死亡、可撤销民事法律行为、民事法律事实、监护、实践性法律行为，第一个概念就讲了将近3节课。唯一的40分简述题是学习民法的心得，不过是从意识和方法上了解你们学习民法的轨迹。

给分同样宽松。准确的定义可以得8分或7分，答出一些细节如下位概念、分类、要件、期限基本上满分，例如，答出撤销权是形成权的加1分。90分以上同学的概念题多有满分，满分不意味着答题毫无瑕疵，而是赞赏初学者不易到达的精细。简述题自由发挥，即便不着边际也给一半分数，几句沾边就算合格，得24分。90分以上的同学最低34分，有3位满分，你们不仅记住了课堂上反复提到的民法思维和方法，而且显露了你们对民法的热爱和努力，我相信你们不只是为了分数而学习民法。

你们应当知道你们答题的得失，这是为未来的学习和更未来的法律生涯。精准的起点至少是成功的一半，这份答卷或可校正你们在民法起点上已有和将有的偏差。因而，你们师姐将答卷制成PDF文档，便于你们各自仔细比对和长期收藏。

你自述是大三的老学姐。你的重修应是自我激励的选择，因为你的答题简洁、准确、完整，概念题有4题满分，几无初学者的稚气。你的简述题也是满分，因为你说"孟老师的民法课将每个概念都解构成几个关键用词，都是字斟句酌的结果，一旦少词或换词，就不是原来的意思了"，也因为你提及了思维导图、批评精神、思辨精神，前者体现了你的理解力，后者体现了你的注意力。你得97分理所当然。

你已大四且有硕士推免资格，上学期选修我的民法实例课，这次又自愿旁听及答题。你的概念题相当出色，3题满分，3题各得8分，但读到你最后一句"写不完了，时间不够"时，我忍俊不禁。你这一堑足以让别人长一智。时间是人生最大成本，不能浪费在"王者荣耀"上，也不能浪费在学习工作上。不惜成本的精致是艺术，而不是生活。你的简述题只有一句话，"孟老师讲得太好了"，冲着你来不及答题的绝望和对我的夸奖，给了你6分，不能再多了，虽然这分数对你没有丝毫意义。

你只得了43分。你文字通顺、书写端正，肯定不是吊儿郎当的学生。你的简述题得了28分，有"在民法学习中，积沙成塔，积土成山"之语，不欠缺智商。可是，你将4题概念题答成0分，不给老师留点分数放水的空间。你说"我会在生活中无意识地注意起有关概念"，看来是将学习当成了春花秋月，问题在于民法知识只能熟能生巧。除非你已准备下学期转专业，否则你必须改变你学习的随意性。

四

30%的同学栽在第6题的实践性法律行为概念上。4位不及格的均为0分，60—69分的12位0分，70—79分的7位0分，加上10位3分以下。总分越低的0分越多，散发着投机取巧的学习习气。这不怪你们，因为中学时老师总是指引你们专注课程重点、难点。

这题答一句话即"交付实物才能生效"就可满分，简单到你们觉得无足轻重。民法知识没有重点、难点一说，绝不能忽略任何一个概念或知识点，绝不能以为法律的例外等于稀罕，这是我课堂上的一再提醒，我还讲了20年前我以要式法律行为定义实现二审翻盘的官司。今天你们失去的只是一道题的分数，明天失去的可能就是当事人数以亿计的败诉损失。

好在有39位同学得了满分，让我没有太多的失落感。一位2题0分的同学痛悟："孟老师讲课深入浅出，上课时都感觉能听懂，便以为自己掌握了知识。"少年不识愁滋味不是问题，只要不是老了才知愁滋味。中期测试只占总成绩的30%，你们有足够的空间奋起直追。

五

"旁征博引，深入浅出，趣味横生，口若悬河的课堂""严谨认真又轻松幽默的授课方式""一个个鲜活的案例，一次次精细的讲解"。感谢你们的溢美，但这些其实是合格课堂、合格老师的标准。2006年我当选为第二届国家级教学名师，应邀讲过三句话，第一句就是"只有讲不清楚的老师，没有听不明白的学生"，本科课堂不能云遮雾罩。

令人高兴的是，低分同学也已领悟："老师始终强调对基础概念的熟练掌握和法条的熟悉""明白孟老师对本科生基础概念严格要求之用心良苦""我已深刻认识到自己在基础知识学习方面的漏洞与问题"。期望你们将这些体会转化为自律行为，在毕业那天给我发一个"老师，我可以了"的微信。

我未给你们课间休息。30年前的72课时民法总论压缩到现在48课时，利用课间时间多讲点成了我的习惯。虽然我说你们可以随时上洗手间，但无人离席，你们专心听讲的神态历历在目。一位同学说"上民法课就是最累的，耳朵、手、脑都要飞速运转"，另一位同学提到"甚至三节课不休息"。这不是抱怨，而是蚕蛹破茧。尽管如此，我还是要对你们说句抱歉，在抖音或快手无孔不入的当下，对于"00后"的你们，这确实有点沉重。

（原载微信公众号"师徒人生"，2022年12月4日）

法学本科生如何牢固
掌握基础知识

同学们好，今天的课间聊，聊一聊法学本科生如何牢固掌握专业基础知识。

我1985年站在本科课堂，38年了，还要再站四五年。法学本科教学跟研究生教学不一样，法学本科是基础教育，而研究生属于能力训练，基础教育是法学本科教学的根本目的和任务，是法学本科的关键词。现在有些老师喜欢在本科课堂讲学术争议、立法花絮、名人名言，这是不对的，一门课多则72课时，少则36课时，讲基础知识都来不及，哪有时间海阔天空瞎聊？不少同学很勤奋，一天到晚看学者的论文、专著。一篇论文不过是一个学者的见解，同一个问题，梁慧星老师的论文是这样说的，孟勤国老师的论文又是另一种说法，你怎么知道谁有理？你首先得有足够判断是非的基础知识。而且，即便弄清楚了一个具体问题谁对谁错，又有多大意义？法学本科生偶尔看点论文和专著可以，调节一下学习基础知识久了的乏味，但不能主次颠倒，浪费宝贵的本科学习时间。

什么是基础知识？首要的是教材知识。法学本科就如小学一二年级一样是认字数数，不过认的是法律的字，数的是法律的数。教材就是法学各专业课的识字数数的课本，告诉你组成这门课的大大小小的概念、类型、要件、原理、规则等。民法是什么？物权法是什么？合同法是什么？教材都会给出定义、内涵、外延等确定或相对确定的知识点。你掌握了就进入了法学专业之门，否则，你至多是一个对法学专业知之不多的票友。

问题在于如何才能牢固掌握教材知识？我经常问法学本科生看了多少遍民法总论或物权法教材？大多数回答是看了一两遍，至今没有一个学生说看十遍以上的。这是法学本科学习最大的内伤。教材知识肯定相当乏味，没有古龙的《小李飞刀》那样刺激。除非你是过目不忘的天才，否则不可能看几眼就能印入脑海，不仔细看，不反复读，不经常用，教材知识不可能转化为你的专业技能。我1978年考入西南政法学院，法学专业课教材大多看100遍左右，看第二章时先复习第一章，依次滚雪球，看最后一章之前复习前面所有章节。每半个月，将之前的各专业课教材浏览一遍，补一下淡忘的知识点。我至今能一字不差地背出44年前西政自编的法学基础理论教材的法律定义。为什么？很简单，熟能生巧，教材知识点，你看多了自然而然地就记得了，不需要死记硬背。

同学们一定记住，教材看上几十遍上百遍是牢固掌握教材知识的基本路径。看到什么程度可以不看了？一个标准，那就是你把书合上，回忆教材中的所有概念、类型、要件、权利、义务、责任等知识点，如果能清晰回忆出来，如数家珍，一个知识点不少，那就说明教材知识已转化为你的专业技能了。什么是混合？什么是混同？当你随口就能讲清楚时，你就成功了。如果你翻开教材都懂，都能头头是道，一合上教材就只能是似乎、好像、也许，你绝对不是一个合格的法学本科生。

你可能会有疑问，教材动辄百万字，哪有时间看几十遍上百遍。是的，这是目前法学本科教学的最大问题。我读本科时，教材一般就是20多万字，佟柔先生的《民法原理》不到35万字。教材知识是法学本科学生非掌握不可的知识，不能包括可有可无、可知可不知的知识，学术争论、历史沿革、各国立法例原则上不能进入教材，以免冲淡或挤占基础知识的分量。教材应该讲通识、讲常识、讲共识，也就是入门知识，直接告诉你法律行为、法律关系、法律责任的定义和要点。教材薄，说明编写老师对基础知识比较重视，比较深刻，懂得哪些知识点该进教材。

所以，当你在新华书店面对一二十本同一门课的教材时，你应该选择最薄的那一本，别管主编是不是著名学者，教材再怎么薄，就像最低配置的汽车那样，怎么也不会只有3个轮子；越厚的教材就像高档配置汽车那样，也就是4个轮子，只是多了许多花里胡哨的功能。选择教材的另一个标准是你看得懂。教材是给想入专业之门的人准备的，作用是将非专业的引入专业天地，必须通俗易懂。如果教材的每一个概念、每一句话都需要老师讲解才能理解，那就失去了教材的基本功能。自学是法学本科的主要学习方式，老师课堂讲解只是画龙点睛、举一反三，你看得懂的教材才能有效引导你的自学，教材中有些看不懂的知识点问题不大，但如果教材多数知识点你看不太明白，就另寻看得懂的教材吧。我选择教材的标准就是通俗易懂、越薄越好。

法律条文也是基础知识的重要组成部分。法律条文包括法律、行政法规、司法解释，部门规章等。不少法学本科生学完一门法学专业课，很少甚至几乎没有翻过法律条文，这非常麻烦。法律条文中的概念、原理和规则的重要性丝毫不亚于教材知识，教材知识和法律条文历来是相辅相成，缺一不可。教材提供阅读和理解法律条文的学理概念和知识，法律条文是加深理解和正确运用教材知识的基本依据。大多数教材知识和法律条文相一致，反复阅读和理解法律条文也就是复习、巩固教材知识，有些教材知识与法律条文不相一致，对比阅读可以避免你今后出现用错法律的失误。

时间有限，今天就聊到这里，谢谢同学们的聆听。

［本文为孟勤国主编《物权法学》（高等教育出版社2023年版）的音频整理稿］

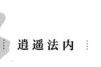

法学本科生应当大量研读
法院裁判文书

同学们好，上次聊了法学本科生反复看教材和法律条文是牢固掌握基础知识的必经之路。今天，专门聊下法学本科生应当大量研读法院裁判文书。无论给本科生讲民法总则、物权法、合同法，还是公司法、破产法、票据法，我的第一堂课总有一个刻薄的建议：如果你想成为法律精英而不是法律民工，四年本科应仔细研读至少3000份的法院裁判文书。

首先，法院裁判文书能帮助法学本科生具体理解和掌握教材知识和法律条文含义。教材、法律条文、老师讲解再怎么清晰，也只是一般意义的清晰，进入具体案件就因场景因素而相对模糊，法院裁判文书是教材知识和法律条文应用于具体案件的结果。当你读完一份判决书时，你便复习了教材知识和相关法律条文；当你读了许多份判决书后，你的知识目光就会从书本转向个案的场景，理解基础知识在不同场景的特定意义和作用。

讲个小故事吧，我大二时为一个扒手出庭作无罪辩护，理由是他每次扒窃的钱都不够法定数额。下庭后，审判长轻轻告诉我法定数额是按扒窃总数算的，我立马脸红，此时才想起刑法教材是有这个知识点。以此为戒，不久，在西政第一"铁嘴"廖俊常教授的指导下，我办成了重庆市自新中国成立以来第一个一审无罪判决案件，而且是当庭宣判，成为当时《重庆日报》报道西政学生业余律师活动的两个案件之一。我在本科期间办了十几个案件，使我刚进入法学专业就结合了书本和实践，养成了我法律职业生涯的习惯。

现在，在校本科生办案几乎不可能了，但信息社会给你提供了足够多的尽早将书本知识转化为实践体验的机会。中国裁判文书网和其他信息网站有巨量的法院裁判文书，客观展现案件证据、裁判理由、法律适用全过程是法院裁判文书的基本要求，你可以对基础知识在具体案件中的适用有身临其境的体验和思考。但是，这不是浏览几份法院裁判文书就有专业效果的，必须是大量研读法院裁判文书。本科生研读3000份法院裁判文书似乎很多，其实，法学类专业教学质量的国家标准就有至少15门必修专业课，此外还有众多的选修课，分摊到物权法可能也就是100份。

更为重要的是，法学本科生只有通过大量研读法院裁判文书才能培养法律专业特有的思辨能力和表达能力。思辨能力是指独立思考和自主辨识的能力，表达能力是指口头表达和文字表达能力，这是法律职业的关键要素。无论是法官、检察官、仲裁员，还是律师、企业法务、金融监管人员，对具体案件或事项一定要有自己的判断，这种判断的正确性取决于判断者的思辨能力。有了自己的判断，还必须清晰、合适地表达自己的判断和理由，让别人觉得言之有理。就案件审理而言，庭上检验你的口头表达能力，庭下检验你的文字表达能力，律师发言能否吸引法官注意，律师代理词或辩护词能否说服法官，法官庭审问话和裁判文书尤其取决于表达能力，不能有任何疏忽或任性。

研读法院裁判文书是培养法律专业思辨能力的重中之重。任何一份法院裁判文书，至少有原告、被告、法官三方的观点和理由。研读一份裁判文书相当于围观了一场法庭辩论，原告如何陈述事实，提供哪些证据，诉求有何理由；被告如何在事实和法律上反驳原告，有何理由和依据；最后，法官如何看待原告、被告主张，如何采信证据和认定事实，如何形成裁判结果，有何理由和依据。法院裁判文书体现了不同主体的争鸣，最终由法官作出唯一的结论。看多了，你就会形成一种思维习惯，对任何事情不会听风就是雨，而是尽可能了解事物的本身状态，依据事物的内在逻辑作出合理预测或判断。

研读法院裁判文书是培养法律专业表达能力的唯一路径。法律文书是法律专业特有的表达方式，法院裁判文书是法律文书的根基。先讲事实再讲法律是法院裁判文书的逻辑路线，法律专业词汇是法院裁判文书的基本用语，准确简明是法院裁判文书的文风要求。看多了，你就会熟悉和适应法律专业表达的模式、路径和风格，逐渐形成法律专业的书面表达能力。法院裁判文书表达要求和风格也决定着你的口头表达能力，看多了，你就明白，法律专业表达不是出口成章，而是成章出口，法官和律师的庭上所言都出于事先准备，都在努力接近法律裁判文书的逻辑性和规范性。

顺便说下，阅读论文专著是研究生阶段的学习任务，对法学本科生必需的法律专业特有思辨能力和表达能力几无意义甚至有害。论文专著是作者自由选择和表达的观点，缺乏法院裁判文书的客观事实基础，随意性强。论文专著文体五花八门，有几百字一句的翻译体、半文半白的民国体、主谓宾倒置的混沌体，与法院裁判文书的文体相距甚远。一个论题可能有几百篇论文，将有限的本科学习时间耗费于了解某一学术争议，代价太大。

时间有限，今天就聊到这里，谢谢同学们的聆听。

［本文为孟勤国主编《物权法学》（高等教育出版社2023年版）的音频整理稿］

郑成思先生与
中国物权法

郑成思先生辞世时，我在挪威。当年戴鍠隆先生辞世时，我在美国。我总不能为我景仰的先生送别，这似乎是一种命数。

我只见过郑先生三次。2003年一个秋日，在他那狭小简陋的书房里，他和我聊了一个多小时的物权立法。他说话简洁有力，与他羸弱的形体很不相称，一种超强的精神力量扑面而来。2004年春，他和夫人杜老师到广西讲学。我有幸陪了三天，近距离地领略了他睿智、谦和以及讲台上的无边风采。最后一次是2006年出国前，我去他家辞行。那时他的身体更羸弱了一些，但精神状态一如既往，陈旧的办公桌上放着已经批了很多字的中国物权法草案。

但我经常和郑先生交流，电子邮件给了我们通畅的交流渠道。几年间，我向立法高层递交的八份有关物权立法的建议，都是由郑先生想方设法送上去的。有些重大物权问题的意见，郑先生还推荐到《法制日报》等报刊发表，如《物权法是一个国家和民族智慧与尊严的象征》《立足现代、立足宪法应是物权立法的主题》《国有企业法人所有权不可行》等。郑先生对物权法具有无人能及的洞察力，常常三言两语就点破物权问题的本质，随手将我的认识引导和聚焦到关键的层面，而且指点我如何以一两千字说清楚问题。我的那些受到立法重视的建议，其实都经过了郑先生的深加工。

郑先生在知识产权领域的声望太高，遮掩了他在物权法上的光芒。郑先生是全国人大法律委员会委员，在这个直接决定法律草案命运的委员会中，只有两位民法学者。郑先生全程参与了物权立法，而且是呕心沥血。那几年，是郑先生身体状况急剧恶化的时候，动手术、化疗，可郑先生仍每天工作十几个小时。我经常收到他凌晨四五点钟发来的邮件。这些邮件，有对我的某一观点提出疑问的，有让我找一些论证资料的，也有介绍最新立法动态的。中国物权法汇集了众多的理论与实践的亮点，尤其是基本原则，星光灿烂。这些亮点，都凝聚着郑先生生命的光辉。例如，为了让用益物权客体包含动产，郑先生不止一次地阐述现代社会对动产用益物权的客观需要，在全国人大公布物权法草案第三稿后也没有放弃，终于从第四稿开始，用益物权的定义里面有了"动产"两字。在推动中国物权法现代化和中国化的进程中，郑先生的贡献远远超出了任何一个民法学者。

中国的物权立法是在人们对物权极其陌生的背景下开始的。无知往往走向盲从，所以，迷信和照搬台湾地区的所谓"物权法"轻易地成了主流。郑先生是真正能够放眼全球的学者，清楚台湾地区的所谓"物权法"算不上国际先进规则，因而成为一个清醒的物权立法参与者。在迎击无知和盲从上，郑先生起到了中流砥柱的作用。没有郑先生，中国物权法很可能在主流的冲击下失去许多夺目的亮点。我们已经看到，郑先生走后，有人强力丑化物权法草案的宽松的物权法定原则，改成了国外学者普遍认为不合时宜，连台湾地区学者也不屑的严格物权法定主义，中国物权法因而有了十分醒目的缺憾。

郑先生没有留下物权法的著作，但他精细地雕刻了中国物权法。中国物权法上留有郑先生的智慧和生命的信息，就像黄花梨的清香，永远不会消失。我没能为郑先生送别，所以没有郑先生不在了的感觉。每当我想起物权立法的那些事，一个精瘦、儒雅、魅力四射的小老头就会出现在我的眼前，这是郑成思先生。

（原载孟勤国《物权二元结构论——中国物权制度的理论重构》，

人民法院出版社2009年版）

天堂今日迎"满神"，世间从此无余延

——忆延满

这段时间我不太理他：一是他的弟子要调入民商法教研室，他在外面怨我没及时办理是因为我不想要，这个苕货，就没想我不同意，最后他的弟子还能进来？二是我劝他别去中南财经政法大学（以下简称中南），据说武大也可以给二级教授，民商法学科带头人的帽子在我头上20年了，也该他接了。关键是武大法学院容得下他的脾气，人生地不熟的中南能有几人买他的账？这个苕货，以为我是嫉妒他去中南的优厚待遇，走时招呼都没打。

但，生气归生气，这个苕货，我心里还是挂着的，因为他学富不载车，任劳不任怨。

他和马俊驹老师合著的那本《民法原论》多厚啊！还有厚厚的《合同法原论》《亲属法原论》等。那时，没有大数据，人生的光阴就在一点一滴的资料翻找和梳理中悄然流失。他的办公室就在我办公室隔壁的隔壁，有那么七八年吧，吃住都在里面。有时，我去他办公室瞧瞧他还活着不。活着！满屋子的书，满桌子的书，凌乱不堪的书堆中，晃动着那个黑乎乎的大脑壳，叼着一根烟。这个大

脑壳内装的是古往今来，淌的是苦思冥想，可是就不外溢为比金钱崇高、比金钱值钱，当然有时比金钱肮脏的论文。我和他商量过好多次，找些学生将《民法原论》中的那些一孔之见拓展成论文，就能聚成照亮他学术大佬前程的火炬，可他总是摇头。这个茗货，就不明白学富五车的含义，学问必须载在车上才能远行四方、声名远播，论文就是当下学富五车的车，尽管车里有很多很多的垃圾。

他为武汉大学的民商法学科干了多少活啊！24年前的博士点和博导相当稀罕，全国仅有两个法学博士点名额，武汉大学摘取其一，有了全国第四、京外第一的民商法博士点。他全程参与申报，负责博士点申报材料的收集和撰写。那时我在广西大学，他帮我填武汉大学博导的申请表，成为我最终回归武汉大学的关键节点。武大民商法学科建设和发展一直以教研室主任为核心，他当教研室主任那几年，常常包了安排不下去的课，仿佛就该他干似的。而且，48课时讲不完他要讲的内容，就自行补课20、30甚至更多节课，武大的校园久久流传着本科生对"满神"的崇拜，但加课不在考核工分之内，没有丝毫的报酬。他不写论文，依据计量考核标准自然不合格，几年不能招博，就老在公开场合自称"水货教授""三无人员"，让领导和来宾感觉别扭。这个茗货，就不明白任劳任怨的关系，任怨事关很多人的面子和权力，比任劳重要一百倍，不任怨的任劳一定比偷懒更招白眼。

他是我为数不多的有朝夕相处感觉的同事。20多年间，我们更多的是工作以外的交集。我们在清江边抽签：他抽出婚姻晚吉的中上签，给100元；我抽了个上上签，只给了20元。从此以后，他就认定我为富不仁。我们在丰颐酒店怡情，清脆的麻将声不时卷走他的筹码，他常常喃喃自语苍天不公。无数次聊天，他讲少时贫困只有父亲摸来的甲鱼可吃，他讲武大"青椒"人生的不易和乐趣，他讲知名教授那些漏洞如星的文章，还有杂七杂八的话题。他对事物总是那么明理，总有一二三四五的依据，但他似乎并不相信有理走遍天下，经常以"这一辈子就这样了"收尾。

他是我为数不多的可以直言相对的朋友。那几年我在武大时间不多，除了上课，许多事由他代劳，从来没有给他说过谢谢。同样，收他女儿为我的硕士，帮他去学校争取住房，接过他不愿带的博士的指导工作，也自然而然。我出道比他早10多年，有时难免有兄长的教训口气。我曾说"余延满你不买房会后悔一辈子""余延满你的生活方式必须改变""余延满你说同事是法盲，你至少是个半法盲""余延满你应感恩学校为留你而做的一切"。最后一次电话上，我挽留不成就骂他是白眼狼，对这一切，他从不恼火，只会"嘿嘿"敷衍。

他去了中南后回过几次武大法学院，也许不巧，也许因为其他，只去了张素华办公室聊，时间还不短。我忙着自己的事儿，也没在意，哪知今天突悉噩耗？

今天是圣诞节，但我的眼中晃动的不是红衣白须的圣诞老人，而是身着西装、脚踩凉鞋的黑不溜秋的"满神"，他正在摇摇晃晃地缓缓离开地面，向深邃的星空荡去，那是天堂，一个无愧于尘世的灵魂的最终归处。

（原载微信公众号"师徒人生"，2021年12月25日）

沈祖伦老省长，请带上我的深沉感恩

一

今天（2023年2月27日）凌晨4时，您在浙江医院驾鹤西去，享年92岁。您17岁参加革命，新中国成立后历任江华书记的秘书、绍兴县委书记、嘉兴地委副书记、浙江农委副主任、浙江省副省长、浙江省省长。时值永别，无数浙江人在仰望您平民省长的丰碑，在缅怀您勤政为民的往事，而我，沉浸在您对我的恩情之中。

您应该不知我是谁。我与您只有一面之交，人生偶遇。对于您而言，1978年4月的一天和以往一样忙忙碌碌，您未必记得一个21岁的年轻人推开您办公室门向您求助的场景，不会知道这个年轻人此后45年的人生轨迹。但对于我而言，这是一生最重要的定格，我的命运由此转折。

那时，您是绍兴县委书记，我是绍兴八字桥小学的代课老师。您对八字桥小学有印象吧，当时叫反帝小学，校内有俯视全城的天主教堂，校外有"立交桥之父"的南宋八字桥。

二

我1974年初中毕业，按政策必须上山下乡。父亲老实，联系好了他所在漓渚供销社附近的生产队。母亲刚烈，坚决拒绝居委会干部3天3夜的劝教，理由是我的视力分不清稻子与草。居委会无奈，将我列为病残青年，不下乡，也不分配工作。

全家5口人只有父亲39元的工资，为了生计，我必须打临时工。经历工地搬砖拌灰、炉前烧制月饼、家中代工绣球，1975年2月我当上了代课老师。从小学一年级到"戴帽初中"，除音乐课因五音不全实在难以滥竽充数外，有老师生病、生产或事假，什么课都代。无知无畏，现学现卖，倒也滋长了一个初中生知识自信的底气。

1977年恢复高考，街道办不允许我报名，依据是病残青年不符合身体健康的报名条件，我也觉得在理。可是，高考揭榜，一位近视度数比我高两倍的文友被复旦大学录取，说明视力不是身体健康的指标。于是，我白天上课，晚上自学高中数学，准备参加1978年高考。

出乎意料，街道办还是以同样理由不许我报名。看着几个街道干部那斜视的眼神和不屑的脸色，我明白他们没有忘怀母亲当年的刚烈。小民对权力的冒犯是一个无法以论理打开的死结，那就找能管住权力的权力吧。

三

我经常写点小诗、杂文，还向上海《文汇报》投过一篇长文，年轻不识幼稚，挺自恋，装订成册的手稿约2厘米厚。那天上午，我带着手稿来到塔山脚下的县府，那时的县府没有岗哨，自由出入。我不知县府有哪些部门、该找哪个部门，只能在县府办公楼随意转。转到一栋楼的二楼，有个办公室的门虚掩着，我没敲门就推开了，那时，我还不怎么懂礼貌。

您正在办公桌前埋头看文件，有点诧异地抬头问找谁。我说："同志，我想参加高考，街道不给报名。"您边问"为什么"边绕过办公桌，拉我坐在凳子上听我叙述，听完后您一页一页翻阅我的手稿。翻完后您说："你是一个有志青年，街道应该支持你高考，你去报名吧。"我嘀咕："街道不会给报名的。"您笑着说："会的，你现在就去！"我半信半疑地离开，忘了和您说声"谢谢"。

半个多小时后我到了街道办，街道干部二话没说就给报了名。我正有点奇怪，一个街道干部阴阳怪气地冲我吼："你有本事！县委书记打电话给你报名！没念一天高中就能考上大学？"我扫了他一眼，走了。

这时，我才知道您是县委书记，后来，我才知道您是沈祖伦书记。再后来，我的目光一直追随着您的消息。当我以绍兴地区文科第二名成绩入学西南政法学院时，我庆幸没有辜负您的眼力和厚爱。

四

这辈子，我和您的交集也就是20多分钟。

那天如果没遇见您，我或许有无数人生的可能，但绝无法学教授的模样。您为官我为民，且相隔一代，彼此相遇充满人生偶然性。但是，您总会遇见需要您帮助而您乐意帮助的人，您的慈悲是许多人的命运必然。即便那天没遇见您，我也会在不同时空中感受您的伟岸，普度众生是天地之魂。

我更愿意相信您和我相遇是命运必然。茫茫人海，百年岁月，两个毫无关联的人因特定事由在特定时空中相遇，稍有偏差即无可能，数学概率也无法解释如此的巧合。与您相遇时我其实只记得您平易近人，后来才对您的慈眉善目刻骨铭心，活脱脱弥勒佛下凡。我的微信头像是我出生3个月时的照片，有点像您90岁时的面庞，这或许就是因缘。

35岁获国务院政府特殊津贴时，我就坚信您是我的命运之神。多少次，想给您写封信表达我的感谢和敬仰，总不能动笔，您位高权重时怕影响您的工作，您安度晚年时怕打扰您的宁静。今天是我向您诉说衷肠的最后机会，在您羽化成仙之际，请带上我的深沉感恩！

（原载微信公众号"师徒人生"，2023年2月28日）

您的平凡凝聚着尘世的精华

——致远去的恩师余能斌先生

我知道人生总有一别，但未曾想过如此突然和残酷。2022年中秋节黄莹和您联系，您说疫情过后再聚，最后一次在您家聊天，虽觉得您有点疲弱，但您谈笑一如既往。2023年1月3日深夜，黄莹梦见您与余延满来南宁，穿着宝蓝色对襟中式上衣，笑眯眯地坐在迪拜酒店。4日9点46分，从素梅处得知您离去的噩耗，您是专程和我们道别的吗？

1982年您调入武大，我考上武大民商法硕士；1992年您和我分别在武汉大学和广西大学获国务院政府特殊津贴；1995年您领衔申报民商法博士点，我回武大成为团队成员；1998年您接受我的论文博士申请，我成为您入室弟子；2004年您荣退，我接任民商法学科带头人。40年前缘起的师生情谊，无论近在咫尺，还是相隔千里，始终量子纠缠。

黄莹因疫情和我一起隔离在南宁，得知您和立力重症，我们天天心神不宁。我托武汉的一位朋友想法搞到了特效药，立力服后病情明显好转，我几次和素梅说也给您服特效药，但医生认为这不适用于已在ICU的您。您已过了84岁的坎，也很注意自我防范，然而……

这一切都是命吧。

善斌主任委托我起草您的讣告。我最了解您的学术成就，不是因为我是教研室里最年长的人，而是2020年我撰写《武大民商法学科40年》时梳理了您的学术成果。之前，我对您的严谨求实、独立思辨有着深刻体验，但对您对中国式现代化民法早期贡献知之不多，我毕竟先是学生后又去了广西，那时也没有像样的资料搜索平台。

您从不聊您在中国民法与经济法学科起步时的重要著述，从不提1979年是您首次提出经济法概念，还与吴大英教授在《光明日报》率先发文建议实行学位制、制定学位法。前不久，我才知悉您是中国第三次民法起草小组重要成员，全程参与《民法草案债编》一至四稿的编制工作，担任第三、四稿的负责人和《民事责任编》的框架设计人与初稿起草人。

老一辈法学家普遍不为名利而研究，您尤其。您在《法学研究》《中国法学》的论文每一篇都有获奖资格，可您不参与任何评奖。没有评奖之类的喧哗，再独立的学术思想也难免随着时间流淌慢慢淡化，但您不在意被后人遗忘。您只说自己认为应该说的话，不在乎听众是否认同，不在乎庙堂是否采信。

您的风骨大音希声。

20多年前，我和黄莹应邀去上海交大考察。80年代末，郑成良、张乃根、齐海滨、季卫东、林喆以及我是法学界比较活跃的几个青年人，彼此有较多接触和了解。时任上海交大党委副书记的郑成良希望我出任上海交大法学院院长，40万年薪，还带我们看了套180多平方米的集资房。我非常心动，回来后报告您，您听后一脸严肃，说怎么可以因为待遇离开母校和武大民商法。

您在武大待了整整40年。没有您，戴镇隆先生开创的武大民商法不会有今天19名教师而其中13位是教授博导的队伍，也难有《民法典》编纂中以物权和人格权为主的众多立法贡献。荣休后，您如在岗一样参与民商法论文答辩和学术论坛，还一直以武大教学督导的身份在本科课堂旁听和指导。除了需要您任学校学位评定委员会委员、学院学位评定委员会主任，您从来没有要求也从来没有享受学校或学院的特殊待遇。

有一次，您担任国家级成果的终审评委，见到我以广西大学名义申报的一项成果，当场否决。理由是我作为武大教授、博导，应以武大名义申报，这是您亲口告诉我的。虽然您的否决是出于不甚了解1995年我留任广西大学法学院教授和院长的两校协议，但我深深理解您维护武大权益的立场和论事不分亲疏的正直，只有敬仰没有不快。

您的眷恋义薄云天。

四

多年来，广西大学请您、张里安、余延满等参加民商法硕士答辩。余延满批蒙旭的《论用益权》没有实用价值，您说在校学生能有多少实务知识？陈焜如被余延满怼得哑口无言时，您说了句："城里的娃娃能下乡调研，关注中国土地问题，也算是忧国忧民了。"余延满用鼻子闻闻不能点燃的烟，一脸不屑说，"我看是祸国殃民"，焜如惊慌失色，您白了余延满一眼，打断他说，"你还有没有问题，没问题就让人家走了"。蒙旭、焜如至今感念您的解围。

有次，我从广西去武大，约好参加您的生日晚餐。下午先看望何华辉先生，何先生拉我下象棋，不留神忘了何先生赢最后一局才能收摊的规矩，7点多了才到您家。您一直等着我，没有丝毫不快，不仅宽慰我，而且还问何先生尽兴了没。在您眼里，我始终是一个可以原谅的学生。

偲偲见您总是亲热地叫余爷爷。偲偲进武大本科，本着穷养儿富养女的老话，我只给他每月600元的生活费。大三时，偲偲向您吐槽我的刻薄，您立马打电话数落我不识人间烟火，我便给偲偲加了200元。不久，我去武大食堂吃了顿中餐，花了7元5角几乎只能闻到肉味，我又给偲偲加了200元。您搂着幼年、少年、青年偲偲，欢笑流淌在一张张我们欢聚的照片里。

您的慈爱风清月明。

您永远的学生：孟勤国

写于2023年1月10日至2023年9月3日

江平先生，
请允许我永远叫您老师

2023年12月19日，您离开了我们，离开了您一生牵挂的神州大地。四面八方的怀念和追忆犹如漫天大雪，我是其中一片飘舞的雪花。如果不是重病，我必定要去北京见您最后一面，道一声"江老师，我怀念您"。

第一次见您，我毕恭毕敬地叫您"江先生"，日常意义的老师称谓不足以表达我对您的敬仰，师承意义的老师称谓需要应有的师生名分，可您哈哈一笑说就叫"江老师"吧。这是您的随和，对我而言却是莫大鞭策，虽然我自我安慰也有理由叫您老师，一是您的博士大弟子赵旭东与我本科同班，二是早在1984年就精读了您条分缕析、言简意赅的《西方国家民商法概要》。

二

还有谁记得1986年的中国社会主义法制建设的理论与实践学术

研讨会？我刻骨铭心。这应该是前无古人后无来者的法学盛会，解放思想的时代背景、兴建法治的民族愿望、集思广益的会议主题。而您，是倡议大会并受教育部委托领导会议的四老之一。

那时，我到广西大学法律系不久，对高端学术会议相当朦胧。全国范围征稿、法学前辈评阅、唯实唯新录用，700多篇论文选用80余篇，我的《论国家财产经营管理权的主体》居然在列。我投稿时不知天高地厚，是您和法学前辈的肯定给我注入了学术研究的沉着自信。随后，我写了《经济体制改革时期的民事立法》这样的大题长论，发表于《中国社会科学》1988年第6期中文版、1990年第1期英文版。

鹭江出版社1987年出版了会议论文集，我的论文浓缩约一半收录其中，这是因为您和法学前辈为了更多的年轻人有入选机会。在1984—1987年度广西社会科学优秀成果评奖中，有人质疑我的论文是否属于公开发表的成果，我也不懂，只能写信请教于您。您回信说公开发表的不是论文形式，而是论文创新观点和理由，于是，我获得了二等奖，这一届法学成果的最高奖。

1995年我任广西大学法学院首任院长，将民商法硕士点建设作为强院要务。当时，广西法学硕士点为零，我先游说学校同意在商学院政治经济学硕士点下招收民商法硕士，继而申报民商法硕士点。有3个副高的教师是硕士点申报的硬性条件，民商法只有我1个教授，其他都是讲师，好在广西教育厅很有担当，同意上报。

我找了您、王家福老师、陈光中老师、高铭暄老师、马克昌老师、曹子丹老师等前辈。我说，我们的申报够不上硬性条件，但广西的改革开放不能没有法学硕士点，能否从支援边疆建设的角度予以例外？我支边成为广西首个民商法硕士、唯一法学教授，按政策满8年可离开广西，但我愿意留下建设民商法硕士点，并承诺正式招生时补足硬性条件。您听后没有丝毫犹豫，说我的理由正当充分，全力支持。

由此，广西有了首个也是唯一的国务院学位委员会审议通过的法学硕士点。此后，广西大学法学院以"一颗公心、一支硬笔、一张铁嘴"作为立院之本，上下一心，在您和法学前辈的不断关心和指导下，又陆续获得7个法学二级硕士点、法学一级硕士点、民商法国家级教学团队、全国首批卓越人才培养基地、教学部法学本科教学指导委员会委员单位、广西民商事法律研究基地，一度成为国内知名的法学院。

四

2004年5月，武汉大学和广西大学在南宁联合召开中国物权法学术研讨会，时值立法机关起草物权法草案第3稿，出现了事关中国物权法何去何从的重大争议，如物权法调整对象、基本原则、物的定义、国家所有权、用益物权范围、企业法人所有权等。会议主题确定为物权法的中国化与现代化，您和王利明教授欣然应邀到会指导。

您在会上作了主题演讲。您说，您在理论上不太坚定，理论评价和选择只以切合实际、解决中国问题为准，所以您认同物权二元理论的主要内容和价值，并以"广西学派"一词激励广西民商法学继续努力。当年听您演讲的巩珊珊同学至今清晰：您幽默自嘲的理论不太坚定，其实就是求真务实、开拓创新、开放包容。

会议开了整整两天，您自始至终全神贯注听取发言。发言的有几位是公开征稿入选的硕士生和本科生，他们蓬勃的朝气不免糅合稚气，您总是报以慈祥的微笑和点头。这一场景深刻改变了我。我不再像以前那样苛求学生，更多地注意和指引学生的长处。我参加任何会议也像您一样从头到尾，哪怕闭幕式只剩寥寥几人。

算命先生在我15岁时预测我21岁后顺风顺水，果如其言，因为我总能得到最好的老师的教育和扶持。大学时，西政"铁嘴"廖俊常老师带我做了10多个刑事案件，铸就我化繁为简的实务才干。硕士生时，戴鍏隆老师一字一句修改了我近10篇论文习作，锤炼我思辨表达的逻辑能力。博士生时，余能斌老师支持和指导了我的物权二元理论，培育我严谨治学的研究习惯。

工作后，我读过您几乎所有的文字，见过您许多次谈笑风生，听过您关键时刻的大义之举，您的慈悲、睿智、远见、坚毅、宽厚，难以企及。有幸的是，我有机会与您近距离接触，能从您的立身为学中汲取珍贵的人生营养，进而让我的人生模拟您的一二。

谢谢您！江老师！

写于2023年12月19日至2024年1月16日

中篇

法制论衡

专家不能代替
人民立法

　　北京大学法学院巩献田教授在互联网上发布了一封有关物权法草案的公开信，①指责物权法草案中的某些条款"违宪"。②众多民法专家因此勃然大怒，以一种前所未有的专业精神和团队意识，发起了潮水般的反击。③有专家公开声称：巩献田教授的专业不是民商法，不懂物权法，无权对物权法草案说三道四。④

　　这值得人们深思。巩献田是法学教授，尚且被认为不具备发表意见的资格，以此推论，普通百姓就该闭嘴。进而言之，两千多名即将对物权法草案投票的全国人大代表，也只能听民法专家的摆

---

　　① 参见巩献田：《致胡锦涛、吴邦国公开信》，载乡村发现网，2006年12月28日。
　　② 我们不赞成巩献田教授对物权法草案作如此的评价，但我们尊重巩献田教授发表意见的权利。
　　③ 参见易继明：《物权法草案"违宪"了吗？——质疑巩献田教授的〈公开信〉》，载《私法》2007年第1期；《民法权威力挺物权法草案，质疑直指巩献田〈公开信〉》，载中国社会科学网，2006年4月27日。
　　④ 参见《北大教授公开信称物权法违宪　姓资姓社再起争议》，载北方网，2006年2月23日。

布，因为他们中的绝大多数没受过法学专业训练。由此产生了一个疑问：在中华人民共和国，法律体现谁的意志？是人民的意志还是专家的意志？立法，是人民立法还是专家立法？

这是一个很可能影响立法走向的基本问题，是一个关乎13亿人民福祉的大是大非问题，在认识上不能有丝毫的含糊。为此，本文提出三个基本的问题。

一、谁在立法，为谁立法？

《中华人民共和国立法法》第六条规定：立法应当体现人民的意志，发扬社会主义民主，保障人民通过多种途径参与立法活动。这就明确表明，我国的立法是人民立法。

人民立法的法理依据，来自现代政治的民主理念。民主是现代社会普遍认同的核心政治目标和政治价值。从历史看，"民主"（democracy）一词在希腊语中意指"人民的权力"，民主制是指由多数人进行治理的一种政治制度。雅典的城邦民主对后世的民主政治产生了深刻影响，但其本身有重大缺陷：城邦之外的奴隶、外邦人和妇女均不得参加民主过程。而且，在雅典时代，"民主"并不总是一个赞美词，亚里士多德把民主制归入"反常的"政治制度，认为"多数的统治"也就意味着"穷人的统治"，民主制度因此有可能导致多数穷人对少数有产者的暴政，如侵犯财产权或发动骚乱等。①亚里士多德对民主的这种恐惧流传了下来，从托马

① 参见［美］杰弗里·托马斯：《政治哲学导论》，顾肃、刘雪梅译，中国人民大学出版社2006年版，第253页。

斯·阿奎那一直到近代的洛克、康德和基佐，主流思想界几乎把民主视为财产侵夺和暴民统治的同义词。民主被认定为一种正面的政治价值始于卢梭。卢梭主张"与所有人有关的事务应该由所有人来决定"，形成了"直接民主"的理想。卢梭特别强调了人民主权作为法理学中的合法性概念的基础，指出："确切说来，法律只不过是社会结合的条件。服从法律的人民就应当是法律的创作者。"[①]到19世纪40年代，民主作为正面的政治价值被普遍接受，当时欧洲各国爆发民众广泛参与的民主运动，极大震动了思想界，托克维尔在1835年出版其名著《论美国的民主》时宣告："民主将在全世界范围内不可避免地和普遍地到来。"托克维尔专门探讨了民主作为法律合法性之基础的问题，在比较贵族制与民主制这两种政体中指出："民主的法制一般趋向于照顾大多数人的利益，因为它是来自公民之中的多数。贵族的法制与此相反，它趋向于使少数人垄断财富和权力。……因此，一般可以认为民主立法的目的比贵族立法的目的更有利于人类"。[②]马克思也对作为法律合法性基础的民主概念作了更为深刻的探讨，在《黑格尔法哲学批判》中，马克思把民主制直接定义为"人民主权"："在民主制中，国家制度、法律、国家本身，就国家是政治制度来说，都只是人民的自我规定和人民的特定内容"。这是对民主的最高理解，即：人民主权是一切政治与法律合法性的最终基础。

"民主制是一切形式的国家制度的已经解开的谜。……一切

---

① 〔法〕卢梭：《社会契约论》，何兆武译，商务印书馆1982年版，第52页。

② 〔法〕托克维尔：《论美国的民主》（上卷），董果良译，商务印书馆1988年版，第1、264页。

国家形式都以民主为自己的真实性。"①中华人民共和国从成立的那天起，就确立了人民主权，将其作为构架国家和国家活动的最高原则。全国人民代表大会作为国家最高权力机关，将人民的愿望和意志集中起来，以立法的方式加以反映和固定。作为制度设计，全国人民代表大会在人民主权上具有三权分立等西方民主制所没有的优势。由人民选举产生的人民代表直接将人民的意愿带到国家最高权力层面，人民的意志与国家最高意志合二为一，行政权力和司法权力都在人民的意志之下。从制度价值上说，这是实现人民主权的根本，因为具有很浓的职业色彩的行政机关和司法机关经常而且容易扰乱、曲解、违背人民的意志。与其他国家的民主制度一样，全国人民代表大会也有一个如何正确集中和反映人民意志的问题，也可能出现许多有违制度价值的现象，但无论如何，由人民立法，为人民立法，这是全国人民代表大会的根本宗旨，也是全国人大立法工作机构如法制工作委员会、法律委员会的准则。

人民立法是人民主权的直接体现，任何怀疑、排斥和架空人民立法的言论和行为都是对人民主权的亵渎和否定，是对中华人民共和国宪法的根本违背。这一点应该成为鉴别形形色色的立法理论或立法观点的标杆。理由再怎么堂皇，声音再怎么响亮，只要客观上是干扰人民参与立法，就是缺乏正当性和合法性的歪理邪说。人民群众不可能也没有必要接受专业法律训练，任何时代、任何国家没有出现过也不可能出现全民精通法律的壮观。人民群众不懂法律原理、法律术语，包括物权法这些名词，但人民群众懂得自己的利

---

① 《马克思恩格斯全集》第3卷，人民出版社2002年版，第39—41页。

益，懂得自己的愿望，懂得自己需要什么样的行为规则。任何机构和个人都不能以不懂法作为拒绝人民群众对法律或法律草案发表意见。物权法草案向全国人民公开征求意见，是中国民事立法最值得称道的一幕，表明中国立法机构自觉履行人民立法原则。对此，居然有民法专家提出非议而且出现在官方媒体上，可见目前有关人民主权和人民立法的认识已混乱到了不讲是非的地步。许多民法专家很崇拜萨维尼，可恰恰忘了萨维尼说过："民族的共同意识乃是法律的特定居所。"①

二、如何看待专家立法？

法律和法学之间有着紧密的关系。罗马法时代，法学是法本身的渊源之一，②法学家享有很高的社会地位。根据意大利法学家朱塞佩·格罗索的考证，在整个公元前二世纪，法学家既是一个显贵阶层（nobilitas），又是普通罗马人的道德楷模。③萨维尼在著名的《论立法与法学的当代使命》里提出：罗马法的精神来自罗马法学家，即来自《学说汇纂》，德国缺乏此类优秀的法学作品，因此制定一部优秀的法典是不可能的。④维亚克尔认为，德国最终选择

---

① ［德］萨维尼：《论立法与法学的当代使命》，许章润译，中国法制出版社2001年版，第9页。

② 参见［英］巴里·尼古拉斯：《罗马法概论》，黄风译，中国政法大学出版社2004年版，第29页。

③ 参见［意］朱塞佩·格罗索：《罗马法史》，黄风译，中国政法大学出版社1994年版，第263页。

④ 参见［德］萨维尼：《论立法与法学的当代使命》，许章润译，中国法制出版社2001年版，第37页。

继受罗马法，并非因为罗马法在制度上的优越，而是基于"透过自主独立的专业法律思想来提升欧洲法秩序在方法上的要求，以及借助法学使政治、社会冲突导出之法律固有问题能进行合理的讨论"①。

现代社会的立法，离不开法学和法学专家。所谓立法的科学性，一个突出的标志就在于：任何一个法律文件，都需要以一定的法学理论作为基础，不仅需要法学提供一定的专业术语、体系、逻辑，而且需要法学对法律的正当性和有效性予以证明、阐述和设计。没有法学的支撑，立法容易沦落为专横和武断。法学对于现行法律还具有解释和批判的功能：法学解释有助于探明法律的真实含义和实践途径，法学批判则有助于推动现行法律的更新使之与时俱进。在大陆法的历史进程中，法学逐渐形成了一个专业性很强的领域，大量的具体规则与技术规范，往往只有受过职业训练的法学专家才能深入地理解和熟练地应用。因此，法学专家很容易直接介入立法活动，作为法学的代言人影响立法。这就有了专家立法的说法。中国的专家立法在20世纪90年代中期开始兴起，大致包括两个方面的活动：专家向立法机关提交专家建议稿，例如，在物权立法中，社科院、中国人民大学、武汉大学的学者分别提交了三个物权法草案建议稿；专家应邀参与立法机关组织的立法专题或法律草案的研讨，如2004年8月的物权法草案和破产法草案修改两个研讨会。毋须多言，专家立法对于中国社会主义法制建设，具有极其重

---

① ［德］维亚克尔：《近代私法史——以德意志的发展为观察重点》，陈爱娥等译，上海三联书店2006年版，第128页。

要的价值和作用。

　　然而，肯定专家立法不能忘掉基本的一点：我国的立法始终是人民立法。萨维尼时的德国离人民主权还很有距离，而且德意志民族比谁都信任法学家，即便如此，萨维尼仍说法学家是人民的委托人和被授权对法律进行技术处理的社会精神的代表。[①]而我们的一些专家，却自觉不自觉地自我膨胀，无端拔高专家立法，表现出强烈的取代人民立法的倾向。民法专家指责我国立法忽视专家在民事法律起草工作中的主导作用，而且将其列为必须解决的首要问题。[②]这令人吃惊。的确，鉴于法律的技术性，民意对立法的意见不可能绝对正确，专家有责任以理性和专业知识向人民作出解释，引导民意向正确的方向转变。但是，这种情形永远不是立法的主流。就整体而言，民意一定比专家的判断更为准确，因为人民距离社会生活比专家更近，对社会生活的体验也比专家更为广泛。就个别而言，即便民意发生了偏差，只要完成了少数服从多数的程序，也只能首先尊重民意，然后引导、期望和等待民意在事实面前发生转变。如果不是这样认识，就会陷入一种"技术专家的政治观"，按照赫尔德的看法，这种技术专家政治观既是反自由的，也是反民主的。[③]因此，专家没有权利要求自己扮演主导立法的角色，人民也不能允许专家在立法中起主导作用。

---

　　① 参见［美］博登海默：《法理学、法律哲学与法律方法》，邓正来译，中国政法大学出版社1987年版，第84页。

　　② 参见屈茂辉、李龙：《论中国民事立法现代化的两个关键问题》，载《文史博览》2006年第1期。

　　③ 参见［美］赫尔德：《民主的模式》，燕继荣等译，中央编译出版社1998年版，第243—244页。

需要指出的是，即便在法学理论的层面，专家的知识和理性也未必是科学的。首先，不存在放之四海而皆准的法学理论。不说英美法与大陆法理论的不同，就在大陆法系中，不同时代、不同国家对同一法律现象的解释也常有极大的差异。其次，全能的专家至今没有出现，所谓专家不过是某些方面有一定研究的学者，有限的知识往往限制着专家的判断。再次，所谓理性也是相对的、个体的，信仰私有制的专家和信仰公有制的专家很难有共同的理性，物权立法中的许多争议与其说是法学争论，不如说是政治态度的分歧。最后，是利益动机的影响。人们已经发现许多主流经济学家的言行不过是利益集团的诉求，其实，利益集团更需要拉拢法学家，因为立法上的利益是全局性、长远性的。

目前的中国法学存在着许多必须正视的问题。一些专家盲目崇洋媚外，强不知以为知：削足适履抄袭西方理论、挟西方理论以自重，去了一趟德国以德国法专家自居，懂一点法语就号称法国法权威。这些专家恰恰忽略了来自德国学者的告诫：法学应是民众信念的有机组成部分；①遗漏了吉尔兹的重要观点：法学是具有地方性知识的论断；②甚至跟不上日本学者的见识：中国有独特的社会状况，因此理所应当有不同的制度安排。③法学是社会科学中最贴近生活与现实、最讲究实践理性的一个学科，"法律的生命不是逻

---

① 参见［德］雅各布斯：《十九世纪德国民法科学与立法》，王娜译，法律出版社2003年版，第47页。

② 参见［美］吉尔兹：《地方性知识：事实与法律的比较透视》，邓正来译，载梁治平主编：《法律的文化解释（增订本）》，三联书店1994年版，第73—85页。

③ 参见《中日民商法研究会2006年大会会议记录》，载渠涛主编：《中日民商法研究（第5卷）》，法律出版社2006年版，第399—457页。

辑，而是经验"①。可是许多法学专家却喜欢坐在有空调的办公室里，对着电脑屏幕做学问，不愿意深入生活了解真实的民意："知识分子克制着，不想使他们的思想与这些具体的各种各样的苦难发生联系。"②

三、我们需要什么样的专家立法？

法学是一种思想、一种文化、一种历史，但这些都不是最有意义的。法学之所以为人类社会必不可少，人民之所以要供养一批法学家，归根到底，是因为人们相信和希望法学能使现实的法律趋向公正和完美。研究现行法律之不足，提出最公正、最有效的法律规则，是法学的根本价值和任务，也是法学专家的根本价值和职责。法学从本质上说是为了现存的社会制度更加合理和完善，而不是为了摧毁现存的社会制度。因此，专家立法必须是建设性的，是以现实生活为出发点和归宿点的，是服从人民的意志和为人民利益着想的。从目前的情况看，专家立法起码要坚持三条原则：

（一）承认和尊重中国的宪法制度

以公有制为主体，多种经济成分并存，这是中国的基本经济制度，中国的立法必须以这一体制为基本依据。尽管巩献田教授对物权法草案的"违宪"指责多出于误解，但物权立法中，确有一些专家强调物权法的私法属性，提出了一些绕开宪法甚至有违宪法的意

---

① ［美］霍姆斯：《普通法》，冉昊等译，中国政法大学出版社2006年版，第1页。

② ［英］齐格蒙特·鲍曼：《立法者与阐释者：论现代性、后现代性与知识分子》，洪涛译，上海人民出版社2000年版，第239页。

见。任何现代国家都不允许法律与宪法冲突，否则就以违宪的理由宣告法律无效，这是一个众所周知的事实。由于中国的宪法制度还不够完善，时有一些政策、法律与宪法不相一致而且不受追究，这造成了许多人目无宪法，包括许多法学专家。中国民法学会的副会长长篇大论民法与宪法平起平坐，不受宪法节制，[①]不是缺乏法学本科知识，更不是为争民法地盘，而是反映了一种由来已久的厌恶中国宪法，指望民法摆脱公有制的束缚进而对抗和改变公有制的倾向。中国的宪法制度毫无疑问需要改革和完善，但这必须在宪法领域中讨论和解决。专家可以在立法中讨论宪法制度问题包括要求修宪，但无权倡导违宪。法学专家应该知道：一个不承认宪法最高权威的国家永远不会是一个法治国家。

（二）依据中国社会生活设计法律规则

法律不是摆着看的，是用来调节人们的关系和行为的。法律是否公正、是否有用，不取决于专家的愿望、立法的意思、罗马法的精神，而取决于是否与现实生活状况及其发展趋势合拍。立法可以搞出与现实生活格格不入的法律规则，但现实生活会以自己的方式如法律规避、法律冲突、法不责众等加以反抗，使这样的法律规则形同废纸。物权立法中，一些民法专家动辄以与国际接轨作为尚方宝剑，硬要按照德国、日本和中国台湾地区的物权规则改造中国大陆的现实生活，鼓吹法律移植。这是一个没有历史事实和逻辑理由支撑的谬论。法律是不能移植的，因为世界上没有两个具有相同历

---

① 参见赵万一：《从民法与宪法关系的视角谈我国民法典制订的基本理念和制度架构》，载《中国法学》2006年第1期。

史和文化的国家和地区。法律只能借鉴，不是借鉴某一个国家的法律，而是借鉴各国的法律。所谓借鉴，不是将国外的法律规则拼凑在一起，而是比较后选择某些能为中国百姓所理解和接受的规则，再按照中国社会的要求改造和整合，就像砖瓦、水泥、钢筋一样的材料被融合为一座大厦。移植（其实就是抄袭）是容易的，只需要翻译而且常常是蹩脚的翻译就能完成，而借鉴是一个长期和刻苦的研究过程，因而需要法律专家参与其中。法学专家应该知道：专家立法的全部价值就在于源于现实生活，为了现实生活。

（三）追求法律的通俗易懂

让13亿人遵守的法律必须使用最为浅显的语言，不然，社会将付出无可计量的执法和守法成本。一部人民看不懂的法律，不仅产生巨大的普法成本，而且使遵守法律和解决法律争议变成一个考量智慧和耗费财力的难事。但法律具有技术属性，这成了一些法学专家垄断法律资源的借口，文雅地说是学习德国民法典的逻辑严密、概念准确，霸道的则公开宣称人民完全无须理解法律。①德国民法典是否逻辑严密、概念准确，本身就值得探讨，即便是，佶屈聱牙、晦涩难懂的译文就决定了其不应成为中国法律的榜样。而不让人民理解法律的论调的本质就是以法律的技术性剥夺人民的立法权力，因为这时只有少数社会精英才能解释和理解法律，他们事实上掌握了立法的话语权。说法律不可能通俗易懂是一种欺骗，法国民法典、瑞士民法典相当通俗易懂，都很有历史地位。既然霍金能把

---

① 参见苏永钦：《走入新世纪的私法自治》，中国政法大学出版社2002年版，第97页。

宇宙的起源讲得那么通俗，[①]就没有什么科学不能通俗，不能将自己专业通俗化的专家应当继续学习专业。物权法中的地役权为什么就不能改为土地便利权？问题恐怕不在于能否通俗，而在于想不想通俗。通俗会降低法律的入门门槛，削弱专家对法律资源的优势，甚至减少专家的收入，但社会不能为了少数人的利益人为地将简单的法律规则复杂化。法学专家应该知道：法律的大众化是促使社会法治化的最基本的前提和条件。

我可能是最早呼吁专家应介入中国民事立法的学者。在1988年第6期的《中国社会科学》上发表的《经济体制改革时期的民事立法》一文中，我提出立法必须高度重视专家的作用，但我同时提出法律草案应在全社会范围内公开讨论，征求人民群众的意见。[②]20年快过去了，"专家立法"已欣欣向荣，而"人民立法"却被淡忘，以至于我这个最早呼吁专家立法的人不得不来澄清专家立法与人民立法，这应了一句老话：播下的是龙种，收获的却是跳蚤。

（原载《法学评论》2008年第5期）

---

① 参见［英］史蒂芬·霍金：《宇宙的起源》，载《新华文摘》2006年第18期。

② 参见孟勤国：《经济体制改革时期的民事立法》，载《中国社会科学》1988年第6期。

论中国民法学
研究的方向

近来，民法学界畅谈解放思想。许多学者提出，民法学解放思想首先是要抛弃苏联的民法模式。我很赞成。确实，我们经常称之为传统民法理论的东西，很大程度上是苏联的民法理论，与中国要搞的社会主义市场经济格格不入。但与此同时，一些学者提出移植大陆法系民法，作为苏联民法的取代物，个别激进的甚至认为，除此以外，中国民法学别无选择。这很值得深思。中国民法学研究中总有一种非得从外国引进不可的倾向，引进苏联的失败了，就改为引进大陆法国家的。这恐怕与中国民法学研究的方向不甚明确大有关系。现在，中国民法学研究面临着现实抉择：是努力探索和建立具有中国特色的社会主义民法，还是走模仿大陆法系民法的道路？

模仿大陆法系民法并非新论，是多年来中国民法学研究的一个现实倾向。翻阅民法学研究论文和著作，不难发现，相当一部分具有深刻的大陆法系民法的印记。尤其是台湾地区的民法著作传入大陆后，史尚宽等先生的著作成了不少论著的中心观点或立论基础。所谓法理，不是别的，就是大陆法系民法理论。这种倾向渗透到立法和司法之中，出现了像《民法通则》那样的所有权和与所有权相关财产权的提法，这一提法看来是要回避大陆法的物权概念和分类，但实际上没有越过自物权派生出他物权的理论；出现了最高法院的一些司法解释只顾"法理"而不顾现实的情况，如国家专业银行在多处司法解释中被等同于一般企业法人，而实际生活并非如此。

我完全理解这种倾向的某些历史和现实的原因。首先，中国民法学实际上不过十余年历史，在一无所有的基础上开始研究，自然有介绍、学习和吸收人家既有东西的阶段，正如当年模仿苏联民法一样。对于两手空空的中国民法学而言，大陆法系民法无疑是一种"成熟""完善"的东西，何况中国清末以来就有模仿大陆法系民法的努力，台湾地区的所谓"民法"是模仿的结果。中国民法学本身的幼稚导致了对大陆法系民法的崇拜。其次，大陆法系民法确实有相当一部分体现的是商品经济的一般规律，尤其是债与合同，是商品生产和交换的必然产物，具有通用性。中国努力发展商品经济，不能不接受这些制度。在缺乏理性认识的条件下，必要的吸收自然被夸大为应全盘接受的理由和证据。此外，中国不乏滥用"中国特色"口号的情况，在这一口号下不负责地塞进一些"左"的东西或将"左"的东西饰为"中国特色"，败坏了"中国特色"的声誉，导致某种逆反心理。

然而，这一切不能成为中国民法学研究模仿大陆法系民法的理由。苏联民法模式在中国的失败，至少可以提醒我们，模仿并不是一条令人放心的出路。如今的中国民法学研究并不见得很了解大陆法系民法，说好说坏不免带有许多臆测或牵强附会，模仿的可靠性更成问题。其实，一国模仿他人的法律制度涉及许多基本法理问题。就中国而言，至少可以提出三个问题。一是法律制度能否与社会制度割裂开来，不同的社会制度能否适用共同的法律制度。这牵涉到法律制度是不是像科学技术、管理经验那样可以超越时代、国家和阶级。马克思主义法学一直将法律看作是统治阶级意志的集中表现，当然不会将引进法律制度等同于引进科学技术等。现在要推翻这一基本理论，还没有什么依据。中国既然是搞社会主义，模仿资本主义民法首先就没有现实社会制度的基础。二是西方大陆民法是否已完善到具有某种永恒性的程度，以至于只要从中选择一国民法或将几国民法加以优化组合就能解决问题。中国民法学研究主要盯着18、19世纪的几部民法典。这几部民法典其实与特定的历史时代连在一起，是近代资本主义的生产力和生产关系的反映，还不是当代资本主义的，模仿的或许正是人家淘汰或准备淘汰的。三是用国外的民法制度作为标准框住和改变中国的物质生活条件，还是要求民法制度适应中国的物质生活条件。法律制度无疑在一定程度上有改变物质生活条件的作用，但夸大这一作用以至于否认物质生活条件的决定性作用，是违背生活常识的。连德国、日本和中国台湾地区这些制度相同的伙伴都在民法典中考虑了一些本国或本地区的实际情况，要中国大陆不顾自己的国情而一味模仿人家并企求以此来改造自身，岂非过于极端？中国几十年来的最大失误莫过于夸大人的主观能动性，我们应当吸取点教训。有的学者举了一些地方基本照抄他国民法的事例和理由，诸如日本抄德国，中国台湾地区抄日本，经济发展很快，没听说什么不合适等等。这种举例并不科学。日本或中国台湾地区的经济发展是否得力于抄了一部大陆法系民法典，目前并无这类研究成果；所抄的民法典实际效果究竟如何，也缺少可以佐证的分析。

中国民法不应该是大陆法系民法的翻版，中国民法学不应成为一门外国民法学。中国民法学研究必须坚持依中国的实际情况，探索和建立具有中国特色的社会主义民法体系的方向。了解、分析、借鉴和吸收大陆法系民法，是必不可少的工作，但最关键的还在于了解和研究中国现阶段的物质生活条件和改革带来的政治关系、经济关系和其他社会关系的变化及影响，研究中国社会在改革与发展中对法律规则的实际需求、立法应持有的态度和应提出的方案。在这基础上才谈得上对大陆法系民法借鉴什么吸收什么。有的学者认为中国也要发展商品经济，没什么大的特殊问题，完全可以移植大陆法系民法，这未免过于武断。一般谈论中国应不应有或能不能有自己的民法或民法学其实没有太大的意义，因为这首先是个实践问题。这可以举一些物权制度的例子。在中国，集体所有的企事业法人的所有权，不能以独有或共有的理论解释；国有企业的法定经营权，不是一种暂时分离于所有权之外的物权，与他物权不可同日而语；土地不能因买卖而转移所有权，但土地使用权可以出让转让，同样有地价和投机，这在大陆法系民法典中也无现成答案。能不能说这些存在都不符合商品经济发展规律？都应按照大陆法系民法的框框加以改造和取舍？都将随着引进大陆法系民法而逐渐消灭？至少现在还没有可这样说的依据。这需要研究，需要了解这些存在的现实原因和后果，了解其与中国社会发展的历史趋向的相互关系，了解其对法律规范的需求的内容和合理性。研究中国社会的某一种现实不一定就产生一种相应的法律制度，这取决于研究对象是否具有必然性，但不加研究而以某种法律模式作为判别某种现实可否存在的标准，绝对不是科学的态度。中国社会应该设定哪些财产权、人身权？各种民事权利之间的相互关系如何确定？民事权利的产生、消灭、变更以什么样的方式进行？法律对民事权利的保护采取何种态度和措施？这些都必须建立在对中国社会的透彻了解之上。否则，任何法律设计都难免是空中楼阁，或是一纸空文，或被用于搅乱社会。现在，各地政府似乎还不懂得利用破产法赖下属企业欠国家银行的债务，这简直是立法的幸运。试行的中国破产法虽然符合商品经济的一般规律，但脱离中国现阶段的国情，现实作用是苦涩的。

这里需要澄清对"中国特色"的误解。过往有些所谓的"中国特色"不过是些文字游戏，但这绝不是中国特色的真正含义和内容。它们都不是基于真正研究和了解中国社会的实际情况，而是某种概念化的产物。例如，不许自然人当股份公司的发起人就不是什么中国特色，真正了解中国的实际情况的应该知道，中国目前的个体和私营经济很需要股份制，广东等沿海省份的农村股份制经济也是以自然人为基础发展起来的。我们所说的中国特色，一定是指植根于中国社会土壤，与中国的物质生活条件具有内在联系的东西。举例而言，联产承包责任制以及因此产生的承包经营权，是中国特色的，是中国小农经济向农业现代化和商品经济过渡的必然选择，其所体现的家庭在社会生产中的特殊作用和对土地公有制的肯定，渗透着中国的历史传统，是资本主义国家不会有、其他社会主义国家也难以有的。中国民法学研究不能因为"中国特色"曾被曲解或滥用而将罪过推到命题本身，从而放弃对中国特色的追求。民法领域中，目前还归纳不出很多的中国特色，拿不出较多合理的中国式民法方案。这只能证明中国民法学对中国社会的研究还远远不够，不能得出结论说中国民法和民法学本没什么中国特色，可以照抄大陆法系民法。迄今为止，中国民法学研究成果中，真正致力于研究中国社会并在此基础上思考民法问题的不多。这恐怕也是中国民法学不如经济学那样被重视的原因之一。除了介绍一大堆国外的东西，我们究竟向社会提供了多少切合中国实际并具有可行性、可操作性的民法方案呢？

然而，我丝毫没有轻视中国民法学对大陆法系民法的吸收和借鉴意义。恰恰相反，我认为，越是恰当地、充分地、广泛地吸收和借鉴西方民法包括英美私法，越有助于建立具有中国特色的社会主义民法体系。道理无须多说，西方民法本身就是人类法律文明的组成部分，吸收和借鉴西方民法有助于减少无谓的探索，有助于通过比较而凸现中国社会的特殊性。但是，吸收和借鉴西方民法绝不是单纯移植、模仿、抄袭，而是根据中国的国情和需要，选择、改造和利用西方民法中可为我用的内容，使其融入中国民法体系之中。西方民法的任何东西都只能作为建造中国民法大厦的一种可能入选的原材料。因而，仅仅知道西方民法有什么是不够的，重要的还在于了解西方民法有关内容的社会背景、实际作用和普遍适用性等。例如，研究其社会背景可分析中国应不应该、能不能够提供类似的社会环境以保证重现其在西方国家中已有的实效，淮橘为枳的原理是众所周知的；研究其实际作用可分析中国民法是否值得加以吸收和借鉴，法律制度的理论价值和实际作用并不总是一致的；研究其普遍适用性可分析中国民法在反映商品经济规律上的准确度，商品经济的共同性规则和个别特殊性规范是应当加以区分的两个范畴。总之，如果说有分歧，绝不会在要不要吸收和借鉴西方民法上，而在于以什么态度、以什么方式吸收和借鉴西方民法。

中国民法学研究在短短十余年中所取得的成就不小，但这一成就不应被夸大，似乎中国民法学研究已走出了幼稚的圈子。任何一门学科在根本方向不甚明确的时候是无成熟可言的。中国民法学研究首先需要从自我陶醉中解放思想，认识到至今为止中国民法学研究基本是在模仿。以前模仿苏联，后来模仿大陆法系民法，模仿对象变了，但研究思路极其传统。模仿总是比创造来得容易，研究中国的具体实际情况不易取得成就，恐怕也是一个因素。民法领域解放思想，一是要打破和消除苏联民法模式及其影响；二是要打破和消除对大陆法系民法的盲目崇拜；三是要立志而且敢于冲破各种禁区，探索中国的实际问题并提出各种或许不合西方民法法理的新的民法理论和学说；四是要树立民法研究为经济建设服务的功利目的，以解决实际问题为导向，不追求脱离实际的完美的理念体系。对于一直不很重视中国实际问题研究而具有强烈模仿国外民法的历史传统和现实倾向的中国民法学研究，解放思想首先应是勇于探索和追求具有中国特色的社会主义民法，并为此作出不懈的努力。

（原载《当代法学》1992年第4期）

关于吸收和借鉴西方民法问题

中国民事立法不可避免地涉及吸收和借鉴西方民法的问题，这是中国实行对外开放政策的必然结果之一。自罗马法以来，西方民法已形成各种内容比较丰富、体系比较完整的制度和学说，是人类法律文明中最有价值的组成部分。吸收和借鉴西方民法，有助于了解和评判现代资本主义商品生产和交换的各种机制的优劣得失，对于中国民法乃至于中国市场经济的形成和发展，具有减少无谓的摸索和避免重蹈他人覆辙的现实作用。

西方民法是一个内容相当庞杂的概念，至少包括：大陆法系民法和英美私法；自由资本主义民法和垄断资本主义民法；民法制度和民法学说。不同体系、不同时代、不同国家的民法理论与实践所以能汇集在"西方"这一特定的政治地理概念下，不仅是因为民法是直接反映和规范商品生产和交换的基本法律制度，具有共同的客观基础，而且也是因为西方民法具有共同的社会性质即资本主义私有制。但是，由于历史和现实的条件不同，西方民法在不同时代和不同国家中的具体操作在许多方面又很不相同。中国是一个具有独特中华文化的东方古国，而且是一个社会主义公有制国家，其社会背景和历史条件与西方社会有质的区别，因而，在吸收和借鉴时，首先就面临着一个吸收什么、借鉴什么的选择。这是一个指导思想问题，贯穿于吸收和借鉴的整个过程之中。

选择的立足点无疑是中国现实的社会条件，从客观上，至少应提出以下几点选择要求：（1）中国社会需要发展市场经济，需要与国际社会进行贸易及其他经济交往，因而不能不遵守商品生产和交换的基本规律和要求，不能不吸收和借鉴西方民法中与之相关的制度和学说。这些制度和学说中，商品经济的客观因素占主导地位，往往是各国民法不可缺少的基本内容，具有较高的吸收和借鉴的价值。（2）中国市场经济发育程度参差不齐，自然经济因素、简单商品经济因素和现代商品经济因素并存并相互交织，因而吸收和借鉴不能限于现代西方民法，不同层次的经济关系对法律的要求不同，在有些领域中，近代西方民法甚至罗马法或许更合适于作为吸收和借鉴的对象。西方民法中的吸收和借鉴的价值，不以古老或新潮为标准，而以适应中国实际需要的程度为尺度。（3）中国是对整个国际社会开放，因而，尽管中国自清末以来深受大陆法影响，也不能拒绝吸收和借鉴英美私法。（4）中国还没有一套完整的社会主义民法理论体系，致使中国民事立法至今处于经验立法的阶段。缺乏理论指导的立法容易使立法成果带有易被规避、相互矛盾、形同虚设或适得其反的缺陷，因而必须重视吸收和借鉴西方民法中的学说和理论。

吸收和借鉴不是移植。移植法律是指在中国重现西方民法的制度与学说。法律是统治阶级意志的集中表现，而这一意志的内容不仅仅是阶级利益，还包括特定国家的民族、传统、信仰、生活方式、文化模式等因素，植入国无法提供法律所要求的与母国一样的社会环境，移植的法律就难免与植入国统治阶级意志不合，以至于植入国统治阶级最终否定或变相否定所移植的法律。这就要求吸收和借鉴必须建立在对西方民法加以改造和扬弃的基础之上。但是，我们也不能随心所欲地对待西方民法。随手改称几个法律术语或任意取舍某一制度或学说的内容，虽可自慰为"中国特色"，但绝不是科学意义上的吸收和借鉴。一国特色并不意味着将某一东西弄得非驴非马。诸如抵押合同可以是口头形式而且无须公示即可对抗第三人或将相同民事责任的经营方式分别冠之以承包或租赁之名的做法，只能造成中国民法理论与实践的混乱。移植或将西方民法搞得不伦不类，都很容易。真正困难的，因而也就称得上是吸收和借鉴的，正是能找出西方民法中那些为中国社会所必不可少的东西，并能使之有机地成为中国民法的组成部分。

吸收和借鉴离不开比较西方各国民法的具体制度和学说。比较，有助于提炼西方民法的基本原理，分析不同操作机制的优劣长短，了解法律术语的特定意义和运用方式。但这只是一个开端，接下去需要研究的问题至少有：（1）一种法律机制的正常运行需要什么样的社会环境？中国能否提供类似的客观条件或在多大程度和范围上提供？如果需以中国国情加以改造，其固有的功能是否会改变或保留？（2）一种法律机制需要什么样的配套机制？中国民法体系能否加以容纳而不发生自身内部的矛盾和失衡，或者即使发生最后也能加以消化而得到和谐的调节？（3）一种法律机制对于中国社会是否重要到非有不可的地步？中国民法中有无具有类似功能的法律机制予以替代或合并？显然，只能吸收和借鉴那些必不可少的确能产生成效的而且可以融入中国民法的东西。这就意味着，仅仅是翻阅和摘抄西方民法典或学术著作是不行的，重要的是必须了解一种法律机制与其所处时代和国家的政治经济法律等方面的内在联系，同时还得充分了解中国的国情，从而作出多大程度上以什么方式进行吸收和借鉴的判断。

吸收和借鉴在方式上应表述为重塑，这是以西方民法的内容作为材料依照中国的实际需要重新创造成一种新的法律机制的过程，具体地说：（1）充分利用西方民法中可为我用的法律术语、法律原理、法制机制模式等作为建设中国民法大厦的部分材料。（2）重新设计和组合具体的法律机制，一切依中国的需要和方式为准。（3）不拘泥于西方民法原有的形式、结构和作用，重塑后的一种法律机制可能在结构、功能适用范围上明显不同于西方民法。尽管其许多原理和内容与西方民法是相同或类似的，但这是中国民法而不是西方民法，因而是一个新的法律机制。

中国民事立法在吸收和借鉴上有一定的成绩，但问题不少，就目前而言，一个令人担忧的主要倾向是其立法成果过于靠拢大陆法系，表现在：（1）在体例和内容上呈现比较明显的沿袭性，以物权制度为例，虽然各种经营权本是中国经济体制改革的产物，具有不能等同于他物权的特点，但在《民法通则》中，却被归纳为与所有权有关的财产权中，而所谓"与所有权有关的财产权"的提法，从本质上说体现的是自物权、他物权的精神，即任何他物权派生并受制于所有权。（2）在具体的适用条件上缺少对中国国情的考虑，以破产法为例，破产条件之一仿照西方民法定为"不能履行到期债务”，这不切合中国实际。（3）在毫无解释的情况下使用西方民法的法律术语，以动产不动产为例，至今没有任何有关动产不动产的立法或司法解释，但在一些法规主要是国务院制定的民事法规中，却已多次出现。这些表现说明，中国民事立法对西方民法的吸收和借鉴，基本上处于模仿的阶段，还没有能够依中国的实际情况以重塑或创造的方式处理西方民法，这是一个不可忽视不可耽搁的问题。

民法理论研究对于正确吸收和借鉴西方民法，负有不可推卸的重任，西方民法研究的重心应落在说明中国对西方民法各种法律机制的现实需要和可能上，落在揭示西方民法能被吸收和借鉴的范围与程度上，落在如何消化和吸收西方民法使之成为中国民法的有机组成部分。

（原载《法学研究》1993年第2期）

常识与事实的距离有多远

——关于法国和德国民法典的一个话题

　　人们从老师和教材那儿得到知识，许多知识代代相传而成为常识。一个知识一旦成为常识，就有不言而喻的效力，不需要理由，不需要事实，也不需要思考。著名的法学教授一般都恨那些怀疑常识的言论，在勾掉那些"缺乏常识"的论著时绝不手软，因为怀疑常识实际上就是怀疑著名法学教授的学问——如果常识有错意味着著名法学教授需要重新学习。然而，常识有错的概率其实很高，不仅因为时代的变迁，也因为认识的局限。民法是概念法学的家园，许多常识来自某个或某些民法教授的想法，不免带有先天性的疾病基因。"法国民法典是自由资本主义时期的典型民法典，德国民法典是垄断资本主义时期的典型民法典"，似乎就是这样一个常识。[①]

　　① 参见尹田主编：《民法教程》（第二版），法律出版社2006年版，第4、5页；王全弟主编：《民法总论》（第二版），复旦大学出版社2004年版，第2、3页；刘士国著：《中国民法典制定问题研究——兼及民法典的社会基础及实施保证》，山东人民出版社2003年版，第2、3页；杨年合主编：《民法学通论》，中国方正出版社1999年版，第20页；张玉敏主编：《民法学》，中国人民大学出版社2003年版，第16页；刘凯湘著：《民法总论》，北京大学出版社2006年版，第11页；王利明主编：《民法学》，中国财政经济出版社2003年版，第7页；李仁玉、陈敦编著：《民法学》，当代世界出版社2002年版，第4页；何勤华主编：《外国法制史》（第四版），法律出版社2006年版，第251页。

　　我没考证出谁最早这样评价法国、德国民法典，据说伟大的革命导师恩格斯认为法国民法典是典型的资产阶级社会的法典，①看来这个常识的血统相当的高贵。我们也没找到这样评价法国、德国民法典的史料，据说1804年属于自由资本主义中期，1900年属于垄断资本主义初期，②看来这个常识的背景相当的真实。但我们可以读到这样评价法国、德国民法典的理由：法国民法典的三大原则——所有权绝对、契约自由、过错责任，反映了自由资本主义的要求，而德国民法典对三大原则的修正，则是出于垄断资本主义的需要。③三大原则及其变迁与资本主义发展阶段有这么一个对应关系，这个常识的逻辑自然就显得相当合理。问题在于，看上去这样

---

　　①　"1804年的《法国民法典》是世界上最早的一部资产阶级国家民法典，它以罗马法的《法学阶梯》为模式，把民法典分为人法、财产及对所有权的各种限制、取得财产的各种方法三篇。它与自由竞争时期的资本主义商品经济相适应，把调整商品所有者的一切本质法律关系的规定作为主要内容，确认了私有财产神圣不可侵犯、契约自由和过失责任三项基本原则。《法国民法典》开始建立了比较完善的民法体系，恩格斯称它为'典型的资产阶级社会的法典'。此后，《法国民法典》'成为世界各国编纂法典时当做基础来使用的法典'。"（杨年合主编：《民法学通论》，中国方正出版社1999年版，第20页）。

　　②　我国的政治经济学通说认为，资本主义经历了两个时期：一是自由资本主义时期，从18世纪中期到19世纪六七十年代；二是垄断资本主义时期，从19世纪末、20世纪初开始。

　　③　"1804年颁布的《法国民法典》标志着现代民法的开端，它以罗马法为蓝本，巧妙地运用法律形式把刚刚形成的资本主义社会的经济规则直接'翻译'成法的语言，它所反映的首先是自由资本主义时期商品经济的客观要求……"［尹田主编：《民法教程》（第二版），法律出版社2006年版，第4页］。

　　"……自十九世纪末起，资本主义开始进入垄断时期。1900年施行的《德国民法典》正是这一时期资本主义经济关系的集中反映。"［尹田主编：《民法教程》（第二版），法律出版社2006年版，第5页］。

并不一定就是这样。

先瞧瞧法国民法典。

法国民法典诞生前几十年，是法国新兴资产阶级争夺政权的时代，从君主立宪派到吉伦特派，从雅各宾派到热月党，风云万变，经历了革命与反革命的折腾。1804年，夺取政权的法国资产阶级刚刚着手实现资本主义的政治理想和奋斗目标，资本主义在法国还不是一个普遍的现实。众所周知，是工业革命催生了资本主义社会，工业革命的发展水平也就是资本主义的发展水平，而历史学家告诉我们："从1815年开始，法国工业已经有了很大发展，但是到1848年为止，法国在很大程度上仍然是一个农业国家。"[1]1810年全法国大约有200台蒸汽机，大部分还是过时的单动式，19世纪20年代后，一些铁工厂开始使用机器。法国的工业革命直到1815年拿破仑战败后才得以展开，19世纪六十年代末才算基本完成。[2]历史学家还告诉我们，法国的工业革命之所以落后，是因为雅各宾派改革后，封建土地制度被推翻，大多数农民分到了土地，法国成为一个小农经济国家。法国的小农经济并不像英美那样在竞争中被淘汰，而是广泛长久地存在着，阻碍着农村劳动力转移、国内市场扩大和大机器工业发展，对法国的工业化和资本主义发展产生了不利影响。[3]这就是说，1804年的法国还没有真正进入资本主义社会。一

---

① 李世安：《欧美资本主义发展史》，中国人民大学出版社2004年版，第126页。

② 参见宋则行、樊亢：《世界经济史》（上卷），经济科学出版社1998年版，第112—114页。

③ 参见高德步、王珏编著：《世界经济史》，中国人民大学出版社2001年版，第260—261页。

个小农社会如何制造出一部自由资本主义的典型民法典？看来，首先要感慨拿破仑的睿智、远见和想象力，同时，也不能不感慨后世民法教授无与伦比的联想力。

法国民法典确实有所有权绝对、契约自由和过错责任三大原则，但这三大原则是否就是自由资本主义的标签？早期罗马法中，所有权绝对到这样一个程度：在他人土地上建的房子的所有权属于土地所有人。[①]后期罗马法中，契约的自由已不亚于后世的任何时代包括1804年的法国，[②]而过错责任作为结果责任的矫正，确立于公元前287年前后的《阿奎利亚法》。[③]如果说三大原则勾画了自由资本主义的蓝图，那么这张蓝图几乎全部来自罗马法，怎么就不说罗马法是自由资本主义的典型代表？将三大原则冠之以近代民法原则是后世民法教授的手笔，与拿破仑和他的立法助手无关。因为在起草委员会主席波塔利斯看来，财产法的条文"与任何时代的法律都是一致的，我们只是变更或修改了那些与现实的情况不再适应或经验证明已不大方便的部分"，"至于合同法，我们发展了那些适用于所有时代的自然法的原则"。[④]需要补充的是，侵权法上，法国民法典并不只有过错责任，法典第1384条、1385条同时规定了雇

① 参见 [意] 彼德罗·彭梵得：《罗马法教科书》，黄风译，中国政法大学出版社2005年版，第155页。

② 参见江平、米健：《罗马法基础》，中国政法大学出版社2004年版，第332—333页。

③ 参见江平、米健：《罗马法基础》，中国政法大学出版社2004年版，第375页。

④ 转引自傅静坤：《〈法国民法典〉改变了什么》，载《外国法译评》1996年第1期。

佣、监护以及动物致人损害等严格责任。三大原则也许契合了自由资本主义社会,甚至可能比罗马法契合罗马社会更为严丝合缝,拿这三大原则解释自由资本主义当然无可非议,但将罗马法就有的三大原则说成是自由资本主义的产物,有点像某些民法教授那样,总以为台湾学者的著述就是自己的研究成果。

法国民法典不只有三大原则,还有具体制度和条文。读法国民法典第524条,仿佛看到了18世纪末迷人的法兰西田园风光,家畜、农具、种子、蜂房和酿酒的木桶一一亮相,果树伸到了邻家院子,法国民法典处理得郑重其事。也许正是读不出多少都市风景,有学者认定法国民法典是"18世纪农业经营的法""展现的景观并非都市风景,而是农村风景"。[①]农村风景当然不是判别法典性质的标准,任何社会都会有美不胜收的田园风光,但是,只有农村风景而没有都市风景,至少说明法典的视野和焦点。法国民法典没有汽车火车、高楼大厦、企业公司,甚至不承认法人人格以防止封建贵族势力利用教会、行会等组织形式从事复辟活动。没有这些,不意味法国民法典不能适用于自由资本主义社会,但意味着法国民法典不是为了自由资本主义而生的——其没有在意也不在乎自由资本主义社会应有什么。法国民法典是为了重建法律秩序,拿破仑清醒认识到"现在不是空谈哲学的时候,要做的是统治"[②]。也是为了统一法律,法国南部受罗马法影响,是典型的成文法区,北方又以

---

① 参见〔日〕大木雅夫:《比较法》,范愉译,法律出版社1999年版,第180页。

② 参见〔日〕大木雅夫:《比较法》,范愉译,法律出版社1999年版,第174页。

日耳曼法为基础，是习惯法域，需要"制定一种能包括一切事项及能治理法国治下一切财产与人事的、遍效的法律"①。

接着瞧瞧德国民法典。

1896年前后的德国确实出现了垄断组织，而且发展比较迅速。德国第一个卡特尔产生于1857年，1870年增至6个，1877年达14个，19世纪90年代一度增至350个，19世纪末保存下来275个，1905年385个，1910年增至500—600个。其中，1905年385个卡特尔中的200个左右有了辛迪加性质，②而且，1897年，德国最高法院裁定普尔、康采恩和卡特尔等订立的垄断协议为合法。这是否意味着当时的德国已是垄断资本主义占主导的社会？历史学家这样告诉我们：由于生产发展和竞争加剧，这一时期的垄断组织存在时间并不长，而且从未扩大到超过一个地区，③垄断组织也不稳定，基本是最低级的形式——卡特尔。历史学家还告诉我们：德国生产和资本的集中进程虽在1882年后有了明显加速，但集中程度以及企业规模远远低于同时代的美国。④这是可以理解的，德国直到1871年才实现统一，才有比较稳固的资本主义发展的政治基础，不可能短短二十几

---

① 吴绪、杨人楩选译：《十八世纪末法国资产阶级革命》，商务印书馆1989年版，第22页。

② 参见宋则行、樊亢：《世界经济史》（上卷），经济科学出版社1998年版，第272—273页。

③ 参见李世安：《欧美资本主义发展史》，中国人民大学出版社2004年版，第148页。

④ 参见宋则行、樊亢：《世界经济史》（上卷），经济科学出版社1998年版，第268—269页。

年就达到所谓的资本主义最高阶段。[①]垄断组织的出现与其说是德国资本主义发展到了垄断阶段，不如说是铁路、钢铁、电力、盐和煤等行业本身具有资源垄断或技术垄断性质，这就可以解释德国当时的垄断组织为何总是出现于这些行业。1896年的德国至多有点垄断资本主义的萌芽，要想制定出典型的垄断资本主义民法典，唯一可能是立法者具有超人想象力。

问题在于德国民法典不是想象的产物。德国民法典确实限制了所有权与契约自由，但没有证据表明是为了迎合垄断资本家的利益需求。德国民法典起草和争吵了几十年，似乎没有哪个垄断利益集团游说立法者抛弃所有权绝对和意思自治。如果对当时的德国政治背景有所了解，应该知道：德国统一前，存在多个邦国，其中一些邦国势力强大，有各自的法律习惯。统一通过自上而下的战争实现，并没有摧毁各邦利益和势力，维持国家统一不得不采用保守和妥协的方式。因此，德国在政治上是"一个以议会形式粉饰门面、混杂着封建残余、同时已经受到资产阶级影响、按官僚制度组织、

---

① 将资本主义分为自由资本主义和垄断资本主义两个阶段的说法本身可能就值得研究。我们这一代人大多是在"文革"期间从列宁的《帝国主义是资本主义的最高阶段》一书中知道了自由资本主义和垄断资本主义，那是一个崇拜革命导师的年代。重读列宁的这本书，我们发现列宁在证明德国垄断资本主义时所使用的数据耐人寻味。例如："德国在1907年雇佣工人一千人以上的企业，有五百八十个。它们的工人几乎占总数的十分之一（一百三十八万），它们的汽力和电力几乎占总数的三分之一（百分之三十二）。"（《列宁选集》（第二卷），人民出版社1972年版，第744页），一千人规模的企业，放在今天也就是一个中小企业，现在雇用人数几十万人的企业也未必能垄断行业，显然，列宁见到的垄断其实是资本主义还没有充分发展的历史条件下的垄断，不足以反映整个资本主义历史规律。垄断是否是资本主义高级阶段的特征以及资本主义是否有这么一个高级阶段，有待于政治经济学的新的研究。

以警察来保护的军事专制国家"①，经济上则强调国家对经济的干预以确保帝国统一和巩固欧陆之所得，满足军事、国防的需要，走"富国强兵"的道路。②法律统一是维持国家统一的基本途径之一，德国民法典作为法律统一的重要组成部分，需要保守和妥协以适应当时德国的政治和经济需求。不仅如此，据专家考证，德国资产阶级和无产阶级在19世纪40年代几乎同时作为独立政治力量出现在德国政治舞台，而德国统一后几十年间，德国封建容克地主依然处于绝对的统治地位。资产阶级要推翻封建容克地主，无产阶级要推翻地主阶级之后推翻资产阶级，资产阶级不得不同封建势力妥协，③因而德国进入资本主义后仍保存着浓厚的封建残余。④上述可见，如果说所有权绝对和契约自由寄托了资产阶级的利益诉求，那么，在当时的德国，限制所有权、限制契约自由恰恰是封建容克地主抗衡资产阶级的有力武器，与垄断资本主义并无关系。由此看来，限制所有权、限制契约自由并不是垄断资本主义的专利，因为德国民法典限制了所有权与契约自由就推断德国民法典代表了垄断资本主义，无异是说西方国家最近为对付金融危机而实施国家干预是在搞

---

① 《马克思恩格斯选集》第三卷，人民出版社1995年版，第315页。

② 参见丁建弘：《德国通史》，上海社会科学院出版社2002年版，第225页。

③ 参见黄振等：《世界近代史重点和理论问题研究》，华中师范大学出版社1989年版，第147—148页。

④ "容克在军队、政府、司法和外交上都占有决定性的地位。60%—80%的高级文官、50%的将校军官和40%以上的外交官都来自容克。司法权也几乎为他们所把持。在社会经济生活方面，尤其是农业经营上，容克的优势更为明显。他们利用保留的特权，在危机的年代，兼并小农，进一步扩大自己的地产。易北河以东的普鲁士各省，容克地主集中了全部耕地的一半左右。"孙炳辉、郑寅达：《德国史纲》，华东师范大学出版社1995年版，第199页。

计划经济。

德国民法典除了过错责任以外，还规定了无过错责任，这被后世民法教授提升到限制过错责任原则的高度，以证明垄断资本主义民法典在三大原则上均与自由资本主义的法国民法典有本质不同。责任归责原则与资本主义社会的性质真有关系吗？有谁论证过自由资本主义喜欢、垄断资本主义不太喜欢过错责任原则？责任归责原则就解决一个问题：一个行为造成他人人身财产损害要不要以过错作为责任的构成要件，而考量的因素是行为本身，不是其他。这是一个纯技术性的判断，特定的高度危险行为适用无过错责任原则，一般行为适用过错责任原则。因此，责任归责原则仅仅是一个技术性规则，并没有代表了自由或垄断资本主义的品性。将一个技术性原则与一个社会的性质扯在一起，就像民法教授动不动就将合同作用之类的问题与市场经济、改革开放命运结合那样，是典型的牵强附会。逻辑上分析，特定的高度危险行为主要是工业技术的产物，农业社会几乎没有，由此确定一个特别的责任归责原则，应该理解为是在过错责任原则外增加了新的责任归责原则，而不是限制过错责任原则及其适用。至于像德国民法典第833条的动物致人损害的之类责任，法国民法典也有，如第1385条的动物饲养人责任，更谈不上是垄断资本主义的责任归责原则了。

说到这里，我们大致可以得出结论：法国和德国民法典与资本主义的自由和垄断没有内在联系，只有后世民法教授的生拉硬扯关系，所谓的常识不过是学术游戏形成的学术垃圾。这一结论丝毫不影响法国、德国民法典的历史地位和影响——法国、德国民法典的赫赫声名本来就不是凭借其代表了什么社会得到的，但有助于我们理性对待知识。长期以来，民法教授为了显示学问有意无意地炮制了许许多多毫无用处或错误百出的知识。这些垃圾一样的知识①堆积在课堂和教科书中，压迫一代又一代学子，窒息了学子的思维活力，以至于目前的中国民法学几乎没有什么新鲜知识。清除垃圾知识，净化教学和学术的环境，倡导独立思考、严谨治学的风气，是有良知的民法教授应该承担的责任。

（原载《法学评论》2009年第6期②）

---

① 关于法人的拟制说、否定说、实在说就是典型的垃圾知识，这些所谓的不同学说对现实的法人没有任何影响，纯属民法教授在课堂上自娱自乐。

② 侯昶同学为本文的资料收集做了大量工作。

质疑"帝王条款"

自《民法通则》规定诚实信用原则以来，"帝王条款"之说盛行，因梁慧星、徐国栋两先生鼎力拥戴，信者如云，几无不服诚信原则的帝王之尊。然查诚实信用原则，原为一小吏，栖身于德国民法典的债之履行。瑞士民法典、日本民法典、中国台湾地区"民法典"虽提升其为民法基本原则，亦未冠之以现代民法最高指导原则，①何以有今日之身价？梁慧星先生答曰："诚实信用原则的实质在于授予法院自由裁量权。"②

这就有问题了。

首先，诚实信用原则能否授予法院或法官以自由裁量权？大陆法系和英美法系的法官之作用不一，人所共知。大陆法系中，一般认为，自由裁量权乃立法、司法关系及其权限的体现，依例属于公法范畴。诚实信用原则再怎么重要，也不过是一条私法原则，私法原则岂能决定公法上的权力！人类历史上，何曾有过依私法原则

---

① 梁慧星：《诚实信用原则与漏洞的补充》，载《法学研究》1994年第2期。

② 梁慧星：《诚实信用原则与漏洞的补充》，载《法学研究》1994年第2期。

确定立法机关和司法机关各自权限的先例？有哪一位政治家或法学家主张过私法地位高于公法而且是公法权力之源？如果民事案件的自由裁量权来自于诚实信用原则，刑事案件、行政案件的自由裁量权又来自于什么？难道也是诚实信用原则？诚实信用原则客观上合宪或违宪地为法院或法官自由裁量提供机会和空间，但这绝不意味其是自由裁量权的权力基础。法官的自由裁量权是审判权的组成部分，只能来自于宪法和法院的组织法，在有关公法与私法的常识改变之前，这一点应该很清楚。

其次，诚实信用原则凭什么位列于民法基本原则？"诚实信用原则的内容极为概括抽象，乃属一白纸规定。"[1]这就是说，诚实信用原则除了诚实信用这四个字外，什么也不能确定，我们可以理解其"无色透明"[2]的存在，但为什么要将这"白纸规定"放在民法中而不去统率整个法律，不是也有学者认为诚实信用适用于一切法律部门吗？[3]既然是"无色透明"的，诚实信用原则便应该是国家和法律的最高指导原则，何必屈驾于民法之中，总不能说宪法、选举法、行政法、婚姻法等可以不讲诚实信用吧。依此而言，诚实信用原则完全可以盖过民主、自由、人权等原则。但这样一来，诚实信用原则与民法就没有多大关系了。是民法的基本原则，就必须有不同于其他法律部门或者说民法特有的内容和特点，这是形式逻

---

① 梁慧星：《诚实信用原则与漏洞的补充》，载《法学研究》1994年第2期。

② 梁慧星：《诚实信用原则与漏洞的补充》，载《法学研究》1994年第2期。

③ 参见徐国栋：《民法基本原则解释》，中国政法大学出版社1992年版，第85页注3；刘荣军：《诚实信用原则在民事诉讼中的适用》，载《法学研究》1998年第4期；戚渊：《试论我国行政法援引诚信原则之意义》，载《法学》1993年第4期。

辑最起码的要求。一张白纸，能读出诚实信用原则的民法涵义？梁慧星先生或许有这个本事，不妨读给我们听听。

再次，诚实信用原则是否为民法之必然？从资料上看，炒作诚实信用原则的主要是战后日本、中国的一些学者，原因就在于这些国家的立法承认了诚实信用的民法基本原则地位。中国的《民法通则》显然算不上是现代民法。就《民法通则》制定时的经济生活条件和法律文化而言，根本不可能孕育出现代民法，梁慧星先生也有类似看法，[①]诚实信用原则之所以被《民法通则》接受，很大程度上因为其包含了公共利益对个人利益的制约和限制，对上了计划经济的胃口。瑞士民法典是将诚实信用原则列为民法基本原则的首创者，谢怀栻先生文章能给人以深刻启示，他指出，这是出于瑞士国小，法官与议员一样直接民选，故而有让法官作为"立法者"未尝不可的国情。[②]即使如此，在这部"大众化法典中"，对法官的自由裁量权也是有相当限制的。[③]诚实信用作为一种道德要求，从来就是法律的一个不可缺少的价值取向，这与现代不现代没有关系，罗马法中不就有诚信契约和诚信诉讼？英美法中的衡平法不也是近代以前的事？难道说不尊诚实信用原则为帝王，民法就不是民法了？就是容忍和提倡不诚实不信用了？

最后，诚实信用原则能带给民法什么？依梁慧星先生的说法，诚信原则有指导当事人行使权利、履行义务，解释、评介和补充法

---

① 参见梁慧星：《我国民法的基本原则》，载《中国法学》1987年第4期。

② 谢怀栻：《大陆法国家民法典研究》，载《外国法译评》1995年第2期。

③ 参见［德］康·茨威格特、海·克茨：《瑞士民法典的制定及其特色》，谢怀栻译，载《法学译丛》1984年第3期。

律行为，解释和补充法律三项功能。①问题在于，当事人和法官依据什么确信自己或他人诚实信用？我认为自己很诚实很信用，你反对，法官又有法官的尺度，最终只能是法官说了算。诚实信用原则是"帝王条款"，法官掌握和适用"帝王条款"，不免成为"帝王"，成文法的其他规则都得在"帝王"面前俯首称臣。有了包罗万象且法力无边的诚实信用原则，实在没有必要再一条条地立法，反正立出来也得由法官审查合不合诚实信用原则及可用不可用。《合同法》第54条将欺诈、胁迫列为可撤销行为，第55条规定了可撤销的期限。过了撤销期限的欺诈和胁迫不至于就变成了诚实信用，那么，法官有无可能按诚实信用原则判决已过了撤销期限的欺诈胁迫合同无效？完全有可能，因为诚实信用原则是"帝王条款"。当然，梁慧星先生在《民法解释学》一书中给了一套法官如何运用诚实信用原则的方法，但在电视节目预告表问题上，我用此方法得出的结果与梁先生截然不同，②可见这些方法不太靠得住。信任法官不能说不对，但别忘了法官也是人，没有监督和制约，法官的权力也必然发生腐败。试想，上至最高法院，下至乡镇法庭，数十万法官都按诚实信用原则随心所欲地解释法律并据此判案，那将会是一片什么样的场景。

我认为，诚实信用原则无论是作为民法原则还是债法原则，在基本概念、基本内容、基本功能上几乎一片空白，远远没有研究清楚，不宜妄称帝王，更不应借诚实信用原则之名，谋法官造法权

---

① 参见梁慧星：《诚实信用原则与漏洞补充》，载《法学研究》1994年第2期。

② 参见梁慧星：《电视节目预告表的法律保护与利益衡量》，载《法学研究》1985年第2期。

力之实。成文法国家的法官应有多大的自由裁量权，还是应该交给宪法等去解决。对诚实信用原则，还是应该老老实实地从其最初起点即作为意思自治原则的例外或补充进行研究，或许会有新的发展。目前那样爆炒诚实信用原则，只能是泡沫式的繁荣。顺便说一下，徐国栋先生将诚实信用原则定义为"要求民事主体在民事活动中维持双方的利益平衡，以及当事人利益和社会利益的平衡的立法者"[1]。这既不是德国民法典的诚信条款，也不同于具有帝王之尊的诚实信用原则，与诚实信用原则似无关系。维护两个利益平衡是我在1988年首次提出而且论述的民事立法宗旨，[2]不必挂上诚实信用原则的炫目商标。

（原载《法学评论》2000年第2期）

---

① 徐国栋：《民法基本原则解释》，中国政法大学出版社1992年版，第78页。

② 参见孟勤国：《经济体制改革时期的民事立法》，载《中国社会科学》1988年第6期。

中美诚信之比较

任何社会都讲诚信，历史上昏君暴君不少，未见谁以坑蒙拐骗立国。但国有不同，诚信的讲法或有区别。以我在美国进修期间的观察，中美两国的诚信大有不同，试择其印象深刻者叙之。

一、中国的诚信出于礼教，美国的诚信出于功利

在中国，诚信自古与礼乐诗书孝廉仁义等并列，是人们修身养性的必做功课。凡正人君子者，必以诚信为本，反复无常，是为小人。以前的劝世之训是仁义礼智信、言必信行必果、言而不信无以为人，现在是"五讲四美"，做社会主义"四有"人才。人之初，性本善，人人都有诚信慧根，问题在于是否修炼，是故中国的诚信属于圣贤之学，追求的是高风亮节。圣贤虽食烟火，但境界上远离烟火，"诚信"两字不沾铜臭。士农工商，唯有商者，可称奸商，甚至指为无商不奸，就在于商者乃逐利之辈，与诚信不合。连商家自己也这样认为，所以挂个"童叟无欺"牌子以隐指其他商家是童叟都欺。

美国人应该也有将诚信看得比生命还重的时候，但一般场合

其实是为自己钱袋子而诚信。夜深人静不闯红灯，也许是防着不知藏在哪儿的电子警察，180美元罚款可是真金白银；欠债不还，不仅再也申请不到信用卡或按揭贷款，连个正经工作也找不到；克林顿最终承认了只有两个人在场的事儿，无非是怕被弹劾下来没了那份退休总统福利。绝大多数的诚信行为可以找出直接利益动机与目的。美国人就有这样将利益与诚信融为一体的本事，与朋友上餐馆各付各的账，还能让人觉得坦诚。美国人守信用，但至少有两种场合可能例外：一是与利益无关或关系不大的时候，离婚是对婚姻的背叛或推翻结婚时的承诺，对普通美国人而言成本不高，离婚不免勤些快些；二是利益太大的时，证券市场可以日进斗金，连世界顶级的会计事务所也不顾百年声誉一头扎进美国股票交易的黑幕，为虎作伥。

二、中国的诚信重于感化，美国的诚信重于规制

在中国，诚信倾向于净化人的心灵，其道德要求不能不高。一个人讲点诚信并不难，难的是一辈子讲诚信。芸芸众生，整日为吃饭穿衣忙碌，不易觉悟和自持，只能通过天天讲、月月讲、年年讲，动之以情，晓之以理，发挥诚信感召力。以前念叨尾生之信，现在表彰信得过的个体户——因为其没有掺杂使假。大诚大信榜样层出不穷，诚信的整体水平也就提高。中国社会一般不提倡以强制手段推广诚信，无论是谁，只要自认是没有品位的小人，就很少有人再与其计较，也无法计较。中国法律一向立足于不让讲诚信的吃亏太大，但打官司时，不讲诚信的又总能多少占点便宜。许多大商场敢卖假货，是因为琢磨透了法律，不识货的买了自然不会上门主

张双倍赔偿，识货的买了未必敢要求双倍赔偿，有个知假买假的"罪名"[①]等着他呢。

美国人没将自己看得多体面，除了在教会祈祷，不太相信人的自觉自律，以人之初、性本恶为基点，设计出一套套制度和规则，强迫大家在必须诚信的场合诚信。随机抽查机制和偷税重罚规则，使得美国人什么都敢忘就是不敢忘纳税申报；个人信用档案和合法查阅制度，使得美国人务必要避免可能影响一生诸如欠费不交的不良记录；而美国的任何一家银行，都会拒绝未有任何信用记录的人申领信用卡，哪怕申请人在这个银行存有几万美元，因为没有信用记录而不知道其是否诚信。美国社会不怎么张扬诚信，却不随便放过不讲诚信的，因为计较诚信就是计较利益，连借钱给儿子都要计算一下利息，凭什么让不讲诚信的从中得利？不但不给利，而且还要罚，罚到谁都不敢不讲诚信，罚得谁都不敢怀抱侥幸。天长日久，习惯成自然，诚信也就普及了，因此，并不是美国人道德修养水平特别高，诚信讲得特别好，实在是美国人的诚信档次较低，大致在守法或不违法的层面，容易做到。

三、中国的诚信决于精英，美国的诚信决于百姓

在中国，诚信内涵非常丰富，非一种解释可以明之、一种尺度可以量之。偷东西应无诚信可言，但"盗亦有道"，时迁就成了《水浒传》中的英雄；北大教授王铭铭剽窃他人著作，沽名钓

---

① 田炜华：《王海打假京城受挫》，载《文摘报》1999年8月29日。

誉①，被捉住了，不少人振振有词地为其圆场②。同一件事，只要时间空间或其他因素略有不同，诚信评价就可能不同。中国的法律一定要有诚实信用原则，不提诚信，怕国际友人误会中国法律鼓励尔虞我诈；而规范诚信，又只能到"原则"程度，再细究下去，十之八九引发争议。因此，何为诚信，最终得由各个圈子精英人物评判，其效力取决于精英的声望、权威和权力。这就可以理解，为什么成文法的中国有那么多的人热衷于法官造法，中国好久没有族长的自由裁量了，看来今后得靠法官的自由裁量。

美国人头脑简单，对诚信想不到那么复杂。既然这个国家什么都可以等价交换，那么诚信的尺度就只能是利益公平。公平与否，决非布什总统说了算，而是无数利益中人的综合感觉和判断，大家觉得公平为公平，有人感觉不同，就投票决定，以多数人的感觉为准。因此，公平与诚信，最终总能标准化，形成一条又一条的细如牛毛的法律或规则。一般而言，诚信的讨论与确定在立法的范畴之中，执法时不对诚信作实质性的审查，就一个一视同仁的规矩。同样的交通违章，不能时罚时放，也不能罚多罚少，这是执法部门的职责所在，是对社会的诚信，至于罚金是否过重，不关执法部门的事。美国的法官自由裁量权被吹得很邪火，其实，遵循先例正是美国法官裁判案件的原则和传统。

上述的文字自然相当浅薄，而且一定有以偏概全或牵强附会

---

① 《王铭铭在英国伦敦城市大学的同事提出的十个问题》，千龙新闻网，2002年1月18日。

② 《北大人类学四博士对王铭铭事件的看法》，千龙新闻网，2002年1月18日。

的谬误。这是一切直观比较常有的毛病。笔者或许也是个板儿[1]，是板儿不能不认。好在比较的目的不是为了褒贬，有所差错问题不大。中国的诚信高雅玄妙，实为精神文明之典范，只是美国人民没有表现出学习愿望，不太好指点他们。美国的诚信知易行易，扎根于物质文明和法制文明之中，可弥补中国的诚信曲高和寡之不足。中国大可以学一学美国讲诚信的方法，说不定还有助于解决以德治国与依法治国的关系问题。

（原载《法学评论》2004年第1期。）

---

[1] Maxim:《民法学家咋变成板儿了——读徐国栋先生"系人"一文有感》，人大经济论坛，2003年1月13日。

点燃中国物权
法学的希望

中国即将有物权法，这是一个好消息。虽然大多数中国人还没听说过物权法——曾有京城的记者问江平老师何为"护权法"，记者将"物权法"听成了"护权法"。但总有一天，中国百姓都会知道物权法与他们的生活息息相关，是一部确认和保护他们财产的基本法律。相对于中华民族度过的几千年光阴，相对于百多年前就有物权法的德国、日本，中国物权法来得太晚；但相对于中国改革开放和现代化的历史进程，相对于中国社会对物权法的认知程度，中国物权法来得不晚。

说起来，物权法在中国也晃悠了近一个世纪。当风雨飘摇的清王朝响起松冈义正那张扬的脚步声时，物权法就随着《大清民律草案》与中国人照了面。这时的沈家本——大清帝国修订法律的大臣，一定很郁闷，满屋的大清律令即将变成一堆废纸。一个被打散架了的帝国，是没有资格炫耀自己的法律典籍的；当中华民国民法典的金字大匾被挂起时，人类历史上第一次出现中国物权法（编）。这时的史尚宽——中华民国的民法巨擘，应是踌躇满志，强国的梦想随着强国的民法典降落在中国的土地上。技不如人时，抄袭和模仿永远是心安理得的。

自1949年中国废除中华民国的《六法全书》始，"物权法"这个词在中国大陆上销声匿迹了近半个世纪，只是在十年前，我们才发现中国也需要物权法，而我们对物权法几乎是一无所知。于是，搜寻的目光自然落在了海峡对岸——那里积聚了一大批研究物权法的书籍。几乎在一夜之间，海峡对岸的物权法学潮水般地涌上中国大陆，大陆的学者纷纷以传播王泽鉴、谢在全先生的论述为己任，原先空荡的书架插满了装帧精美的物权法书刊，原本冷清的学界冒出了成群的物权法学的儒生。

中国有了物权法学，不过，不是中国的物权法学。中华民国民法典源于外族侵略和内战动乱，是一个什么都输完的弱者对强者的敬畏和崇拜的产物。松冈义正参与起草大清民律相距八国联军攻占北京不到十年，而八国联军中最耀武扬威的正是德国兵和日本兵。清末民初中国留学生蜂拥去了日本，或许就想知道日本这个小国怎能歼灭号称世界第五的北洋水师。民族危机堵死了中国选择物权法的时间和空间，民族自卑压抑了中国思考物权法的冲动和能力。既然德国、日本的物权法变成了中华民国的物权法，中华民国能有的只能是德国、日本的物权法学，正如引进机器设备不能不引进图纸技术那样。别国的物权法必须以别国的物权法学理解和解释，这别无选择，唯一可做的是以移植和借鉴的名义在别国的物权法和物权法学上挂上中国商标以保全民族的脸面。感谢我们的台湾同胞，在这一点上他们做得极为出色。毫无疑问，台湾地区的物权法学是德国、日本物权法学最好的中国版本。

中国大陆有许多理由吃现成饭——将台湾地区的物权法学照搬过来，比如与国际接轨、两岸直通什么的。只不过这碗现成饭掺杂了太多的历史与现实的砂子。台湾地区物权法学的身世也许可以不论，但台湾地区物权法学是否与现代社会和中国的宪法制度合拍，绝不能不论。萨维尼时代的物权法学已经很苍老了。作为一个百岁老人，他只记得田园牧歌，而对生机盎然的现代生活麻木不仁，德国、日本、中国台湾地区的物权法学者也常带他出去观光，但他总记不住公司、交易所和互联网这些事儿。他固执地认为财富就是农田、农舍、农具，就得以主人自己使用为主，他对公有制不感任何兴趣，总以为私有制才是万世不坏的基业。对于这样一位不可理喻的老人，中国可以执晚辈之礼，但断不可将他奉为圣人。德国、日本物权法学在中国大陆的传播时间不长，其影响力只涉及一些学者和学子，还未像台湾地区那样已深入到社会的角角落落。中国大陆尚有机会依据中国社会的现实生活条件，在吸收人类法律文明的基础上，建立自己的物权法学。

物权法学是一个国家和民族的尊严与智慧的象征。我们这一代学者虽然启蒙于德国、日本的物权法学，在知识上、思维上常常受其束缚，但从来没有放弃过思考、放弃过追求、放弃过责任。给我们以时间，五年、十年或者更长，中国一定会出现中国的物权法学。没有这样的自信，没有这样的努力，要我们这些学者何用？事实上，中国物权法学的希望已星星点点地出现在大江南北，其中就包括本书所收录的每一篇论文。这些论文或许不很成熟，或有错误，甚至夹杂着一些胡说，但即便是胡说，也比小贩的叫卖声来得悦耳动听。这些思想的火花，许多会瞬间即灭，但总有一些会成为中国物权法学的火种，点燃终能燎原的星星之火。

[本文为孟勤国主编《中国物权法的理论探索》（武汉大学出版社
2004年版）的前言]

关于物权法制定的
几个问题

一、德式物权法是近代民法而非现代民法

现行法律并不当然是现代法律，是否现代取决于法律自身的宗旨、内容和作用。100多年前的德国、日本物权法及其追随者（以下简称德式物权法），是当时的社会经济生活的反映，与现代社会的客观需要相去甚远。

1. 德式物权法定位于解决财产归属问题，而在现代社会，财产利用（主要是指非所有人利用所有人的财产）是一个与财产归属同等重要的问题。现代社会中普遍存在着所有人将自己财产交给非所有人经营的事实，股份公司、投资基金、中国的国有企业和土地承包，莫不如此。德式物权法几乎没有这方面的内容。所谓他物权，仅仅涉及一些土地利用的权利和其实不是物权的担保权，许多利用财产的权利被一脚踢到债权中去，以至于崇尚德式物权法的学者至今讲不清楚物权与债权的区别，只能说物权债权一体化。

2. 德式物权法心目中的物是有体物，而在现代社会，许许多

多的财产没有"体"，却很重要很广泛。曾有数百亿元市值的搜狐网址、十万元拍得的出租车运营车牌以及我们手中的存折股票和各种各样的有价证券，这些财产与一般的财产没有根本的区别，将其排除在物权法外或作为特例，不合时宜。死守有体物的实质是注重实物财产，这在风车和水磨的时代是可以的，而今天，财产的重要性是以财产的价值体现的。资本市场、企业资产、虚拟的资源与财富，说明现代社会中一切实物都要价值化，都能价值化。

3. 德式物权法力图以所有权的原理和规则解释一切，而在现代社会，财产利用权利具有独立的价值和地位。非所有人何以愿意经营所有人的财产？所有人何以愿意将财产交给非所有人经营？大多数情况下是出于平等互利的要求。所有权只涉及所有人和非所有人的关系，而财产利用中却包括所有人、利用人和一般非所有人之间的多重关系。因此，所有权的价值取向和规则根本不能妥当地调整财产利用关系，现代社会需要一套新的适合于财产利用关系的物权规则。

还可以从许多方面证明德式物权法落伍于时代。然而，对现代中国而言，德式物权法的最大缺陷在于无法说明和解决中国的国有企业和土地承包这两大与公有制相关的现实问题。国有企业和土地承包本质上都是财产利用的问题，而德式物权法提供不了财产利用的原理和规则。

德式物权法也许是一驾豪华舒适的马车，但中国社会更需要汽车。

二、中国应当而且能够制定出现代物权法

法律是可以作跳跃性选择和发展的。现代中国没有理由将中国

物权法的起点选择在德国民法时代，重走一遍德式物权法走过的道路。中国物权法应当充分反映和满足人类现代化进程中财产关系变化的趋势与规律，从财产归属走向财产利用，使人类离开了自然的财产关系，开始人类创造财富的历史，而财产关系的独立，是人类摆脱阶级和个人私利，真正走向现代文明的必然趋势；中国物权法应当能够切实地解决中国财产关系的实际问题，不能解决土地承包和国有企业财产问题的物权法，在中国一钱不值；中国物权法应当充分吸收人类法律文明的成果，不仅是大陆法系物权法，而且应当包括英美财产法，将英美法注重财产利用的精神和内容整合到大陆法系的概念与体例中去。

中国有不少民商法学者在为此努力，我是其中一员，2002年，人民法院出版社出版了我的物权法研究专著《物权二元结构论——中国物权制度的理论重构》，该书的一些基本内容或许有助于中国制定一个现代物权法：

1. 现代社会的财产问题集中表现为财产归属和财产利用两大范畴。中国物权法应是解决财产归属和财产利用问题的法律规范的总和，由财产归属制度和财产利用制度构成的二元结构体系。这是现代社会财产所有与财产利用高度分离的必然选择，也是中国公有制财产的所有与利用天然分离的必然选择。

2. 财产利用的关键在于非所有人占有他人财产，因此，大陆法系的占有概念可以被改造用于表述财产利用的事实，在此基础上，以占有权统一财产利用权利，从而形成以所有和所有权表述财产归属关系，以占有和占有权表述财产利用关系这样一个简单明了的物权法结构，彻底改变德式物权法尤其是他物权的杂乱无章。

3．抛弃有体物无体物的提法，将物定位于：能为特定主体支配的财产利益，从而将德式物权法管不了的财产纳入物的范围，并解决现代社会普遍存在的拟制财产的归属和利用问题。这样还能划清物权与债权，使物权真正成为物权，以避免德式物权法的诸如租赁权物权化之类的逻辑矛盾。

4．全面整合物权制度，提出物权平等独立、所有权不是市场经济的唯一、交易安全优于个别物权等现代物权理念与原则，雕琢所有权制度、打造统一的财产利用制度——占有权。

5．以占有权原理解释和解决中国国有企业经营权和土地承包经营权。

这一理论与方案也许不是最理想的，但坚实地站在现代中国的大地之上。

三、正确看待中国物权法的理论准备

理论准备是立法的重要条件，其是否充分取决于法学研究的层次和水平。中国物权法的理论研究大致在1995年前后成为显学，在此以前，很少有物权法的研究成果，那时，我经常需要向人解释我所研究的是什么。总体而言，中国物权法的理论研究仍处于介绍大陆法系物权制度的阶段。

一批学者将大陆法系物权法介绍到中国大陆，使中国大陆社会认识物权法，尽管许多物权法成果是中国台湾地区史尚宽、谢在全诸先生大作的翻版，但我们仍应给予一定尊重。但是，我们必须警惕一些有苗头的偏差：一是对英美财产法的介绍甚少，以至于难以了解两大法系的优劣短长以及两大法系相互影响和渗透的趋势；二

是缺乏足够的扬弃，以至于将所介绍东西当成了金科玉律；三是对中国台湾地区的"物权法"表现出过分热心。其实，中国台湾地区"物权法"是典型的拾人牙慧之作，并无多少品位。中国大陆要是抄了中国台湾地区的物权法，必将贻笑大方。

在一定阶段，学习模仿是需要的，但不能永远这样，必须及时地转向自主研究和开发。中国物权法领域应当具有中国人"自主知识产权"的理论成果。挤出一些泡沫，中国物权法研究的现状其实难以令人满意。

民法典（物权法）的制定直接关系到国家和民族的前途，也关系到中国立法机关和民法学者的声誉。从某种意义上说，民法典（物权法）是一个国家和民族的智慧与尊严的象征。

（原载《法制日报》2002年6月16日）

愤然不能代替读书——答秦海生"研究生"

2003年8月24日，法学时评网转载了自称研究生的秦海生于2003年8月23日贴在学术批评网的书评：《应提倡"大胆设想，小心求证"的优良学风——评孟勤国先生著〈物权二元结构论：中国物权制度的理论重构〉》，秦研究生愤然罗列了在本书中发现的一处错误和若干处他认为的错误。出于对广大读者负责的目的，特依书评所述问题顺序作答如下：

1．本书第21页所说的"法国民法典中有用益物权、使用权⋯⋯"中的"用益物权"应为"用益权"。用益物权并非法典用语而是学理用语。"用益物权与担保物权，为近现代民法学就物权所作的最基本的分类。"[①]法学本科生都听老师讲过这一点。因此，除了秦研究生，其他读者应能清楚这是一个校对错误。这是个遗憾。因为本书出版前作了最大限度的校对，却仍有漏网。

2．本书第222页说："法国民法典将担保列在债权编⋯⋯"。

[①] 陈华彬：《物权法原理》，国家行政学院出版社1998年版，第500页。

秦研究生为此责问："法国民法典将担保列在《债权编》？难道法国民法典有《债权编》？"秦研究生在"债权编"三个字上颇不经意地加上了书名号，看来是料定网友们不会注意这一细节。众所周知，一个名称有没有书名号，含义大不一样，书名号中的名称须与实际名称一致，而没有书名号，常常是实际名称的简称或别称。法国民法典不仅没有《债权编》，也没有《物权编》，甚至没有物权概念，"物权概念始正式见于成文的民法典上，此即1811年奥地利民法典第307条……1896年德国民法典遂以'物权'为编名（第三编）"①。但并不妨碍当属秦研究生师辈的梁慧星先生、尹田先生出版《法国物权法》一书。因此，学理上将法国民法典第二编《财产及对于所有权的各种限制》视为物权编，法国民法典第三编《取得财产的各种方法》因其主要内容为债的关系而别称为债权编，并无不可。正如，湘江是湖南省的主要河流之一，湖南省可别称为湘。简称、别称虽然简明地凸现了名称所代表事物的主要内容、主要特点，但总不如全称严谨，所以不能加之以书名号。秦研究生也许不太了解书名号的作用，但若能读完本书最后所列的参考书，定会知道，在本书以前，已有学者将法国民法典第三编称为债权编，当然，不带书名号。需要指出的是，说担保权被放在法国民法典的债权编并不等于说担保权是债权，该编除了大量债的关系外，还有继承、时效等关系。本书充分证明了担保权不是物权，但并未肯定担保权是债权，因为本书对担保权的性质还未作"小心求证"。秦研究生按自己的"不是物权就是债权"的思路理解本书，纯属"大

---

① 陈华彬：《物权法原理》，国家行政学院出版社1998年版，第2页。

胆假设"。

3. 秦研究生认为本书"类似的情形绝对不止这一处"。不知这是"大胆假设还是小心求证"？任何一个稳重的学者，都不会说自己的书或论文完美无缺。秦研究生如能一一列明本书的错误，自然欢迎，更欢迎广大读者帮我查找本书可能存在的错漏。但就秦研究生书评中所举的两个例子而言，恐怕是秦研究生的理解有异于常人：（1）本书说"法国民法典以地役权规制相邻关系……"，秦研究生也承认法国民法典并无相邻关系的规定，而是"法国的法定地役权就是我们所谓的相邻关系"（秦研究生在这里也运用了别称的方法，不知道读者会不会大吃一惊）。既然如此，本书的表述何错之有？协议地役权、法定地役权都是地役权，都可能涉及相邻人的权利义务，允许地役权约定不就是没有将相邻义务限定在法定的最低限度义务之上？秦研究生也许忘了，相邻义务是在"我们所谓的相邻关系"之中，而不是法国人的说法。（2）本书说"对埋藏物的处理，法国采发现人取得所有权主义"。秦研究生讥之为"孟先生只知其一，不知其二。事实上，根据法国民法典的规定，如果是在自己的土地上发现了埋藏物，其所有权归发现人；如果是在他人的土地上发现了埋藏物，其所有权一半属于发现人，一半属于土地所有权人"。在秦研究生看来，埋藏物分了一半出去就不再是发现人取得所有权主义，看来秦研究生没有读梁慧星先生的《中国物权法草案建议稿》，该书第397页对发现人取得主义、公有主义和报酬主义三种意义作了解释，发现人取得一半仍属于发现人取得所有权主义的范畴，这是其一；分给土地所有人的是埋藏物的一半，而不是秦研究生所说的"所有权的一半"，这是其二。在这个问题上，秦研究生是既不知其二也不知其一。说到"所有权的一半"，真不敢让人相信秦研究生的专业是民商法。

4. 秦研究生认为："法国民法典早就有经营权，不信？翻一翻1804年法国民法典第578条以下条款。"可以肯定，秦研究生书是翻到了，但没有认真阅读。因为第578条以下一段是用益权的规定，其中没有一条涉及"资产"，而本书所说的经营权是"占有人占有和经营他人资产的权利"。秦研究生也没有读到尹田先生的《法国物权法》中的用益权部分，当然更没有读完本书关于经营权的论述。秦研究生作出法国民法典早有经营权的结论，只有两句话，确实够大胆假设了。胡适先生地下有灵，一定感慨万千。

5. 本书第40页说："在一般人的眼里，银行存款和家中的家具没有什么区别，都是个人财产。"秦研究生以货币是一般等价物为由，主张存款人对银行存款只有债权而非物权，其间还作了心理颇为阴暗的比喻。在此，秦研究生以货币概念偷换了银行存款和银行存折这两个概念。论据是梁慧星先生、王利明先生有关货币的论述，但结论却指向了银行存款和存折。秦研究生学过政治经济学，当然清楚货币、银行存款、银行存折三个概念之不同，而本书始终是在探讨银行存款的所有权而非存入银行那笔现金的所有权。本书之所以认为存款人对银行存款应有所有权是基于本书对物权客体的独特考察，任何一位读完本书第40—50页的读者都能看到本书给"物"下的定义不同于传统物权理论。本书第42页指出，"物，是能为特定主体所直接支配的财产利益"；第43页指出，"实物形态和价格形态是财产利益的基本存在方式"；第46页指出，"一片土地，一台机器，一张存单，一份股权，都是财产利益的存在方式"。银行存款属于本书所说的确定的、实在的财产利益，银行存折是财产利益的存在方式，存款人直接支配着存折等于支配着其在银行的存款，所以，存款人对其银行存款拥有的应是所有权。银行破产首先要支付存款，而不是秦研究生所说的那样"只能和其他债权人一样享有按比例受偿的权利"，秦研究生还真的应该读一点银行实务的书。银行破产后无法清偿的那部分存款的所有权消灭，犹如家中的家具毁损灭失。秦研究生还应该读一读陈华彬先生的《物权法原理》，该书第440页中将银行存折列为动产。至于秦研究生认为存款人若有所有权身份就可以"强行占有银行的货币"，就不知系何人所教了？

6. 本书第120页引用了马俊驹、余延满先生关于动产、不动产分类标准的论述，结合上下文，很清楚，之所以说马俊驹、余延满先生实在，是相比较于不少学者对动产、不动产分类标准无所论述而言的。秦研究生居然能从中推理出"孟勤国先生直到见到1998年马俊驹、余延满的《民法原论》出版才多少找到一些动产不动产分类上的基本线索"，秦研究生有如此天才的想象力，令人赞叹不已。秦研究生无非是说马俊驹、余延满先生的话早在1983年北京大学出版社出版的《民法教程》中就有，但问题在于，对引用通说或没有争议的论述，是否必须引用最早的？或者是一一引用不能遗漏？学界好像没有这样的规定或惯例，或许是秦研究生师门的规定？诚如秦研究生所言，本书没有引用英文资料，对德国、法国、日本、意大利、瑞士的法律也都是二手资料，这何劳秦研究生费劲观察？本书在参考书目中说得一清二楚。我懂点英文，国家还花钱送我到美国加州大学伯克利分校进修，正因为如此，我不敢在书中引用任何英文资料，尽管也看了一些，总怕由于缺乏英文的文化历史背景而误读了英文资料以致误人子弟。我不懂英文以外的一切外文，因而只能用二手（其实大多数还是三手、四手）的材料，所以我尽量少用，尽管有被秦研究生栽赃为断章取义的风险，至少不会被人说又是一个二道贩子。而且，我用的都是一些比较一致的资料或国内公认较为出色的外国法研究成果，如尹田的《法国物权法》、孙宪忠的《德国当代物权法》。就我的研究目的而言，任何国外的东西都只是参考而不是圣旨，这也许是引起秦研究生愤然的原因之一。据我所知，国内还没有哪个学者达到秦研究生所说的能使用各国的第一手资料的要求。长江后浪推前浪，但愿秦研究生自己能达到这个要求，拿出以第一手资料为基础的东西，比如"法国民法典早有经营权"之类的。

7. 本书在许多地方论述了公有制作为国情对中国物权法的深刻影响，秦研究生说："行文至此，我几乎出离愤然了。"在他看来，我是在主张"共产风""平调风""一大二公"，将使"中华民族遭殃"。秦研究生似乎出生在"文革"以后，从哪里学来这一套指鹿为马、扣帽子打棍子的伎俩？看来，秦研究生之所以愤然，愤然到不惜斯文扫地，用市井无赖的语言写所谓的书评进行人身攻击，根本原因是本书认同中国公有制的国情，主张中国依然坚持公有制，戳中了秦研究生或者拿秦研究生们当枪手的那些人的心窝。是的，目前，有一些人渴望废掉公有制，以便像苏联私有化那样，利用地位和权力从中渔利，中国十万亿的国有资产是一块诱人的蛋糕，吸引着一些权势者以及权势者周围的文人的眼球。所以，一切不主张搞私有化的人都是他们的眼中钉，都会挨上他们的大棒——

坚持公有制等于极左，等于反对改革。然而，我永远不会认同秦研究生们的政治立场，因为我知道，9亿农民和3亿城镇居民在私有化中是得不到任何好处的。秦研究生似乎低估了广大读者的鉴别力，以为往本书泼政治污水就能达到其目的。本书主张重视财产利用并不意味着不重视财产归属，只是反对传统物权理论特别重视财产归属而形成所有权中心主义，本书的书名足以说明这一点。事实上，本书和我发表在《法学评论》上的《中国物权法草案建议稿》对私有财产的保护所给予的重视和务实远非传统物权理论所及，可惜秦研究生没有读，当然也不想读。

8. 秦研究生倡导"大胆假设，小心求证"的学风，这很好，就请秦研究生小心求证一下其书评的表述：余能斌先生什么时候成了"俞能斌"先生？何为"冒充""智商中等偏上一点"？"数风流人物，还看老孟"的"传统观念"在何处？出于何处？以什么标准和技术检测本书为"劣质精神产品"？同时，要告诉秦研究生的是：本书的研究方法恰恰不是"大胆假设，小心求证"，而是从现代中国的实际生活现象中归纳和抽象出有关物权制度的原理与规则。

回答完了，我想可以给秦研究生两点忠告：第一，年轻人还是要学好走正道，学术批评是应该的，但必须实事求是，以理服人，不掺杂学术以外的动机，不采用泼妇骂街的手段。第二，年轻人要学好走正道，就得多读书、读懂书，才不会动不动愤然，一副与人白刀子进红刀子出的架势，才不会把书评写成大字报。第三，需要正告秦研究生，我不在乎秦研究生是否"故意跟我过不去"，秦研究生缺乏教养，自有他的师门去教育；也不会因此不高兴，因为这次是为了给广大读者作个交代，以后秦研究生再怎么愤然，我也懒得去理会。遗憾当然也有，这就是我一直仰慕的学术批评网和法学时评网什么时候成了贴大字报的场所。

补记：本文贴出后，有人骂我不宽容。我是一个普通的学者，所谓教授博导不过是一个工作岗位，自然没有成名人物那种任何时候都能挤出笑容的气度。我只尊重真诚探讨学术问题的人——无论是比我年长的还是年幼的。我可以宽恕无知，但决不宽恕无赖。

（原载孟勤国《物权二元结构论——中国物权制度的理论重构》，

人民法院出版社2004年版）

论"一物"

"一物"是物权的前提，先有"一物"，或者说，先得确定"一物"，才能设定和转移物权。"一物"不是自然状态的实体或一般意义的存在，而是特定场合下的物。买一套家具，一套家具为"一物"，随后卖掉一把椅子，一把椅子也是"一物"，为何出现两个"一物"？是因为两个"一物"分属于不同的特定场合，而物权法上的"一物"，只能是某个特定场合中的"一物"。因此，不能笼统地说一套家具或一把椅子是不是"一物"。撇开特定的主体、特定的时空、特定的指代，就无所谓为"一物"，而仅仅是物理意义上或经济意义上的物。[①]将客观存在的物与物权法上的"一物"混为一谈，是筷子必须一双、鞋子必须一对的说法泛滥成灾的根本原因。"一物"的确定与物本身是否为单一物、独立物无关，完全取决于当事人和法律的意志。在大多数场合，当事人自行确定

---

① 我在厦门大学演讲时举了个例子：我们不能说矿泉水是孟老师的，只能说这瓶或那瓶矿泉水是孟老师的。矿泉水是泛指，只能用于指代物理意义上或经济意义上的物，这瓶或那瓶矿泉水是特指，因而就有了归谁所有的问题。

"一物"——是买一套家具还是买一把椅子；少数场合，当事人须依法律确定"一物"——买一套房子而不能买一个厨房。由此而言，"一物"的真正含义是"某物"。

学者说"一物"是指有体物，但没讲至少没怎么讲理由。"有体物是能触摸到的物，如土地……无体物是不能触摸到的物，如权利"①，权利当然不可能成为"一物"，但有体物未必就能囊括权利以外的物。声、光、热、电与空间被说成是有体物的延伸，虽然勉强，也算沾了有体物的边，但货币显然不是有体物②，学者怎么又说是一种"特殊的种类物"？据说这是特例，但问题在于：其他的非有体物怎么就不能特例？如票据，与货币一样流通，用来购买商品，怎么就不能"特殊"为"一物"？特例已成为学者讲不通道理时的挡箭牌。殊不知，这只是掩耳盗铃。谁都清楚即便只有一个例外，就足以说明"一物"不一定非是有体物不可。当然，也有学者说物权法就只管有体物，其他内容的物交给别的法管，这在逻辑上是顺了，但物权法乃至于民法的价值与体系又出问题了。③

---

① ［意］桑德罗·斯奇巴尼选编：《物与物权》，范怀俊译，中国政法大学出版社1993年版，第1页。

② 货币和货币的载体是两个概念。如果因为货币的载体是金属、纸或贝壳而把货币看成是有体物，那么，专利、商标、作品因为有纸作为载体也可变成有体物了。

③ 物的范围很大程度上是由物权法的性质和功能所决定的，如果把物权法定性为财产的基本法，那么，物就不能限于有体物。如果物权法只是某类财产的单行法，物当然可以只是有体物。现在的问题是：传统物权理论一方面说物权法是财产的基本法，要把它放到民法典中，另一方面又把物限于有体物，事实上把它当作单行法使用，这是极其矛盾的。很难想象，不管有体物以外的许许多多财产的物权法不可能是财产的基本法。

崇拜有体物是乡村生活经验所产生的迷信，罗马人心目中的有体物，其实就是实物。在乡村中，实物几乎是全部财产的存在形式。当时的罗马人想象不出声、光、热、电这样的财产，一百多年前的德国人也想不到今天会有那么多的价值形态的财产。有体物总给农民以一种实实在在的感觉，百年老屋、传代农具和祖祖辈辈耕种的土地。但在城市生活中，许多有体物的折旧速度特快，如家电、汽车、计算机；许多有体物因各种市场因素急剧升值、贬值，如房子、黄金、原材料。有体物的价值并不比银行存款更稳定、更持久。有体物似乎有自我辨别此物与彼物的功能，其实这是一种久居乡村而生的错觉。集体宿舍中怎么分清你我的茶杯？靠的是你我的指认或在各自茶杯上作记号，并不因为茶杯是有体的。即使是土地，也必须由人去确定东南西北四至、立界碑、画地契，才能分清界线。有体物只能自我证明是实物，不能自我证明是"一物"。

四

不能说有体物没有一点意义。在确定和显示物权对"一物"的支配力时，有体物常常能够直观地提供证据——某一有体物为某人占有。与智力成果可以通过拷贝由无数人同时占有不同，在特定的时空条件下，有体物只能有一个占有。一块表，我戴着时不可能出现你也戴着的情况。因为占有是唯一的，对"一物"的直接支配也就有了排他的效力。这才是有体物自身属性影响物权之所在，可惜那么多的物权法书就没讲这一点。然而，必须指出，唯一的占有并非只发生在有体物，许多非实物的价值形态的财产，也具有同样的属性。票据、股票、提单的持有是唯一的，存折、采矿证、营运牌照也只在权利人手中，因此，也是可以直接证明物权的支配力的。至于那些无法实现唯一占有的，因其无法产生物权的排它效力而不能成为"一物"，如星星、月亮这样的有体物，如劳务行为、智力成果之类的财产利益。

五

许多人看到票据、股票、提单是一种权利，没有看到这些权利凭证同时指代着一定的财产利益。凭证上表明的货币或商品的价值，对于权利人而言，是实在的财产，与实物没有本质的区别。票面500万元的银行汇票和价值500万元的别墅，在财产利益的价值上相同，区别只在于财产利益的形态不同。权利凭证与财产利益合二为一，与货币作为一般等价物是同一个道理，我们也可以说货币是国家发行的一定财产利益的所有权凭证。许多实物也有权利凭证，如土地，如房屋，只不过实物形态的财产利益与其权利凭证是分离的，不像价值形态的财产利益常常直接体现在权利凭证之中。权利质押的提法是错误的。①质押的是权利凭证中的财产利益

---

① 大陆法系民法体系以民事法律关系为逻辑基础，主体、客体和权利（内容）是民事法律关系的三大要素，任何权利都不能作为另一种权利的客体，不然，大陆法系民法体系的逻辑基础就会崩塌。如果权利可以质押，就得解释为什么票据权利可以质押，而姓名权却不可以质押？至今没有学者回答过这个问题。其实，票据权利中有财产利益，而姓名权中的姓名仅仅是个符号，这才是票据可以质押而姓名不可以质押的真正理由。

而不是权利本身，因此并不需要寻找牵强的理由为混淆权利与权利客体作辩护①。土地权属证书本身不能质押，因为土地权属证书与土地的利益是分离的，票据之所以能质押，是因为票据既是权利凭证又是财产利益。这就可以理解土地权属证书在生活中从不被称为动产，而票据常被称为动产——生活是真正的智者。持有了票据、股票、提单不仅仅是持有权利——权利其实不需要表述为持有，而且还是持有了票据、股票、提单中的财产利益，这与实物的占有并无不同。所以，票据、股票、提单的权利首先是或主要是所有权。这些财产利益较之于实物形态的财产利益，更易受行政管理法律的影响，以至于其物权的性质不那么清晰，这就需要理性的眼光。实际上，有的实物形态的财产利益也有类似的遭遇，如采矿权，因为其财产利益欠缺有体物的形态，硬被说成是准物权。

六

正如有体物不全是物权客体一样，价值形态的财产利益也不全是"一物"。学者总以知识产权不是物权证明物权客体须为有体物，实乃不着边际。智力成果当然不是"一物"，但并非因为其不是有体物，而是因为其根本不是物权法中的财产利益。能成为"一物"的，必须是那些已经现实存在、价值相对确定，可由特定主体

---

① 传统物权理论特别声明所有权不能作为权利的客体，但这并不能帮助传统物权理论走出权利与权利客体混淆的困境。地上权人和地上权的所有权人不就是同一回事吗？

直接支配而且在占有上能够绝对排他的财产利益。[①]至于其为实物形态还是价值形态并不重要，物权以物为客体而非以物的形态为客体。有必要指出，上述几个判别物权客体的要素缺一不可，因为经常有人反着问：占有上绝对排他一定是物？直接支配着的也一定是物？

（原载《河南政法干部管理学院学报》2005年第4期）

[①] 我认为，物权法上的物是指能为特定主体所直接支配的财产利益。具体论述可参见孟勤国：《物权二元结构论——中国物权制度的理论重构》，人民法院出版社2004年第2版，第43—50页。

关于国有企业占有权的
若干认识

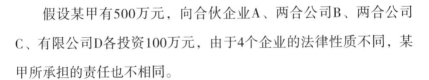

一

假设某甲有500万元，向合伙企业A、两合公司B、两合公司
C、有限公司D各投资100万元，由于4个企业的法律性质不同，某
甲所承担的责任也不相同。

1. 某甲用于投资的400万元之间及其未投资的100万元都已分
离，分别形成合伙企业占有的财产、两合公司占有的财产和有限公
司占有的财产。

2. 决定某甲承担有限或无限责任的唯一依据是企业的组织形
式，而企业的组织形式由法律统一规定，某甲只有选择投资于何种
企业的自由，一旦选择了，就得依法律规定承担有限或无限责任。
这里不涉及企业财产该属于某甲所有或企业所有的问题。

3. 以某甲指代国家就很清楚：国家对国有企业承担有限或无
限责任，取决于国家选择什么样的企业组织形式，如果选择合伙企
业，当然承担无限责任；如果选择有限公司，当然承担有限责任，

如果选择两合公司，就取决于其是有限合伙人或无限合伙人。因此，国家所有、国有企业占有的模式与国家对国有企业承担无限责任还是有限责任风马牛不相及。

1. 财产所有权不是独立人格的条件。自然人的独立人格取决于年龄和精神状态，不取决于有多少财产，同样，法人的独立人格取决于章程和依法登记或核准，也不取决于有无财产所有权，虽然核准或登记时往往有法人独立财产的要求，但这一要求不是法人存续的根本要素，可为佐证的是：中国许多上市公司的净资产为负值，但照样是独立的民事主体。

2. 法人的独立财产不等同于法人所有的财产，前者仅仅表明法人财产与出资人的其他财产相分离。夫妻两人合办一个有限责任公司，这个公司的财产最终是夫妻共同财产，但公司存续期间，这个公司的财产独立于夫妻其他的共同财产。

3. 出资人对法人债务并不一定承担有限责任。这取决于一个国家如何界定法人。日本、法国的无限公司、两合公司，意大利的普通合伙，都具有法人资格，但出资人承担的依然可以是无限责任（两合公司的无限责任股东）。

1. 假如国有企业采用了合伙企业、两合公司（目前中国还没有），自然不同于一般的有限公司，但这种不同不是因为国家所有、国有企业占有模式引起的，而是因为企业组织形式本身所决定的。

2．当国有企业是有限责任公司时，与一般有限公司并无区别，国家也只是一个普通的有限责任公司的股东。有限责任的国有企业对国有资产的占有与一般有限公司对股东财产的占有，没有原则性区别，但国有资产会涉及一些公法上的规定，如国有资产的登记、评估等监督管理措施。国有资产的公法规定只是防范国有资产流失，并不产生对他人不利的负面后果。

四

1．传统物权理论一直没有弄清楚占有是事实还是权利，所以才有占有之诉这样不清不楚的提法。依据物权二元理论，占有是事实，占有权是权利。就占有而言，国有企业的占有与一般有限公司的占有、有限公司的占有与信托受托人的占有无甚区别；就占有权而言，作为平等独立的物权，任何占有权在性质上也一样，但由于法律规定或当事人约定或有不同，具体的占有权利义务会有差异，有的占有权可表现为占有、使用、收益或处分的权能，有的占有权只表现为占有权能或使用权能。

2．有限公司的占有与信托受托人的占有都表现为非所有人对他人财产的实际支配，但由于这两种主体的差异，在行使占有权时会有一些具体的差别。在物权二元理论中，信托受托人的权利被纳入占有权的体系之中，因而，有限公司的占有权与信托受托人的占有权具有共同的法理基础。

（原载《法制日报》2004年5月13日）

国有企业法人所有权
不可行

在我国物权法起草过程中，有些学者认为，物权法应以法人所有权明确国有企业法人财产权的性质。他们提出：国家对国有企业或其参股的企业享有股权，而国有企业或股份制企业对其资产享有法人所有权。这种理论也承认国家对国有资产的权利，但不承认股权是所有权，而将股权说成是债权、社员权或另类民事权利。依此，国家对国有资产再无所有权，国有资产的所有权转眼之间就到了企业法人手中。这就意味着，国有资产一旦为企业法人所有，国家就丧失了任何控制国有资产的合法性。

在我国公司法人治理结构尚不完善的条件下，企业法人所有最终就是董事长所有或变相拥有。目前我国立法还没有承认企业法人所有，实践中就出现了不少以国有企业改制为名鲸吞国有资产的事例，国有资产流失已成为国有企业改革中的一个重大问题。在此情形下，如果物权法规定法人所有权，无异于火上浇油。这是一个需要负历史责任的选择，立法者不可不慎之又慎！

所谓的公司法人所有权在物权理论上没有依据。按照物权法的基本原理，所有权转移须有合法依据，通常是一个交易或赠与、继承的结果。而投资既不是一个交易，也不是赠与、继承，从来不是所有权转移的依据。不论国家还是个人，将财产投资到一个企业（包括合伙和公司）中去，都不存在投资者将财产所有权转移给企业的问题，而仅仅是几个投资者将财产合在一起，形成共有财产（企业资产），几个投资者作为共有人共享企业资产的所有权。财产共有是物权法的主要内容之一，一般共有、合伙共有、公司共有，是共有的基本形式。一般共有中，出资者称为共有人；合伙共有中，出资者称为合伙人；公司共有中，出资者称为股东。几乎所有的学者都承认合伙是一种共有，为什么就不承认公司这种共有呢？

股权是地地道道的按份共有的所有权，股东大会是股东行使公司资产所有权的场所，在这里，股东共同决定共有事务（公司经营大政方针）；股息和红息是公司资产所有权的收益，除了股东，没有其他人能享有，这是一种以资产份额为唯一依据的收益权；公司资产属于股东所有，无论中外，公司的会计报表都有股东权益或所有者权益这一栏，需要填进去的正是公司净资产；公司关闭意味着共有关系的消灭，公司清算后的资产又回归股东个人名下，正如合伙散伙后，合伙资产分割给合伙人。公司是共有关系的一种组织形式，所以也有一个成员权的问题，社员权就是公司共有中的成员权。从这个意义上说，股权是所有权也是社员权。弄清楚股权的性质，就可以知道企业或公司对其资产是不可能有所有权的。依物权法常识，一物只能有一个所有权，股权既然是所有权，公司就不能同时出现法人所有权。公司法人是为股东资产经营而设立的，属于代人理财，因而只能有经营权。当然，这种经营权是独立的权利，是可以排除所有权人不当干预的。

公司法人所有权论根本违背学者一直力荐的大陆法系物权法的基本原理。罗马法、法国民法典、德国民法典、瑞士民法典、日本民法典，包括中国台湾地区的所谓"民法典"，均无公司法人所有权的规定。在英美国家，主流观点是股东对公司拥有所有权（股权），公司董事会拥有经营权。

有观点认为，公司法人没有所有权会导致国家对国有企业承担无限责任。众所周知，投资者对投资承担有限责任还是无限责任，取决于投资投到什么样的企业组织：投到合伙企业中，承担无限责任；投到有限责任公司，承担有限责任；投到两合公司，还得由投资者选择是做有限责任股东还是无限责任股东，选择定了就按所选择的承担责任。这与资产归不归法人所有毫无瓜葛。法人独立财产与法人财产所有完全是两个风马牛不相及的概念。有人想不通，公司法人如果没有所有权怎么卖产品？卖产品的不一定非得是所有权人自己。处分权不是所有权的"专利"，公司资产的处分权由公司依据股东大会决议行使，这是股东投资公司时就有法律和章程明确了的。还有人提出，公司法人如无所有权，如何登记公司财产？财产登记当然应在公司名下，但公司是股东共有，这是很明确的。如果一定要钻牛角尖，所有权人一栏填某某公司全体股东也未尝不可。

国家对国有资产拥有所有权，公司法人或企业法人对国有资产拥有经营权（占有权）。经营权（占有权）是经营权人依法自愿占有、使用、收益和处分他人财产并对他人承担相应义务的物权。如此界定国有企业财产权关系便可明晰，而且符合物权法法理和我国宪法制度。

（原载《人民法院报》2004年11月5日）

逻辑确实很重要

——答林建平的《既评又论〈国有企业法人所有权不可行〉》

每年的三四月，总是教书匠最忙的时候，改卷、面试、看论文，一直静不下来读林建平先生的大作《既评又论〈国有企业法人所有权不可行〉》（以下简称林文）。林文对我的《国有企业法人所有权不可行》一文的异议是以逻辑分析开道的，而逻辑的合理性不像集市上的青菜萝卜那样摊在面前，必须仔细梳理和辨别，才能作出判断。"五一"长假使我能够将林文"从头到尾认真读了几遍""通观全文，所述之处不无问题"，不是别的，还是逻辑问题。

林文首先批判我的"公司法人所有权在物权理论上是没有依据的"的观点，说是"极其错误"。且看林文是如何推理的：林文首先把公司法人所有权问题偷换成法人主体问题，随后以民法总则已规定了法人这种主体来证明公司法人所有权的存在，最后将《公司法》第四条的法人财产权和第二十四条的财产权转移手续等同于法人所有权。这样的论证令人啼笑皆非。

166

其一，公司法人和法人在外延上不是重合的，公司法人只是法人的一种。林建平先生可能没读我的《物权二元结构论》一书，所以不知道我只是说不存在公司法人所有权，并没有说不存在法人所有权。财团法人和中国的集体经济组织法人，对其财产就拥有所有权，可以说（但并无必要说）是法人所有权。前者是因为捐资者捐资后与财团法人再无任何财产上的联系，后者是因为集体经济组织是一个公有而不是共有的法人。公司法人财产是公司全体股东共同所有的，因而公司法人只能有经营权（占有权）而不能有所有权。这正是福布斯富豪的身家总以其企业资产计的原因。

其二，民法的主体制度与物权制度在功能上各异。主体制度解决的是民事主体的地位、能力和形式，不涉及主体有没有所有权的问题，因而，从法人主体中是推导不出公司法人所有权的。硬要穿凿附会，那么，合伙企业、中外合作企业也是民事主体，其财产也应该是这些企业所有，但林文又不这样认为。为了掩饰自己对同一律的违背，林文不惜自爆缺乏"合伙企业也是一个民事主体"的常识。当我读到林文的"合伙企业在法律上没有独立的人格，没有取得所有权的资格"时，我真为尹田教授的"无财产即无人格"之论误人不浅而心疼。法人的定义和范围取决于一国的法律，在不少国家，合伙企业、两合公司都是法人，具有独立的法律人格。林建平先生不知道这些，不妨拨冗读一读马俊驹老师的《法人制度的基本理论和立法问题之探讨》。这篇文章分上、中、下发表于《法学评论》2004年的第4、5、6期，介绍得很清楚。现代社会中，民事主体的法律人格与财产所有权并不挂钩，所谓有财产所有权才能有独立法律人格的说法，只有奴隶社会的法学家才想得出来，因为只有奴隶社会才不把人当人，将还不起债的沦为物品一样的奴隶。按林文的逻辑，中国的合伙企业是不能购买任何东西的，因为其没有取得所有权的资格，这也挺幽默。

其三，中国公司法上的财产权并不是指公司法人所有权。公司法出台后，确有人将法人财产权曲解为法人所有权，但立法从来没有认同过。受过正规法学教育的人，只要读书期间不把精力放在学业以外，都不会把财产权和所有权混为一谈。正因为公司法是一个主体组织法而不是财产法，所以公司法在没有物权法的条件下采用了含义相对模糊的财产权概念。林文倒果为因，以此证明物权法应该承认公司法人所有权，进而证明公司法人所有权在物权理论上是有依据的，未免太相信自己的逻辑技巧了。林文还质疑我为何"不提自然人所有权在物权法上没有依据"，这好像是在玩读者的脑筋急转弯。需要在探讨法人的文章中提自然人所有权吗？我什么时候说过自然人所有权在物权法上没有依据？物权法上的依据与物权理论上的依据是一回事吗？话说回来，形式逻辑毕竟是形式逻辑，林建平先生其实不用如此费劲地绕逻辑，如果物权理论中真有公司法人所有权的依据，拿出一两条不就驳倒我了？最不济也该从什么国家的民法典中找出法人所有权的字样，唬一把国际惯例，让我这个没留德、留法、留日，也没怎么去过中国台湾地区的"土鳖"吓上一跳？

林文又说："投资可以作为所有权转移的合法依据。"为此，林文以大量笔墨剖析我的"投资从来不是所有权转移的一个依据"的论述。林文肯定了我的三段论中的大前提"应属正确"，小前提"应无争议"，却又反对我的结论。这一点连林建平先生本人也糊涂了，所以直问我"这究竟道理何在"？这是因为林建平先生没有仔细琢磨我的大、小前提。"所有权转移须有合法的依据，通常是一个交易或赠与、继承的结果。"这是一个略有变化的大前提，前半句是全称判断，后半句专指前半句中的常态部分。"投资既不是一个交易，也不是赠与、继承，从来不是所有权转移的一个依据。"这同样是一个略有变化的小前提，前面列举投资不是交易、赠与、继承，后半句指明投资不是所有权转移的合法依据。简化一下，就是一个一看就明白的三段论：所有权转移须有合法依据，投资不是所有权转移的合法依据，所以投资不能导致所有权的转移。擅长逻辑的林建平先生尚且将我的小前提误会成我的结论，看来我真不应该卖弄逻辑技能，今后当引以为戒。

不过，林建平先生糊涂的原因不全在于我搞了个比较复杂的三段论，还在于其不太清楚所有权转移的含义。所有权转移是指原所有人将所有权交给新所有人，而不是只指所有权的取得，因此，林文反驳我时所用的先占、征收等例子都属于文不对题，教科书说得很明白，先占和征收是所有权的原始取得，不关所有权转移的事。

话又要说回来，林建平先生也懂得批判不能代替论证，所以也用了一点笔墨论述自己的主张，可惜没有像样的论据。林文说投资是一项法律行为，这很正确，但这种法律行为能产生所有权转移的法律后果吗？林文没有提供任何论据。林文说"股东具有向公司转移所有权的意思表示（以实际行为表示）和履行了转移所有权的一切所需行为，这样公司合法地取得了对投资标的的所有权"，我真想知道林建平先生凭什么这样说？有依据别藏着掖着，拿出来给大家看看。投资不是所有权转移的合法依据是一个事实判断，林建平先生只需拿出一个相反的事例就可以推翻这个小前提，只是别忘了物权法定主义。不知林建平先生是否将股东的投资标的过户给公司当成了所有权转移，如是，就与尹田教授英雄所见略同了。但我告诉过尹田教授：这个过户只是为了将股东各自单独所有的财产转为股东们共同所有的财产，是为了标明所有权人由单数变成复数，并不是剥夺股东的财产所有权。

林文还说了一些有关公司的话，不过，几乎都是以责问代替论证，看来林建平先生已没有耐心讲逻辑了。现在的学界，大腕小腕太多，信口开河的也多，可怜我们的数十万学子，老是处于开卷有害的境地。因此，还得说说林文一些逻辑的不是。

一是公司资产为股东共有和公司人格制度风马牛不相及。公司人格完全取决于公司章程和公司法及相关法律的规定，与公司资产的归属毫无关系。股东必须遵守章程和法律，这是股东作为共同所有人对自己的承诺（章程）和法律规定（公司法等）承担义务的表现，因而根本不存在林文所说的股东随便抽回投资或不遵循亏损先行弥补、无利益不得分配股利等规则的问题。林建平先生忘了关联性是逻辑的基础。

二是股东和股东会是两个不同的概念。股东会是公司的权力机构，不是林文所说的"股东的内部机构"，因此，林文关于"何来内部机构委托公司代理事务，整体代理局部"的疑问令人不知所云。林建平先生忘了确定性是逻辑的起点。

三是有限或无限责任与企业形式的因果关系。一定的企业形式决定投资者的责任限度，投资到有限公司的承担有限责任，投资到无限公司的承担无限责任，一定的企业形式是因，相应的责任形式是果。如此明确的解释居然还招致林文"只告知结果"的批评，往下一看，原来是林建平先生陷入了类比不当。在火中"投入会燃烧的东西它会燃烧，投入不会燃烧的东西它就不会燃烧"，林文举这个例子显然牛头不对马嘴。要类比只能这样类比：会燃烧的东西投入火中会燃烧，投入水中不会燃烧。

然而，林建平先生至少有两点是值得我尊重的。一是他在批评之前将我的文章从头到尾认真读了几遍。读得如何是能力问题，读不读是学风问题。现在有很多人是不读别人东西就批别人，把自己当成了未卜先知的权威。林建平先生未沾学界这个恶习，难能可贵。读别人东西就是尊重别人，我报之以桃，也将林文从头到尾认真读了几遍。二是他在批评时没有使用人身攻击的语言。这与去年有个叫秦海生的无赖形成鲜明对照。学术探讨难免有争执，也会有一些刻薄的文字，但只要就事论事，不失为善意。同样，我的文字虽算不上厚道，但在尊重学术批评上绝对厚道，因为我在批评和反批评中从不以请人代笔或使用化名的方式侮辱对方，这次也不例外。

（原载《法学家茶座》第10辑，山东人民出版社2006年版）

有思想无行动——评《物权法》草案的用益物权

　　物权法草案第三编是用益物权。用益物权在大陆法系民法中不过是一个理论用语，能擢升为法典用语，大概是主流物权理论证明自己也重视财产利用的结果。鸡不会因为飞上了屋顶而成为鹰，用益物权虽然入阁拜相，但在主流物权理论那儿仍是一个见着所有权就直不起腰来的包衣奴才。主流物权理论给用益物权定了两道家规：一是用益物权不能有处分权，二是用益物权只能限于不动产，一旦逾制，就按物权法定原则惩罚。

　　物权法草案对主流物权理论并不是很信任，没按永佃权规定土地承包经营权，没完全按地上权规定建设土地使用权，而且根据现代中国的实际情况规定了宅基地使用权和去掉了浑身封建绿锈的典权。但是，似乎也怕过分惹怒主流物权理论，没在理论和体例上触动用益物权。物权法草案第一百二十二条规定：用益物权人在法律规定的范围内，对他人所有的不动产，享有占有、使用和收益的权利。这为主流物权理论挣足了面子。虽然立法在具体的用益物权中没怎么理会主流物权理论，但用益物权的定义为立法所接受，主流物权理论更有了主流的底气和霸气了。立法也许认为用益物权的定义没什么大错或者一个理论定义不影响什么，物权法草案却因此失去成名现代物权法的机会。

现代社会的人们重视财产利用，主流学者也不例外，主流学者毕竟也食人间烟火。但为什么要重视财产利用和怎么样重视财产利用，就不是主流学者能弄明白了，不是智力不够，而是对日本和中国台湾地区的那一套太虔诚。财产利用之所以愈来愈香，是因为财产利用能带来更多的财富和效用，而这又是随着非所有人对利用他人财产的普遍化和利用方式的多样化实现的。现代社会财产归属和财产利用的高度分离，解决了财产所有人自己利用财产老是精力和知识不够的问题，而非所有人只有在财产利用有效益的情况下才有自身利益，自然就有想方设法用好他人财产的动力。公司正是现代社会财产所有和财产利用高度分离而且卓有成效的典型——公司资产为股东所有，但由公司法人经营。因此，重视财产利用，就要重视非所有人利用他人财产，不然，是作秀。有些主流学者很会说话，说现代社会的中心由财产归属转向财产利用，但拿出来的用益物权却和七十多年前的中华民国民法和一百多年前的日本民法一样，而稍懂历史的都知道，那时的中华民国和日本整体上是农耕社会。

现代社会中，非所有人利用他人财产，绝不只是土地和房屋，就那么几种与土地相关的用益物权和一种与房屋相关的用益物权，根本不能反映和满足现实生活的需要。航空公司对融资租赁而来的飞机没有所有权，也没有用益物权，却直接支配着飞机。炒股票的资金存于证券公司，因为无用益物权可言，以致资金所有权属于谁都成了问题。①至于采矿权、渔业权、无线电频率使用权以及拟制的公共资源使用权，一概纳入不了用益物权，主流学者只好找了个不三不四的词儿——准物权。这完全是作茧自缚。现代中国为什么就不能突破农耕时代的祖宗规矩重新解释和构造用益物权？非所有人利用他人财产，不论是动产还是不动产，只要符合物权的直接支配性和排他性，都是用益物权，有什么不行？想来想去，除了主流学者需要更新有关用益物权的知识外，其他的都是利国利民的好处。主流学者疏忽了，在更老的祖宗那儿，德国、法国、古罗马，用益物权是可以设立在动产上的，这就是用益权——用益物权的一种。日本人抄德国民法没抄全，始有用益物权只能设立于不动产的说法，现代中国没有理由非信日本人不可。谢在全先生说动产价值低、不重要，所以不需要用益物权，引得一些主流学者不停地点头，挺让人心酸，迷信竟然让这些主流学者见不到生活中比比皆是的很重要、价值也很高的动产。

现代社会中，非所有人利用他人财产，已不局限于简单使用，更多地表现为财产经营。只允许非所有人对他人财产有占有、使用和收益的权利，以代人理财为特征的非所有人经营他人财产这一大块就成了是非之地。经营他人财产常常得有处分他人财产的权利，设备更新、产品销售、抵押贷款都涉及财产处分。不给处分权，经营者没法经营；给处分权，所有人须奉送所有权。只给这两个选项，横竖都没生路。主流物权理论选择了后者，十足体现了主流物

---

① 股民在证券公司的保证金的所有权，依传统物权理论，属于证券公司，这显然是荒唐的。因此，最高人民法院的司法解释依保证金属于股民所有的原则处理证券公司挪用股民保证金等问题。

权理论黔驴技穷。代人理财能将人家的财产变成了自己的财产，经营者当然是何乐不为，问题是，请人理财的愿意平白无故地将所有权交给经营者？然而，请人理财、代人理财遍地开花和花样百出，正是现代社会的活力之一，若以所有权丧失吓得财产所有人不敢请人理财，是窒息活生生的生活。这就需要第三个选项：既让经营者有处分权，又保证所有者不失去所有权。要做到这一点并不难，将用益物权拓展到一切财产的同时，承认用益物权可以（不是必须）包括处分权能，就可以解开主流物权理论打的死结。这会触动一些主流学者的神经，他们一直以为处分权只能由所有人行使，实际上，大陆法系民法从来不这样认为。处分权作为一种权能，既可以表现所有权，也可以表现其他权利甚至权力。拍卖公司拍卖委托人的字画是行使处分权，人民法院变卖被执行人的汽车也是行使处分权。只要经营者处分财产有利于所有人，给经营者以处分权并不碍着谁。反过来，不给经营者以处分权也不能保证经营者不搞所有人的鬼。处分权只解决一个合法处分的问题，并没有确保财产安全的神奇功能。

物权法草案本可以在改造用益物权上大有作为。从物权法草案第二条看，起草者对现代社会的财产利用有着深刻的理解，因而才能将财产的利用和财产的归属相提并论。"物权法是规范财产归属关系的法律"①乃主流物权理论的经典口号，物权法草案断然弃之，定为调整因物的归属和利用而产生的财产关系，从根本上突破了主流物权理论，也超越了大陆法系的任何一部民法。这样一个物

---

① 梁慧星：《中国物权法草案建议稿》，社会科学文献出版社2000年版，序言。

权法的定位开拓了物权法现代化的空间，具有划时代的历史意义。遗憾的是，远大的思想没有转化为踏实的追求，在最能提升财产利用价值与作用的用益物权上，物权法草案没能跨出革命性的一步。这不仅自贬身份，让自己混同于台湾地区的物权法，而且使相当一部分非所有人利用他人财产的财产关系得不到应有的科学规制，导致财产利用关系的混乱。举例而言，物权法草案终于明智地抛弃了"企业法人所有权"的提法，明确规定企业法人是依照法律或者章程①享有占有、使用、收益和处分的权利，但这一权利由于含有处分权能放不进用益物权编，只能留在所有权编，以后一定会有人将此曲解为企业法人所有权，进而形成认识上、实践上的分歧。将国有企业由国家所有变成企业所有，这可是某些人的毕生追求。物权法草案本应在用益物权中增加经营权即经营权人依照法律或者章程享有占有、使用、收益和处分的权利，这样，企业法人的财产权利就有了安身之所。与之类似的还有信托、融资租赁、所有权保留等，都因为物权法草案在用益物权上的无所作为而流离失所。这一切令人叹息。

（原载《法学评论》2006年第1期）

---

① 依照法律产生的企业法人的财产权利是法定经营权，依照章程产生的企业法人的财产权利是约定经营权，只有如此解读，才不会出现违反大陆法系民法逻辑的双重所有权和具有非国有化政治作用的企业法人所有权。

东施效颦——评《物权法》的担保物权

担保物权是物权法草案中的一编，有67条，而整个物权法草案也就是268条。这容易给外人一个印象：担保物权是物权立法重彩浓墨之处，凝结着民法专家、立法机关的智慧和辛劳。但民法圈内的都知道，物权法搞了九年，最省心最省事的，莫过于担保物权这一块。

担保物权听起来很玄，其实就是抵押、质押、留置这些拿财产给人作保的事儿。从人类懂得相互交换东西的那天起，就有了欠债不还的风险，因此，人们就想出了各种制约欠债不还的办法。抵押、质押、留置可能是最早的一些办法，因为民法学者说起担保物权几乎都从罗马法开始。张三向李四借钱，拿房子作还钱的担保，是抵押；将首饰交给李四保管作还钱的担保，是质押；如果是张三拿着一块布料请李四做衣服却不肯付工钱，李四扣下衣服，这就成了留置。抵押、质押、留置赋予了李四一种权利：一旦张三不还钱或不付工钱，李四可以依法处置抵押物、质押物、留置物，以其价款抵偿借款或工钱，多退少补。由于这种权利具有处分抵押物、质

177

押物、留置物的内容和意义，德国民法典将其放在物权编中，这就有了担保物权的名词和无数的著作、文章。

李四们通常会认为有担保物比较靠得住，一是担保物的价值常高于借款或工钱，不太担心收不回借款或工钱；二是担保物的价款先用来清偿李四的借款，有剩余才轮到张三的其他债主分享。因此，物的担保在社会生活中一直扮演着不可或缺的角色。尤其是抵押，由于现代工商活动经常依赖银行贷款，而取得贷款大多需要抵押，被誉为担保之王。因为信任，所以使用。久而久之，抵押、质押、留置上形成了一套相对完整而成熟的规则。虽然也有一些细节的差异和学理解释的不同，但整体而言，没有留出任人改动的空间。我国担保法中的抵押、质押、留置，与其他国家可谓大同小异，而小异之处还招致不少批评。所以，在担保物权上，所谓立法也就是将担保法中的抵押、质押、留置的规定搬到了物权法草案中。这也算是劳动，但好像不属于脑力劳动。

然而，抵押、质押、留置为什么一定要放在物权法草案中呢？

一百多年来，无数的学者虔诚地相信德国民法典的担保物权，不在乎其有无理由，只有极少数的学者因为寻找不到理由进而予以怀疑和否定。但少数人的意见总是淹没在众口一词之中。物权立法中，主流学者异口同声地主张物权法草案必须规定担保物权，为此找了两个说法。

首先是说抵押权、质押权、留置权性质上属于物权。主流学者似乎根本忘了德国人是怎么理解物权的。区分物权和债权，是德国民法最引以为荣的亮点，物权被认为是权利人直接支配物的权利。按照这个德式定义，逻辑上推导不出抵押权、质押权、留置权是物权的结论，因为这些权利不具有直接支配物的内容。李四们不占有抵押物，也不拥有抵押物的所有权，也就是说，对抵押物既无现实的支配力也无最终的支配力。李四们只能在张三不履行债务时要求拍卖或变卖抵押物，从价款中优先受偿。要说有支配，也只是对价款的支配，如果对价款的支配等于是对担保物的支配，是否也可以说父亲将卖掉汽车的价款交给儿子支配等于是儿子支配了汽车？再说，对价款的支配也不是绝对的，如果某一个李四之前还有一个更优先的李四存在，顺序在后的李四可能分文不得，哪有支配？主流学者清楚自己的逻辑处境，既不说支配担保物，也不说支配价款，而说担保物权支配担保物的交换价值，以为这样就可以蒙混过关。殊不知，法学没有交换价值这一概念，而在政治经济学上，交换价值是指两种商品交换时的比例，例如一斤猪肉相当于三斤萝卜。你可以提着猪肉或萝卜回家，或者将猪肉款或萝卜款揣在怀里，但你无法支配1∶3这个比例。或有人说：要求拍卖或变卖抵押物就是处分抵押物，而处分权只有所有权才有。真这样说，恐怕需要补修一下法学本科的课程。处分权并不是所有权的专利，也不是物权的证明，拍卖人的处分权来自委托合同，法院强制执行的处分权体现的是公权力。要知道，要求拍卖或变卖抵押物的权利与拍卖或变卖抵押物的权利真不是一回事，前者属于请求权，与合同法中的请求卖方交货的权利并无不同。当然，也可以拿质押权、留置权说事，这两种权利具有直接支配物的事实——占有。但花点时间想想，这里的占有事实是质押权、留置权成立和存续的前提，而不是质押权、留置权的内容。其实，抵押权、质押权、留置权的定义就自证了不是物权，为什么其他的物权定义都有支配的含义，唯独担保物权无一例外表述优先受偿权？这五个字至少说明两点：一是优先不优先是几个李四之间的事，与他人无关，甚至与张三也没实质性的关系，张三就那么一点财产，哪个李四拿去都一样。优先的权利义务发生与特定的当事人之间，缺少物权必有的对世性。二是受偿的本质是取得财产，不是支配财产，与债法上的受领是同一个意思。

另一个说法是为了强化抵押权、质押权、留置权的功能，维护社会主义市场经济秩序。抵押、质押、留置确实是市场经济不可缺少的，但市场经济不可缺少的不止抵押、质押、留置，难道都放进物权法？定金、保证这样的担保方式就一定不如抵押、质押、留置？有谁作过论证？不同的交易方式体现着市场经济的不同需求，无所谓谁重要谁不重要，只能说合适就好。许多人觉得抵押权、质押权、留置权放在物权法可以提高这些权利的地位，言下之意，物权法比担保法、债法更重要，这让人无奈，总不能说这些人都没受过法学启蒙吧。物权法和债法都是民法的组成部分，并无高低之分，担保法作为民法的单行法，其功能比物权法和债法还专业一些。主流学者一直主张物权优先债权，这可能是许多人产生错觉的根源，事实上，物权优先债权并不意味着物权法优先于债法或担保法，而且物权法草案也已删掉了物权优先债权这一纯属民法学者幻觉的条文。抵押权、质押权、留置权作为国家确认并予以保护的权利，不论其在法律的哪一部分，其地位和作用都是一样的。哪怕是放在婚姻法中，从法律体系的逻辑上看，位置不合理也不方便使用，但并不影响权利的内容和功能。决定权利的内容和功能的是法律条文本身，而不是法律条文的位置。物权法草案关于国有资产流失的法律责任中提到了刑事责任，许多人严厉指责民法中怎么可以出现刑法内容。可是，专利法、商标法、著作权法早有刑法内容，法国民法典的前六条全是公法的内容。部门法和部门法中的各部分的分类只是一种便于人们理解和使用的逻辑体系，不是上帝划定的界线，必要的时候有所逾越可能比固守逻辑更有利于人们的理解和使用。因此，抵押权、质押权、留置权该不该放在物权法中，主要是一个逻辑问题，与这些权利的内容和功能没有任何关系。有些人抱怨实践中经常出现抵押权落空的情形，指望物权法能确保每一个抵押权的实现，这是一种天真的想法。

不过，主流学者也未必不知道这些。但设身处地想一想，主流学者似乎别无选择。物权法草案不从担保法那儿拽一大块来，还有多少像样的内容？物权法被主流学者吹成了现代社会已从财产所有为中心转向财产利用为中心的典范，而其中的用益物权仅仅只有三种与土地相关的在古罗马就有的物权，如果舍弃了担保物权，物权法活脱脱一个所有权法。为了物权法像模像样，有模有样，一定得将担保物权建立起来。主流学者大概也就是物权立法启动前后开始看台湾地区的物权法书，既然台湾地区将抵押权、质押权、留置权视为担保物权，而且具有伟大的德国血统，那么，引入和维护德式物权法对主流学者而言显然是上上策的，不仅可以屏蔽民法学界对物权法知之不多的事实，而且可以动用整个德国物权法家族的力量压制一切不同的声音。

令人遗憾的是，立法几乎不假思索地接受了主流学者的建议，仅仅因为主流学者人多势众。这种立法懒惰给中国法制进程带来的不良影响是无法估量的。不说远的，眼下就能看到三个伤害：第一，物权法以很大篇幅规定不是物权的权利，破坏了整个物权法的逻辑，又没有其他正当理由，使物权立法成为不讲道理的立法。立法有权，犹如军队有枪，一旦养成不讲道理的习惯，是很可怕的。军队与军阀的区别就在于讲不讲道理。现代法制的核心不在于有法必依——商鞅时代就做到了有法必依，而在于有良法可依。何谓良法？民主、公正、讲道理之法也。胡锦涛总书记倡议建设和谐社会，立法应该是关键。没有良法，缺少让人心服口服的行为规则，是和谐不起来的。第二，肢解现行担保法，将抵押、质押、留置放入物权法，留下定金和保证，无论是保留担保法或修改合同法，都将耗费更多的立法资源。不仅如此，人们熟悉担保法和最高法院的司法解释没多久，就要面对更换法律的现实，必须重新熟悉。立法资源和其他社会资源都是有限的，没有必要的耗费资源与建设节约型社会背道而驰。现代社会，需要立法的事本来就多，像国有资产流失这样严重的社会问题，立法至今顾不过来，立不出一个国有资产保护法，却将现行法律搬来搬去，说到底，也就是为了满足中国也要有民法典的虚荣心。第三，将担保方式拆散分置各处，割断了担保方式之间的联系，压缩了担保方式的发展空间，是一种历史倒退。现代工商活动不断要求担保方式的创新，浮动抵押，所有权保留等担保方式已经出现，以后还会有新的担保方式。现代生活需要一个统一的开放的担保制度以协调众多的担保方式和接纳新的担保方式，从这个意义上说我国的担保法在立法理念上是很先进的，符合现代担保制度的发展趋势。除了抵押、质押、留置，其他的担保方式都为物权法所不容或不管，物权法草案将我国的担保制度拉回到了农耕社会。

抵押、质押、留置涉及物，这是德国民法典将其归入物权编的理由。抵押、质押、留置是债权担保方式，这是法国民法典将其归入财产取得卷（债权、继承权等卷）的原因。两相比较，法国民法典的模式更有说服力。抵押、质押、留置的本质是处理特定的债权人之间的关系，唯一的功能是有助于债权的实现，其与债权的联系是天然的、内在的。而抵押、质押、留置与物的关系是人为的、外部的，而且有外延上的缺口。德国民法典的物是有体物，但用于担保的不仅是有体物，还可以是有价证券、智力成果和集合财产。如果与物有一定联系就要归入物权法，那么买卖基本上不能待在合同法之中，由此可见德国民法典的逻辑硬伤。德国民法典以法律关系理论作为逻辑构架为其赢得了逻辑清晰的盛誉，却很少有人注意到，德国民法典在具体制度安排上经常不讲逻辑。这本来也不是太大的问题，每一个时代的逻辑都会局限于时代经验。问题在于后世的民法教授因为迷信将时代的局限也当成真理继承。物权法草案规定了抵押权、质押权、留置权，表面看来只是一个模式选择，但涉及选择要不要有正当的理由这样一个原则问题，涉及立法的科学性和有效性。如果没有民法通则和担保法，物权法草案规定担保物权未必不可，生活需要是最正当的理由，可以超越逻辑的理由。但在民法通则选择了法国民法典模式、担保法也实施多年的情况下，硬要追随德国、日本和中国台湾地区，将抵押权、质押权、留置权塞入与其毫无逻辑关系的物权法，这不由得让人想起了东施效颦的典故。

（原载《法学评论》2007年第3期）

拾金不昧：有偿？
无偿？

作为中华民族的优良品德之一，拾金不昧，通常包含不以归还或上交拾得物牟利的含义。但我认为，拾金不昧可以有偿。原因何在？

如果物权法从法律上规定"拾金不昧"，其含义便发生了实质性变化：

一是拾金不昧成为一种法律义务，违反义务将导致承担一定的法律责任；二是拾金不昧可以不再是一个绝对无偿的行为，拾得人有权主张合理报酬及其他权利。

现代社会的法律通常追求权利义务的一致性，一般不强制规定谁只有义务没有权利。既然拾得人有义务归还或上交拾得物，那么，失主作为拾得人履行义务的受益人，支付一定的报酬是公平合理的。

因此，物权法应当规定失主的支付报酬义务。而且，这种支付报酬的义务不影响拾金不昧本身的道德价值。

法律，只能以道德的底线作为规定的依据，不应提出过高的道德要求，否则会抬高守法的成本和效率；同时，法律也不限制人们追求较高的道德境界，拾得人有权主张合理报酬及其他权利，不一定实际主张合理报酬及其他权利，这应由拾得人自己做出选择。即使拾得人主张了合理报酬及其他权利，也不能说拾得人不道德，任何守法行为都是道德的，至少他拾金而没有昧。

从法律视角来看，拾得人应是有权利也有义务。

我建议，立法者应当支持拾得人的三项权利：要求支付合理报酬；要求补偿合理开支；要求取得招领期限届满，无人认领的依法不归国家所有的拾得物的所有权。

拾得人的义务同样也要明确：拾得人应将拾得物在合理时间内，通知失主领取，或将遗失物上交给民政机关。

如果物权法能够这样规定，既可以督促拾金不昧，又可以鼓励人们拾金并拾而不昧，以减少物的浪费和拾金而昧的违法行为。当然，补偿不是漫天要价，要合理、适当。毕竟，拾金不昧不是为了钱。

（原载《人民日报》2005年6月29日）

人格权独立成编是中国民法典的不二选择

近日，在"民法典：人格权法暨合同法立法研讨会"上，与会专家逐条研讨中国法学会民法研究会会长王利明教授课题组起草的《人格权法学者建议稿》，一致认为研究修改后可提交立法机关参考。这标志着人格权在民法典独立成编的呼吁进入操作层面。

依据人格权的广泛性和重要性，中国民法典必须高度重视人格权。刚通过的《民法总则》有3个有关人格权的一般规定，但如何落实《民法总则》人格权的一般规定，存在路径争议。许多民法学者赞同人格权独立成编（简称人格权编模式），一些学者强烈主张像德国法那样主要由侵权法解决人格权保护问题（简称德国人格权模式），个别学者甚至以"颜色革命"为由反对人格权独立成编。

我认为，人格权不属于西方国家的人权概念，更与"颜色革命"风马牛不相及。人格权是中国人民的基本权利，充分实现和保护人格权是中国梦的核心价值和重要路径。问题只在于，哪一种人格权立法模式更有利于实现和保护人格权？由于德国人格权模式依然还是百年前的风貌，在现代社会只有观赏价值，我国应选择人格权编模式。

第一，人格权编才能充分容纳现代中国的人格权问题。

2016年中国网民达7.3亿，中国已进入信息时代。信息时代的信息交流几乎不受时空限制，人们的活动无时无刻汇入信息流，影响每一个人的生活和工作。除了马云和阿里巴巴这样极少数的个人和公司，几乎所有的民事主体都是海量信息流下的弱势群体，其人格尊严和其他人格利益处于随时受到侵害而且难以消除的境地。网络谣言摧毁自然人的一生清誉，隐私暴露造成自然人的终身羞辱，骚扰信息造成自然人的时时不安，沽空报告导致公司股票价格断崖式下跌，等等。人格权比以往任何时候都受藐视和侵害，侵害后果比以往任何时候都广泛和严重，反制侵害比以往任何时候都困难和低效。信息时代造就了人格权的脆弱，我们既不能拒绝信息时代也不能默认人格权脆弱，只能以强有力的法律规则消除人格权的脆弱性。

德国人格权模式中，有关人格权的法律规则几乎都是空洞或抽象的概念组合，这既是因为民法总则和侵权法留给人格权的空间极其有限，也是因为工业时代对人格权没有太多的需求，让法官以自由裁量的方式处理简单且为数不多的人格权侵害纠纷性价比最优。笼统而言，一般人格权及其侵权责任似乎也可以解决信息时代的网络谣言、隐私暴露和骚扰信息之类的问题，但不能忘记这是建立在法官的责任心和自由裁量权之上的，如果法官态度消极或自由裁量不当，一般人格权及其侵权责任就会沦为摆设。司法实践中侵害人格权的个案寥寥无几，足以说明德国人格权模式的落伍和无能。

人格权编模式则不同，它给人格权留出了开放的空间，不仅容纳现实生活中已有的人格权，而且容纳未来生活中可能出现的人格权。民法典中的编，是民事权利容身的最大场所，有了自己的家，人格权就有了与物权、债权等民事权利同等发展的机会和条件，从而满足中国人民吃饱穿暖后"对美好生活的追求"。更为重要的是，人格权编不仅改变民法典的传统体例，还能改变德国人格权模式的逻辑和目标。人格权编中，人格权不只是一般人格权，更多的是具体人格权，而且具体人格权保护将成为生活常态；人格利益不仅是人身意义上的，也不乏财产意义，就如智力成果衍生财产价值；人格权保护不限于阻止侵权行为，还确认人格权的内容、范围、行使，真正体现人格权的支配性。这些改变，一言以蔽之，是人格权的时代革新，体现中国民法典的现代化和中国化。

第二，人格权编才能科学规定现代中国的具体人格权。

民事主体在工业时代呈现清晰的个性特征，警察和法官可凭借常识性经验判断人格尊严和人身自由是否受到侵害或者受害的程度：公众场合遭遇辱骂、婚姻期间发生家暴、个人信件遭到偷看、私人住宅遭受侵入、公司名称被人盗用等等，一般人格权足以维护民事主体的独立和自主。在信息时代，大量的民事主体个性特征被转录为数据信息，淹没于大数据，作为整个社会信息流的分子随波逐流，民事主体独立自主的本质和价值客观上趋向于淡化和模糊，警察和法官常常难以凭借常识性经验判断侵害人格权问题，甚至面临有无人格权的问题（如"人肉搜索"）。当警察和法官的常识性经验不能或难以支撑一般人格权时，只能以具体人格权填充时代变迁引起的法律空洞。

具体人格权是一般人格权有形化的结果。《侵权责任法》第2

条的8项具体人格权，突破德国及中国台湾地区人格权的逻辑和路径，是人格权制度的一个重大创新。但是，这一创新局限在德国人格权模式之内，注定其只能是宣示性的，不能细化为具体人格权的规范性规则，因为侵权法只管权利受到侵犯后怎么处理，不管权利是什么模样。而且，《侵权责任法》第2条只是罗列现实生活广泛使用的人格权用语，并不关注这些日常生活用语是否具有法律概念应有的逻辑性和确定性，侵权法既无功能也无条件依照形式逻辑的规则梳理具体的人格权。

逻辑上，具体人格权作为一般人格权在一定时空中的表现形态，是民事权利类型化的问题，依照一定的分类目的和分类标准，将一般人格权分类为各种具体的人格权，进而确立和规范具体的权利、义务、责任。人格权类型化是一项繁重复杂的技术工作，既要全面深入掌握现实生活的人格权状况，又要依照现实生活需要和逻辑规则作顶层设计，还要拿出各种具体人格权的操作规则方案，没有人格权编的专业研究不会有理想的结果。人格权类型化必然形成许多新的人格权规则，每一种具体人格权都是特定条件下的一个类别，宣示性规则界定具体人格权的内涵、外延、目的，规范性规则界定具体人格权的要件、行使、后果，没有人格权编连储存都是难以克服的困难，人格权的空间解放是具体人格权发展的必要条件。

第三，人格权编才能合理保护现代中国的人格利益。

信息时代，人格利益随着人格要素扩展，以往没有社会意义的人格要素有了社会意义，形成新的人格利益，如声音、表情、行为造型；人格利益随着人格要素商业化，以往没有财产价值的人格要素有了财产价值，如家世、故居、出生地；人格利益随着人格要素虚拟化，个体对人格要素的可控性大大降低，如受害者大多不知电信骗子如何得到个人信息。人格利益不再静止、被动、单一，越来越具有运动性、主动性、多样性，趋向于社会化。德国人格权模式以侵权法应对人格权受侵害，覆盖面过窄，远远不能满足人格利益保护的需求，只能以人格权编面对人格利益社会化的现实。

人格权编首先需要解决个体和群体的利益平衡问题。人格利益的社会化意味着人格利益不仅仅是个体的尊严和自由，也包括群体的尊严和自由。公序良俗是民法体现和维护群体利益最重要的事由，人格利益上，公序良俗不能是放任法官自由裁量的空洞名词，必须是类型化的情形组合，明确划出人格利益正当性的边界。他人利益也是民法体现和维护群体利益的重要事由，人格利益一旦参与市场交易，很难避免滥用人格利益损害他人利益的情形如禁而不绝的明星虚假广告，必须限制人格利益的不当利用和追求，明确划出人格利益合法性的边界。

人格权编同时需要解决人格利益保护层次性问题。人格利益具有体现民事主体存在的重要意义，但这不意味着人格利益同等重要，基于生存的人格要素显然重于基于发展的人格要素，相应的人格利益相互之间必然表现出轻重。侵害人格利益，不仅有侵害行为和侵害结果的轻重之分，更有不可忽略的人格利益的自身轻重。有些人格利益必须让侵权者支付高昂的违法成本如对侵害生命健康的予以惩罚性赔偿乃至于刑事责任，有些人格利益必须让侵权者吐出违法获利如对侵害个人信息的予以没收或返还非法所得，有些人格利益只需让侵权者承担相应的侵权责任如对侵害姓名权予以赔礼道歉或象征性赔偿。人格利益极其广泛，有些相当琐碎，确定不同层次的法律责任有助于针对性保护人格利益。

上述可见，人格权独立成编，既是民法典体例问题，更是一个关系到中国民法典能否适应现代中国社会的根本问题。中国民法深受德国民法的影响或许难以改变，但绝不意味着中国民法典对德国民法典亦步亦趋。无论是所处的时代还是自身的国情，中国都没有理由放松民法典现代化和中国化的追求。民事权利中，人格权是唯一全方位强烈体现现代社会需求和中国社会现状的民事权利，人格权独立成编是中国民法典的不二选择。

（原载《东方法学》2017年第6期）

环境权应在民法典中
独立成编

关于环境权，环境法学已有了不少研究，一般认为：环境权包括环境使用权、环境知情权、环境损害赔偿请求权，并以公益诉讼机制加以落实。但实践中，环境问题依然非常严峻，北京市长的军令状也没扭转雾霾的趋向。原因当然很复杂，其中非常重要的是，环境法学，更不必说民法学，对环境权本身的认识缺乏应有的深度。环境权问题应该这样深入：

第一，为什么需要环境权？环境权始于人权，学者总是先从人权角度解释环境权，这固然有助于提高环境权的地位，但也容易导致环境权不接地气。宪法权利必须转化为部门法的权利才能落在实处，没有部门法保护的宪法权利永远只有宣示的意义。刑法、行政法都负有保护环境的职责，但刑法、行政法的保护不需要环境权为基础，换言之，没有环境权的概念，不影响刑法、行政法保护环境。一个事实显而易见，之所以要提出环境权而且定位为基本人权，是因为刑法、行政法对环境的保护总是不给力，损害环境被追究刑事责任的极少，地方政府又习惯于理解、宽容乃至合谋。环境权的真正价值在于让民法担当起保护环境的重任，因为民事权利能让损害环境成为人人喊打的过街老鼠，民事责任能让损害环境的倾家荡产。由于民法学者普遍无视环境权，环境法学者大多不敢或不愿主张环境权是民事权利，使得环境权至今名不正、言不顺。要求民法保护环境，又不给民法启动环境保护的权利支点，环境法学因而力推公益诉讼。可是，公益诉讼不仅在正当性、科学性、合理性上难以自圆其说，操作上说穿了也就是赋予了有关部门、有关人员选择性诉讼的空间。环境法学应该争气一点，响亮地说环境权是一项地地道道的民事权利，而不是含糊地、怯怯地说环境权是环境权益。别在意民法学者的态度，民法学者不接纳环境权，是无知、懒惰、小气，而且民法学者也没有接纳不接纳环境权的投票权。

第二，环境权是不是民事权利？民事权利的权利主体一直是特定的，民法学者因而下意识地拒绝权利主体不特定的环境权。其实，民事权利主体特定只是一个历史现象而不是逻辑必然。权利主体不特定仅仅说明环境权主体的广泛性，并不排斥权利内容的民事性。判断一项权利是否为民事权利，必须从权利、义务、责任三要素上分析。环境权既涉及公民的身体健康权益，也涉及公民、企业的财产权益如山清水秀地区的房产因环境污染而贬值，这两项权益正是民法确认和保护的对象。环境法学中有关环境法调整人与自然关系的学说引错了环境权的认识。环境损害的直接后果是破坏自然，但自然环境的好坏是以人的生存利益为尺度的，脱离了人的生存利益，自然环境无所谓好坏例如火星，破坏自然的危害性最终体现在人的生存利益遭受损害，说到底，环境法依然是调整人与人之间的关系的法律。人身利益和财产利益受到环境损害，受害人应该得到相应的赔偿，这完全符合民事责任的要义。环境权与现有民事权利相比，除了权利主体不特定外，没有任何本质区别。至于权利主体不特定，也只是抽象层面而言，一旦某一公民或企业提起环境权之诉，权利主体立马特定。顺带一提，环境权与政府的环境监督权不应混在一起，环境监督权是权力而不是权利，属于行政法的范畴。

第三，环境权是什么样的民事权利？环境权肯定不是物权、债权、知识产权、人身权、继承权中的任何一种。环境权是公民、企业因自然环境状态而发生的权利义务关系，其客体的独特性决定了环境权是独立的民事权利。公民和企业有权合理使用环境，既有无须对价或政府许可的合理使用，也有须付对价或政府许可的合理使用。公民和企业有权了解环境现状和变化的各种信息并表达自己的意愿，也有义务按照法律或政府的要求披露自己使用环境的信息。公民和企业有权因环境引起的人身权益和财产权益损害请求赔偿，也有义务对自己使用环境所产生的损害恢复原状和赔偿损失。环境权的侵权人总是那些造成特定区域环境损害的特定的一个或数个自然人或企业，而权利人则是不特定的公民和企业，哪怕是千里之外的公民也可以旅行途中遭受环境损害为由提起诉讼。环境权的侵害需要分类，个别侵害和规模侵害、一般侵害和严重侵害、过失侵害和故意侵害、违约侵害和损害侵害等，不同类别的侵害应有不同的诉讼方式和责任形式。

第四，民法以什么方式确认环境权？虽然民法学者已普遍认同厦门大学徐国栋教授绿色民法的观点，有些民法典建议稿也明确提出保护环境，但在民法具体制度和规则上没有任何体现。一些环境法和民法学者建议在物权如相邻关系、合同如排污权交易、侵权如环境损害赔偿上作出相应规定，这种思路没有将环境权视为独立的民事权利，非常有害。正如武汉大学张里安教授分析的那样：相邻人之间的环境与环境法意义上的环境完全是两回事，排污权交易依照合同法是一个违法交易。以固有的民法规则保护环境权必然导致规则的内在冲突，修改固有的民法规则以适应环境权是伤筋动骨的难事，而且，操作上也过于琐碎繁杂。环境权的价值取向、基本原则，主体客体、权利义务、法律责任的内容丰富，需要设计很多的民法规则，在民法中应该也只能单独成编。单独成编不仅使得环境权入民法简单可行，更重要的是可以最大限度地容纳环境法的公法意志。公私法的融合是现代法律的一个不可阻挡的潮流，公法的渗入和影响是民法现代化的一个重要动力和标志，环境权兴起于公法，较之于其他民事权利更有公法的因素，这是环境权入民法不可忽视的现实。

目前，法学界都在为民法典的编纂使劲。可是，没有环境权的民法典是一个瘸腿的贵族，永远跟不上现代社会的步伐，民法学者切不可鼠目寸光。没有民法家园的环境权是一个流浪的孤儿，永远登不了大雅之堂，环境法学者切不可只图门户之争。接纳环境权是民法典现代化、中国化的必由之路，也只有民法才能给环境权提供行之有效的保护，民法学者应该补一下环境法学的知识，环境法学者应该去掉小富即安的心理，携手打造中国民法典。

（孟勤国：《环境权应在民法典中独立成编》，原载微信公众号"武汉大学环境法研究所"，2017年3月10日）

树立和维护中国《民法典》的权威

一

中国《民法典》是中国社会现代化的一个里程碑。《大清民律草案》《民国民律草案》胎死腹中,中华民国民法典蜕变为我国台湾地区的所谓"民法典"。新中国一度只有最高人民法院处理民事纠纷的意见,没有40年前启动的改革开放,没有现代法治的共同愿景和不懈追求,没有《民法通则》《合同法》《物权法》《侵权责任法》的循序渐进,不会有今天的中国《民法典》。《民法典》承载着众多的价值和功能,"是一国法治文明发展到一定高度的产物""是法治中国的显著标志",是现代私法价值的集中体现,是民法科学性、体系性、统一性的新境界。但客观而言,《民法典》要实现这些价值和功能不那么容易。《民法典》毕竟是立法者认识、判断和选择的结果,历史上从来没有一部民法典是完美的,即便是拿破仑引以为傲的法国民法典,也可以随便挑出不是和不足。更重要的是,当立法者采纳了一种立法建议后,往往引发其他建议者的批评和不满，而且这些批评和不满往往也有一定的道理，社会科学没有自然科学是与非、对与错的唯一性，只有相对合理与不合理的判断和选择。论中国《民法典》的得失，必然是仁者见仁智者见智。即便是笔者，既看到了物权编、人格权编在现代化与中国化的重大成就，也看到了民法总则在现代性上的缺失。毫无疑问，中国《民法典》的价值取向、基本制度、具体规则上的不同认识不会随着中国《民法典》的实施而消失，但无论如何，中国社会解决了中国法治需要一部民法典的问题，这是中国法治现代化的一大进步。以1980年颁布实施《刑法》为起点，中国法治现代化至今也就是40年的光阴，《民法典》完成了14亿生民百姓吃穿住行、男婚女嫁、生老病死的权利化，架起了一个大写的"人"字。

但是，纸上的法律如何成为实际生活的法律是成文法的一个自然难题。中国法治不只需要一部《民法典》，更需要一部权威的《民法典》。所谓权威，是指《民法典》具有无可撼动、不可逾越的地位和效力，任何组织和个人都必须在其范围内活动，包括拥有和行使相应民事权利、侵害相应民事权利必须承担相应民事责任，无法律明文规定不得限制或减损相应民事权利。

权威的民法典需要现代法治的一切要素。一般而言，现代法治的发展水平决定着民法典的权威程度，但是，对曾有两千多年诸法合体、民刑不分历史的中国而言，树立和维护民法典的权威应有超越中国法治现实水平的远见和努力。"民法是万法之母"之言，虽有"民法帝国主义"的嫌疑，但对中国社会具有振聋发聩的意义。

因而，《民法典》实施后，如何树立和维护其权威是中国法治的中心任务。其中，基础性的工作有三。

第一，正确界定《民法典》与除宪法外的公法关系。公法与私法及其相互关系是一个充满争议的命题，中华文明由马克思所称的"亚细亚生产方式"衍生而来，反映国家权力意志的公法一直居高临下地俯视社会生活，公法优于私法几乎是中国社会的集体无意识。私法问题一旦涉及公法因素就容易习惯性地被拉入公法领域，按照公法的价值取向和规则加以处理。征地拆迁明明是物权法中的征收问题，就因为征地拆迁是政府决定，最高法院至今依然定性为行政纠纷。商业活动只要有要素涉嫌犯罪就被定性民刑交叉，基本上按先刑后民的原则处理，尽管先刑后民既无法律根据也无学理依据。不同的价值取向和规则导致不同的结果，以公法处理私法问题必然减损私法利益，如果不能扭转这种现状，《民法典》的权威就无从谈起。

为了避免私法遭受公法的"欺凌"，不少民法学者主张《民法典》不能有公法因子，如《中国民法典草案建议稿附理由》剔除了国家和集体所有权。但现代社会公法与私法的交融是一个普遍的事实，私法受公法影响并不是问题，公法如何影响私法才是问题。中国社会不可能割裂公法与私法，这既是中华文明的历史性所决定的，也是现代社会生活公共化不可逆转的趋势。但是，公法与私法的交融应该而且必须是相得益彰，而不是公法在私法领域横冲直撞。中国社会应当明确：除了宪法，其他公法与私法仅仅是社会事务的管理分类，相互之间平等，不存在谁高谁低，谁先谁后的问题。公法中的私法问题按照公法处理，私法中的公法问题按照私法处理，应当成为中国法治的一个基本原则和衡量中国法治水平的主要指标。由此而言，公法只能在中国《民法典》内部影响民事权利、义务、责任。原则上，只有中国《民法典》明文规定的公法规则才能作为处理民事纠纷的依据，如物权编的国有资产监督保护规则。中国《民法典》中的"法律、行政法规另有规定者除外"条款，必须由立法解释或司法解释指明是哪一个法律中的哪一条才能适用民事案件。民事裁判任何情形都不得直接适用《民法典》之外的公法规则，更不能以公法思维和公法价值取向减损民事权利、义务、责任。征地拆迁必须回到民事诉讼之中，征地拆迁是否符合公共利益必须依照中国《民法典》价值取向和规则加以判断。先刑后民必须明令废止，即便商业活动要素涉嫌犯罪，也只能定罪后依照中国《民法典》价值取向和规则审查是否影响民事实体问题。

第二，强化立法解释的职责和限制司法解释的权限。无可否认，《民法典》有部分缺陷。成文法常有的缺点，术语不清、定义混乱、规则空洞、制度漏洞、价值冲突等，在《民法典》都不难找到例证，但不能由此贬低其地位和作用。司法裁判不能以有违公平正义为由拒绝适用有缺陷的规则，更不能另行寻找《民法典》之外的规则或相反的理由来否定有缺陷的规则，现代社会不能牺牲社会的核心价值追求个别的公平正义，成文法的价值和功能毫无疑问是中国法治的核心。对有缺陷的规则，应通过判例研究和学理研究充分展现其缺陷、成因和可能的补救对策，由立法作出相应的修改。基于《民法典》不轻易修改的历史经验，立法解释应该成为中国《民法典》的日常纠错机制。

立法解释在中国比较罕见，这不是因为中国成文法精细到了无需立法解释的程度，而是因为立法机关一直忙于新的立法。《民法典》为大规模立法画上了句号，立法机关已有时间和精力以立法解释的方式对现行法律精雕细琢。立法解释本质上就是立法，有权对现行法律作扩大解释、缩限解释、相反解释等实质性修改，而且立法解释最了解当时立法预期和实施效果之间的差距，其实质性修改一般不会出现越改越糟的情形。立法解释不是立法机关可有可无的活动，而是一种必须履行的职责，中国《民法典》的立法解释应列入立法机关每年、每届的立法规划，有计划有步骤地展开，以免立法解释出现随意和懈怠。

中国的司法解释一直有重要影响，现行法律极少没有司法解释，越是重要的法律，司法解释的数量越多、分量越重。有的法律条文甚至没有司法解释就无法实施，如《公司法》的损害公司股东利益之诉。司法解释对中国法治贡献巨大，中国《民法典》的很多条款源于《民法通则》《物权法》《合同法》等司法解释。但是，司法解释具有自身不可克服的固有缺陷，对中国法治的损害同样不可小觑。30年前笔者的《论中国司法解释》指出司法解释的五个问题，迄今为止，基本解决的只有司法解释须经最高法院审判委员会通过实施。司法解释是少数裁判者对现行法律和具体案件的理解，客观上难以全面、深刻把握立法本意，主观上不免有方便裁判的功利性动机，因而重心总是落在眼前利益、局部利益上，与其所解释的法律极易发生内在冲突，如《婚姻法司法解释（二）》第24条对婚姻法的扭曲。司法解释就是司法解释，不能有任何立法的功能，必须与立法本意一致。大于或小于立法本意的司法解释即便有一些具体的积极效果，本质上也是在挖成文法的墙角。因而，应谨防出现与立法本意不符的中国《民法典》司法解释。

第三，建立约束抽象行政行为减损民事权益的司法审查机制。行政诉讼是现代法治约束公权力的基石。从无到有，中国社会的行政诉讼不断增长，在防止公权力任性上取得了瞩目的成就，但行政诉讼的对象限于具体行政行为，不包括抽象行政行为。中国行政法学通说抽象行政行为不可诉，只能依赖行政机关的自律和自我纠错，抽象行政行为事实上成为法外之地。抽象行政行为与具体行政行为一样减损法人和自然人的民事权益，但能量和烈度远远不是具体行政行为所能比拟。政府部门大笔一挥，高速公路节假日免费通行，政府请客、企业买单，如此不正当也不合法的抽象行政行为已持续七年。

抽象行政行为减损民事权益的本质是：以某种公共利益为由牺牲一部分法人、自然人的民事权益，或者牺牲全体法人、自然人的一部分民事权益。就其本质而言与征收没有任何区别，只不过这不是一次性和个别性的征收，而是持续性的普遍性的征收。中国社会已将一次性和个别性的征收纳入法治的轨道，举轻明重，没有任何理由允许或放任持续性的普遍性的征收游离于法律之外，没有任何理由指望或信任征收主体在巨大的利益面前能够自我约束。减损民事权益的抽象行政行为必须纳入法治的轨道，不然，长此以往，《民法典》赋予法人和自然人的民事权益一定被抽象行政行为蚕食得七零八落。

既然行政法不愿插手抽象行政行为，由《民法典》出面约束减损民事权益的抽象行为理所当然，这既是因为减损民事权益的抽象行政行为事关《民法典》的尊严和核心利益，也是因为有"黑洞"

的法治不是真正的现代法治。抽象行政行为不针对具体的法人、自然人，按照现行民事诉讼法难以启动民事诉讼，可以司法审查的方式约束减损民事权益的抽象行政行为。立法机关应该尽快在立法解释中或以专项决定建立司法审查机制。民事权益因抽象行政行为减损的任何法人和自然人，均可提起司法审查，法院依据《民法典》征收的规则审查后分别作出维持或撤销的裁定。

（原载《探索与争鸣》2020年第5期）

立法应填补明码标价的
制度漏洞

商品或服务明码标价，限制经营者随意要价，为消费者认识和购买商品或服务提供价格基准，是维持市场信用和交易公平的重要制度之一。我国《消费者权益保护法》（以下简称《消法》）第十九条第三款规定："商店提供商品应当明码标价。"《价格法》第十三条也规定了明码标价并在第四十二条规定："经营者违反明码标价规定的，责令改正，没收违法所得，可以并处五千元以下的罚款。"

但是，《消法》没有规定相应的法律责任，《价格法》的罚款上限为区区五千元，《价格法》第十三条第二款还特别规定："经营者不得在标价之外加价出售商品，不得收取任何未予标明的费用。"由此可见，《消法》和《价格法》的明码标价规定所要解决的问题仅限于经营者是否明码标价。经营者只要明码标价，就基本符合《消法》和《价格法》的规定，除非在标价以外加价或收取费用，否则就不会有明码标价上的违法行为。

然而，明码标价的制度价值并不在于是否明码标价，而在于为交易双方提供具有市场信用的价格基准，确保交易的公平合理。我国现行法律只着眼于是否明码标价，不管明码标价是否真正具有价格基准的作用，使得明码标价失去实际意义。经营者只需将价值百元的商品或服务标价为千元、万元甚至更高，就能达到与不明码标价同样的目的，因为消费者根本无法判断标价是否合理，标价有等于无。更为糟糕的是，经营者还可利用虚高的标价诱导消费者以标价或标价为基础成交，从中渔利。任何一种商品或服务，只有极少数内行的消费者了解商品或服务的内在价值和合理价格，绝大多数的普通消费者对商品或服务价格的判断首先受明码标价的引导和影响。在标价几千元实际成交价为几百元的时装面前，普通消费者对价格的合理性根本没底，只能凭感觉讨价还价，一旦标价虚高得离谱，无论有多强的讨价还价能力，也不免挨宰。

这是明码标价的制度漏洞，一个足以让明码标价由善变恶的法律漏洞，一个足以摧毁整个市场信用和公平秩序的法律漏洞。我国市场很少出现商品或服务不明码标价的情形，这不是因为我国经营者普遍遵纪守法，而是因为经营者普遍发现了明码标价的制度漏洞，如鱼得水地追逐这个漏洞产生的制度红利。

我国市场上，除了政府定价和政府指导价，几乎没有哪个市场调节价的标价不是虚高的，几乎没有哪个市场调节价的标价是不可以砍价的，虚高标价私下打折已然成为市场的基本交易方式和交易习惯。许多行业如服装、家具、工艺品的标价为实际成交价的数倍，已是公开的秘密。最为离谱的可能是珠宝行业的翡翠标价，标价十万、百万的翡翠完全可能一折左右成交。在这样的交易方式和习惯下，消费者不可能相信经营者的广告或承诺，客观上倾向于将经营者视为奸商，诚信为本难以立足。消费者进行每一笔交易都必须尽力砍价才能使自己少吃亏，十三亿中国人都在努力砍价，由此无端增加的时间和人力交易成本严重拖累市场经济。

这个制度漏洞必须予以填补，而填补的责任就在《消法》身上，因为虚高标价私下打折的本质是侵害消费者的合法权益。价格是有关商品和服务的重要信息之一，虚高标价扭曲商品或服务的真实价格，是一种由经营者控制的虚假信息，侵犯消法第八条规定的消费者知情权。价格信息虚假，使得消费者很难在价格上比较商品或服务的优劣，侵犯《消法》第九条规定的消费者对商品或服务的自主选择权。同样的商品或服务，有的按标价成交，有的按标价的几折成交，完全取决于始终掌握价格底牌的经营者和不知情的消费者之间的博弈，侵犯《消法》第十条规定的消费者公平交易权。虚高标价私下打折其实就是经营者利用消费者对商品或服务价格的知识缺陷从中牟取不当利益的一种圈套或骗术，根本违背《消法》第四条的规定："经营者与消费者进行交易，应当遵循自愿、平等、公平、诚实信用的原则。"

目前，正值修改《消法》之际，立法机关应当将填补明码标价的制度漏洞作为修改的主要内容之一，彻底治理虚高标价私下打折。建议《消法》增加规定："经营者不得低于标价销售商品或提供服务，但公开告示销售或服务折扣的除外。经营者低于标价销售或服务的，必须在媒体或营业场所公开告示销售或服务折扣，确保同一时间段的消费者以同样的价格消费商品或服务。"市场调节价是经营者自主定价，法律不能限制经营者标价，标多少价是经营者的权利，只要不是私下打折，经营者将面临要么标价过高无人问津，要么降价到合理价位的选择。公开打折是公开的降价信息，本身就化解掉虚高标价，只要卡死私下打折，也就恢复了明码标价的价格基准功能。

同时，建议《消法》从两个方面确定违反明码标价的法律责任。一是强化不明码标价的处罚。禁止虚高标价私下打折，可能迫使经营者选择不明码标价。若依《价格法》的不明码标价罚款标准，经营者的违法成本过低。为此，建议《消法》规定："经营者不明码标价的，责令改正，没收违法所得，并处20万元以下的罚款。经营者因不明码标价被三次处罚的，依法吊销营业执照。"二是明确私下折扣的处罚。私下折扣破坏市场经济的正常秩序，有关政府部门有权依法查处。私下折扣损害消费者合法权益，消费者有权举报和索赔。为此，建议《消法》规定："严禁经营者以私下折扣销售商品或提供服务。经营者以私下折扣销售商品或服务的，责令改正，并处20万元以下的罚款。消费者可以向经营者主张同一时间段的最低销售或服务价格，要求经营者退还实际成交价格与最低销售或服务价格的差价，并有权要求经营者承担消费者维权的费用和损失。"

明码标价在市场经济法制中是一个很小很具体的问题，但直接涉及市场经济的基础和原则，涉及市场经济活动的理念和方式，涉及广大消费者的切身利益，应该得到社会和立法机关的关注和重视。

（原载《光明日报》2013年10月10日）

法务纵横

坚守公正

执法是共和国的一个神圣职业，因为执法是在维护社会公正。

让每一个人都得到公正对待，是人类永恒的追求。人类社会的存在与发展有赖于人们的相互合作，而人人都有同等的天赋权利，由此引申出人类社会最高的组织原则——社会公正。由于人类个体差别的存在和私有制出现后群体利益的形成，社会公正对于一部分社会成员而言经常是可望不可即，为了让社会公正成为普遍现实，人类选择了法律。"法者，去不平也"，我们的祖先正是在这样的意义上创制了象形的"法"字，奠定了法与公正的逻辑关系，因此，执法也就成为实现社会公正的根本途径和手段。在人类相当长的时间内，愚昧和专制扭曲了执法的实际功能，尽管如此，执法在人们的心目中仍然是社会公正的象征，包青天的传说几乎无一例外地叙述着社会公正。现代社会的法律日益文明化、科学化，尤其在消灭了阶级差异和偏见的中国，法律日益成为社会公正的根本标准，因此，公正执法是共和国执法的最高职业要求，是共和国执法者职业生命的灵魂。

然而，我们知道，公正执法在实际生活中并不容易。人类本身有许多天性的弱点，在欲望和需求之间，演绎出许多人类特有的恶习，使得人类社会至今充斥着形形色色的邪恶。权力、金钱和美色可以影响执法的过程和结果，以致于应有的公正荡然无存，这样的事例我们已听得太多。无知、自负和偏执可以影响执法者的良知和能力，以至于公正失去原有的意义，这种事例我们也不陌生。执法者也是社会中的一员，社会角落之发霉发臭的尘埃，同样会散落在执法者的生活与工作的空间。是否掸去而变得一尘不染，取决于执法者能否坚守公正这样一个信念，这样一条底线。

坚守公正，意味着要以党和人民的利益为重，执法为公，执法为民。共和国中，没有哪一种权力能像执法权力那样直接决定人的身家性命，必须慎而又慎地运用。一纸搜查令或逮捕令，定使一个或数个家庭失去欢笑；一个不予立案或不予起诉的决定，或许会使受害人永远处于黑暗之中。这样的责任是何等的沉重。刑讯逼供可以凭空制造一个假案，玩忽职守可以随意放过一个罪犯，得失全在于执法者的良知，若无公心，必然是权力滥用。执法权力很大很重，总有人想将其变为商品，只要执法者有丝毫动机，执法就会堕落为一个肮脏交易。无论是为名为利还是为情，都将彻底改变执法者的人格和价值。为了立功炮制贩毒大案的缉毒能手、为了义气成为黑保护伞的检察干部、为了钱财而枉法裁判的审判人员，他们在铁窗内一定会领悟为什么执法不能沾有任何私利。

坚守公正，意味着要严格依法办事，不偏不倚，不枉不纵。以事实为依据、以法律为准绳是共和国执法的基本原则。事实是什么？是一个又一个形成链条相互印证的证据，没有证据就没有事实，证据不足等于事实不清。法律是什么？是用于衡量是非曲直的尺度，一个案件可以有一百个定罪或辩护的理由，只有法律层面上的理由才成其为理由。证据第一、法律唯一，才能保证执法经得起历史检验。执法大多是一个事后取证和定性的过程，重现案件事实并作出法律判断的每一个环节都不允许有根本性失误。一个执法者，是否有过这样的经历：因调查过于困难而草草了事？屈从于领导意见而放弃自己判断？畏惧权势人物而中途收兵？如果有过，就可能有了错案，也许是将一个无辜的农民定为了杀人凶手，也许是让祸害一方的骗子逍遥法外。一个错案，是执法者职业生涯上的一个污点，一个无法用加倍的汗水洗刷的污点，因为在错案中受苦受难的公民永远不会忘记是谁给他带来灾难。执法者没有权利对自己的执法生涯作三七开的评价。

坚守公正，意味着要有特殊的意志和能力，长于自律，勤于学习。公正执法须有常人所无的理智与自制。对手百般狡辩或气焰嚣张时，能否不怒？罪证令人发指或卑鄙下流时，能否不憎？对受害者的同情和怜悯，能否止于审讯室门口？执法权力一旦与放纵的情绪结合，就会产生魔鬼般的破坏力，使得执法远离事实与法律。情绪化的执法不具有正当性和妥当性，这就是我们摒弃“不杀不足以平民愤”之类用语的理由。公正执法不仅仅限于个案的范畴，个案的公正与同类案件的公正，程序的公正与实体的公正，法律的公正与道义的公正，这中间有许多错综复杂的关系需要协调、选择和处理。能否正确认识和把握，离不开执法者的职业素质。宽阔的知识面和扎实的专业功底，敏锐的洞察力和快捷的应变力，科学的方法论和严密的逻辑思路，是公正执法的必备条件。执法者必须是一个专家。

　　坚守公正确实不易，但在共和国的国徽下，我们必须坚守公正。

（原载《公诉人》2003年第8期）

合理调节法院
受案范围

　　2008年，全国法院受理案件1071万余件，2009年增长到1137万余件，2010年上半年又达541万余件，连续三年超千万几成定局。案件大量涌入法院，显示了法院在解决社会矛盾和纠纷中的作用，同时也给法院带来了沉重压力。我国法官人数自2005年以来一直在18.9万至19万之间，2005年审结了837万件，2009年审结了1054万件，一些地方法院已出现一个法官年审400件的实例。理论上，可以增加法官人数应对法院受理案件数的增长，但实践上，法官人数不是想增加就能增加的。因此，不断增长的案件总量有可能压垮法院，使得法院裁判失去应有的公平、权威和效率。面对法院受案增量年百万件，我们必须清醒认识到法院并不具有无限容纳案件的能力。

　　一般而言，社会和经济的发展，尤其是社会转型时期新的社会矛盾和纠纷的产生，使得法院受案数呈现上升趋势。但这并不能完全解释我国法院受案数超千万的现象。众所周知，我国法院受理案件是有范围的，依照有关法律和最高法院司法解释，许多纠纷不属于法院审理的范围，朱景文教授估计法院不受理的纠纷可能不下于受理数。这就意味着，受案数量的多少和增长率在相当程度上取决于立法者和最高法院对纠纷是否应由法院审理的考量和判断。物权法确立个别业主对业主大会决议的诉讼权利，为法院增加了一类新的案件，而征地拆迁纠纷基本上不由法院受理，对法院受理数的影响显而易见。我国法院受理案件范围是不同时期基于不同考虑形成的，而且从无已属法院受理的案件被调出法院受理范围的先例，因此，法院受理案件的现有范围未必都是科学的、合理的、符合现实生活需要的。由此而言，有些该由法院审理的纠纷，可能不在法院受理案件的范围之中，而超千万的法院受理案件中，可能有许多其实不必由法院审理的。

在法院不堪案件重负的条件下，合理调节法院受案范围应该是司法改革的重要任务之一。哪些纠纷由法院直接或间接处理，哪些纠纷交由法院以外的部门或机构处理，实际上就是如何定位法院的功能和任务。立法、司法、行政的职能划分，给人们法院应当而且有权审理一切社会纠纷的错觉，事实上，法院在任何时代、任何国家都只能审理一部分社会纠纷，因为设立法院和法官不可能在数量上没有节制。法院只能审理那些非由法院审理不可的社会纠纷，或者说，社会纠纷必须依赖法官专业和法院权威才能得到公正处理且具有重要社会意义时，才应由法院审理。而且，还必须考虑法院承受案件的能力，在法院无法承受所有该由法院审理的社会纠纷的前提下，也只能选择相对更重要的社会纠纷。因此，社会纠纷是否具有重要社会意义、法官专业知识对社会纠纷的公平处理是否举足轻重，法院是否有足够的审理能力，这三者应该是界定法院受案范围的基本依据。

举例而言，是否所有的民事案件都该由法院审理，就值得研究。2009年上半年法院受理的民事案件为335万余件，约占总受理案件的61.9%。虽然没有标的额分类统计，但经验可以告诉我们小额案件会占相当重的比例。2009年法院一审审结的合同纠纷中，借款纠纷100万件，几乎占了四成。如果立法规定法院不受理一定标的额例如100万以下的案件和借款案件，而是交由仲裁机构仲裁，法院就能腾出人手受理征地拆迁这类聚集当今社会矛盾焦点且事关民生和党与政府形象的社会纠纷。这可能会遭受质疑，因为不符合法院对民事案件当然管辖的一般诉讼观念和大陆法国家法院传统。但一般诉讼观念和大陆法国家的传统其实都不是我们必须遵循的圣经。从我国实际出发，将一部分民事纠纷分流到法院以外的纠纷解决机构，只要制度设计得当、能产生积极务实的效果，就是合适可行的，而且也符合社会纠纷不可能都在法院内解决这一人类社会的普遍事实。

问题只在于我们的思想能否冲破一些固有观念和习惯的羁束。改革开放以来，我们吸收了西方法治的有益经验，也深受西方一些未必适合我国社会的理念影响。当一些学者和媒体津津乐道于一元官司，我们不能忘记中华民族传统上不是一个好讼的民族，好讼也不是一个民族的优良品质。我们不能忘记一元官司所耗费的司法资源和成本，司法应该是社会不得不付出但不能不节制的活动。我们不能忘记法治的目的是构建和谐的社会，诉讼只是法治的一种手段而不是法治的标志。将一元纠纷留给法院以外的机构处理，将有限的宝贵的法院资源用于重要的社会纠纷，不鼓励没有必要或意义不大的诉讼，应该是社会主义法治理念的重要组成部分。

因此，法院受案范围应该具有相对的可变性。在法院受案能力足够时，法院受案范围相对稳定并可以扩大。在法院受案能力不足时，可以依照一定的法律程序将那些相对次要的案件调出法院受案范围。当然，法院的受案能力与法院内部的办案效率也有关系。在法官人数不变的前提下，办案效率的提高可以使得法院承受更多的案件。许多学者提出的我国法院审理案件应扩大使用简易程序、简化一般程序、强化调解、引进非讼程序等，都值得参考。

（原载《中国审判》2010年第9期）

中国需要什么样的
错案追究

河南法院拟探索法官判错案追究院长责任。这不是新招，2001年，最高法院就印发过《地方各级人民法院及专门人民法院院长、副院长引咎辞职规定（试行）》的通知。

不过，这个通知好像从来没有被各级法院当过真，一是因为有专家指责违宪：依照宪法，上下级法院是业务指导关系，不是领导关系，上级法院没有权力规定下级法院院长是否引咎辞职；二是法院的错案层出不穷，较起真来，估计法院院长的岗位风险比安监局长能高上百倍，全国万名以上的院长、副院长，一年下来，每天辞职几十个还不一定排得过来。

错案是中国法院的顽疾，最高法院和河南高院的领导为此痛心疾首，力图革新，值得敬重。确实，司法公正是社会正义的最后一道防线。从这个意义上说，任何追究错案的努力都有其正当的动机和目的。

问题在于方法、手段、途径是否正当和恰当。

追究错案的责任，无论是追究法官个人还是追究法院院长，都必须在法律轨道内进行。依照现行法律，上级法院对下级法院没有法官和院长的人事管理权，上级法院对下级法院也没有审判管理权。上级法院与下级法院只有案件审级的关系，只有在坚持各自独立审判基础上的业务指导权。因此，只能由同级人大出面追究法官和院长的错案责任。最高法院的通知可以理解为对错案责任零容忍，也可以理解为是内部消化错案责任，排除同级人大的权力。当然，同级人大不作为可能是最高法院越代俎代庖的原因之一，但这不是正当的理由。如果最高法院不能依法约束自己，还能指望各级法院和法官依法办事？中国司法改革一直是法院系统内的行为，这种拒绝外部参与和监督的改革不仅违法，而且注定失败。司法体制是国家权力分配的结果，法院无权自行改革，也不可能超越自身利益自我改革。

追究错案责任，无论是最高法院还是河南高院，都必须解决错案如何认定的问题。河南的天价逃费案、眼花法官案都是公认而且追究了责任的错案，但均系媒体曝光所引发，似乎没有哪个错案是法院内部认定而且进行责任追究的。中国法院普遍流行以改判率为重要权重因素的绩效考核，然而，一审判决被二审撤销或改判，一审判决一定是错案？在没有证据证明当然也没有理由相信上级法官的清廉和能力高于下级法官的背景下，以二审或再审判决作为错案的判断标准非常荒谬，这将促使下级法官在判决前取悦于上级法官从而使得现行的二审终审制、再审制徒有虚名。为此，河南高院准备成立案件质量监督评审委员会，聘任一批专家型法官作为评审员。可这依然属于法院内部消化错案责任，必然在案件是非争议和法官人情中流产。

追究错案，本质上是追究法院和法官的不当审判行为，不能指望法院和法官的自律。法院内部的追究错案的机制和举措至多具有象征意义。最高法院和河南高院肯定不是叶公好龙，不妨请求和推动同级人大建立常规的案件评议机制。人大内务司法委员会设立案件评议工作办公室，每年聘请与本地法院无业务关系的国内知名的律师、退休法官、法学教授数人组成评议小组，随机抽查数个案件，对案件进行证据、程序、法律适用的审核和评议。评议小组每个成员独立评议、实名评议，评议意见上网公开。评议意见不作为案件对错的标准，是否再审由法院自行决定，但列入每年人大讨论法院工作报告的主要内容和人大任免法官和院长的主要参考因素之一。

这样的机制合法，而且具有震慑力。对法官而言，一辈子可能只抽中一次，但一次就可能毁了一生，不能不谨慎判案。对院长而言，年年都得过关，不能不将注意力集中到案件质量上。阳光下才有公正，追究错案也不例外。

（原载《法治周末》2012年7月19日）

控制法官私利是司法改革的核心问题

党的十八届四中全会决议确立了司法改革的基本路径和重大措施，在具体落实的过程中，应重点控制法官的私利。现在，法院系统普遍将司法不公、司法腐败归结于地方党政领导插手干预案件。地方党政领导干部插手干预案件无疑是重要原因，但不是唯一原因。实际上，大多数司法不公、司法腐败的案件是法院内部人员包括院长、庭长、主审法官等的私利造成的。即便是地方党政领导干部插手干预的案件，也须借助于法官的私利：保官升官、相互利用、搭车寻租。毋庸置疑，法官私利是司法不公、司法腐败的根本动力。

司法公正说到底是法官公正，没有公正的法官绝无公正的判决。因此，司法改革应紧紧抓住如何确保法官公正这个龙头。已经开始的法院去行政化、去地方化的改革，致力于为法官提供独立审判的制度环境，以期最大限度地解除法官公正审判的后顾之忧。这一改革能否取得预期的司法公正效果，取决于能否控制法官私利。没有监督的权力必然导致腐败，这同样适用于法官权力。赋予法官独立审判的权力必须同时建立防止法官滥用权力的机制，否则，审判独立将导致更为普遍、更为严重的司法不公、司法腐败。在这个问题上，只有法官的错案追究这样的事后控制是远远不够的，必须拔掉法官以案谋私的根子。在此，提出三点建议供有关领导部门决策参考。

1. 建立法官年资晋升和相对高薪的制度。法官是一个需要阅历、经验和社会尊重的职业。年资高的法官，阅历和经验丰富，理应受到社会尊重。职级和年薪是反映法官阅历、经验的价值和赢得社会尊重的不可缺少的标志，很难想象，当事人会对一位即将退休而且模样寒酸的科员法官肃然起敬。法官应该有与其年资相匹配的体面，这种体面是法官追求法律公正和珍惜自身声誉的重要动力，是法官群体成为社会良心的基本条件。高薪确实未必养廉，但低薪基本无廉，这是生计问题，不必费理论口舌。法官只要不违法违纪，有相应的专业能力，勤勉办案，应按时晋升。中院以上法官退休时应升到厅级，基层法院法官应升到处级。法官专业要求高，办案工作重，年薪比同级公务员的工资至少应高一倍。法官是社会公正的最后一道守卫者，社会在法官身上投入理应多一些，其他公务员不应攀比。而且，全国法官人数约20万，相对高薪的总成本并不高。

2. 建立法官个人和家庭财产透明的制度。法官之所以公正，最重要原因是没有见不得人的私利。法官个人和家庭财产透明是唯一证明法官清廉的方式，也是法官不想贪、不敢贪的制度约束。法官个人和家庭财产的变动都在众目睽睽之下，不法私利很难隐藏。给予法官高薪和彻底公开法官个人和家庭财产是一个硬币的两面，唯此才能培育出公正无私的法官。各级人大应设立专门委员会接受和核查法官申报个人和家庭财产，公众应能随时查阅法官个人和家庭财产状况。严格的现金管理是狙击受贿、偷税、洗钱的利器，应规定法官收支超过2000元必须转账，法官和家庭成员每次使用现金超过2000元，必须在财产申报时说明并作出合理解释。法官不申报或不如实申报家庭财产和现金收支应为罢免法官职务的法定理由。案件不只是当事人私事，判决结果的公平性涉及法律是否得到公正执行，具有社会事件的性质和意义，法官是事实上的公众人物，不存在财产透明损害法官隐私的问题。

3. 建立法官及其近亲属特定行为监控的制度。法官的公正形象，不仅来自公正判决，也来自法官自身品行，品行低下不可能产生公平正义的信仰。法官应该是社会最具有道德声望的群体，社会有权要求法官不从事瓜田李下或低俗的行为，对法官及其近亲属特定行为给予必要监控。应该禁止法官的近亲属从事律师职业，目前只限定法官近亲属不得在法官任职法院从事法律服务，根本不可能阻止法官为近亲属律师谋利。法官的师生、同学、平常来往较多的人员是案件中的当事人或代理人的，卷宗中应有注明这些人员与法官关系的备查说明。应严格禁止法官为当事人推荐律师、为律师事务所站台、出席律师事务所或律师的各种活动。应建立法官特定行为年报告制度，例如，法官出入夜总会、棋牌馆、按摩院等场所的次数，法官购买或出售价格超过1万元的物品清单，法官与他人发生民事借贷等各种经济活动的情况，等等。彻底切割法官与他人非法利益的可能性和强力抑制法官声色犬马的人性欲望，是法官职业的内在要求，无法接受或忍受的可以退出法官行业从事其他职业。

上述建议，一言以蔽之：给法官以足够的体面，对法官以严厉的约束。舍此，任何司法改革的方案最终不免破产。

（原载中国社会科学网，2015年1月7日）

法官自由心证的底线

　　自由心证是赋予法官取舍证据和确定证明力的自由裁量权，即法官针对具体案情，根据经验法则、逻辑规则和理性良心自由判断证据，形成内心确信，据此认定案件事实。大陆法系国家普遍采用自由心证制度，我国也不例外。

　　2001年的《最高人民法院关于民事诉讼证据的若干规定》第64条规定："审判人员应当依照法定程序全面、客观地审核证据，依据法律的规定，遵循法官职业道德，运用逻辑推理和日常生活经验，对证据有无证明力和证明力大小独立进行判断，并公开判断的理由和结果。"2015年2月4日实施的《最高人民法院关于适用民事诉讼法的解释》第105条再次确认："人民法院应当依照法定程序全面、客观地审核证据，依据法律的规定，运用逻辑推理和日常生活经验，对证据有无证明力和证明力大小独立进行判断，并公开判断的理由和结果。"

　　由于我国司法实践确认自由心证的时间不长而且曾有理论争议，许多法官对自由心证知之不多，容易将自由心证简化为法官内心确信，忘却自由心证其实是有底线约束的。内心确信是自由心证的主要特征和表现，但证据的存在和证据与待证事实的关联性是内心确信的来源，因而是自由心证的前提条件，没有证据或者证据无关联性，不能自由心证。内心确信必须基于经验法则、逻辑规则和理性良心形成，因而自由心证的程序和结果本质上是客观的，随心所欲或者无中生有不是自由心证。具体而言，自由心证不可逾越的底线有三：

一是自由心证不能取代举证责任。自由心证是举证和质证以后的活动，当事人举证和质证在前，法官自由心证在后。如果当事人没有举证或举证不足，依照法律规定直接承受举证不能的不利后果，不需要也不应有法官的自由心证。《最高人民法院关于民事诉讼证据的若干规定》第2条第2款"没有证据或者证据不足以证明当事人的事实主张的，由负有举证责任的当事人承担不利后果"。《最高人民法院关于适用民事诉讼法的解释》第90条规定："在判决作出前，当事人没有证据或者证据不足以证明其事实主张的，由负有举证责任的当事人承担不利后果。"实践中时常出现法官以情理、常理等主观判断填充一方当事人的举证空白，并自诩为内心确认，这是滥用自由心证。自由心证必须"依照法律的规定"进行，在一方当事人不能依照《最高人民法院关于适用民事诉讼法的解释》第91条等规定完成举证责任时，只能直接判决其承担不利后果，根本轮不上法官以所谓情理、常理、合理推论和认定案件事实并进而支持该当事人的主张。

二是自由心证不能曲解证据及证明力。当事人对证据及证明力常有争议，但这并不改变证据及证明力的客观属性，自由心证恰恰是为了揭示证据及证明力的客观属性。在证据及证明力清晰的条件下，自由心证其实就是将证据组合成证据链进行逻辑推论。只有在证据及证明力比较模糊的条件下，才需要解释证据及证明力。解释证据必须依据证据内容本身，如书证解释必须与文义相符。文字是人类共同认知的载体，除了极少数词汇，文义具有不以个人意志转移的本质，法官不得以违背或超越文义的方式解释书证。解释证据证明力必须限于证据自身的证明功能，如证人证言只能起旁证的作用。证人认识和表述误差，证人受诱惑或压力，甚至证人本身就是假的，这些决定了法官不得以证人证言作为定案的主要依据。实践中常有法官被当事人或其代理人讲述的故事所感动，以合情合理作为解释证据及证明力的依据，不顾证据内容和证明力的客观属性，这是滥用自由心证。自由心证必须在证据及证明力客观存在的基础上进行，决不能由法官随心所欲地摆弄和取舍。

三是自由心证不能违背社会一般认知。自由心证有经验法则、逻辑规则、理性良心的特征和要求。这都不是指法官的个人体验，而是以社会的一般认知为本位。经验法则即日常生活经验是指一个社会长期共同生活形成的多数人经验，小额或即时结清的交易中没有书面合同符合经验法则，大额而且非即时结清的交易应有书面合同也是经验法则。逻辑规则是人类的共同思维规则，任何违背逻辑规则的推理和结论都是社会所不能接受的错误。理性良心是法官的职业道德所在，法官不能在裁判中掺杂个人情绪和利益，必须以社会公平与正义作为裁判的目的和任务。自由心证不是法官个人的内心确认，而是社会一般认知在法官内心中的反映和作用。实践中常有法官忽略社会一般认知的存在，将自己的阅历和经验当成日常生活经验，以自以为是的方式进行联系和推理，在裁判中注入个人好恶情绪或利益，这是滥用自由心证。自由心证必须以社会一般认知作为内心确认的依据和标准，法官的主观能动性才具有积极的意义。

相比《最高人民法院关于民事诉讼证据的若干规定》，《最高人民法院关于适用民事诉讼法的解释》对证据规则作出了更为具体明确的规定。例如，古罗马举证责任分配原则和罗森贝格的法律要件说虽然是公认的举证责任分配原理和学说，但毕竟没有法律约束力，成为《最高人民法院关于适用民事诉讼法的解释》第91条之后，法官自由心证就必须受其约束。这对于防止法官随意分配当事人举证责任进而随意推论和认定事实具有十分重要的意义。法官的主观能动性和自由裁量权是司法裁判的应有之义，也是司法不公的罪魁祸首，证据规则是除弊兴利的制度阀门。《最高人民法院关于适用民事诉讼法的解释》将在规范法官自由心证的基础上更好地发挥法官自由心证的作用。

但是，也应该看到，《最高人民法院关于适用民事诉讼法的解释》与以往一样，欠缺法官违反证据规则的相应后果。证据规则虽然约束所有的诉讼参与人，但法官掌控着证据规则，只要法官遵守证据规则，其他诉讼参与人不敢不遵守证据规则。因此，证据规则应该重在约束法官。证据规则中，必须有法官违反证据规则的直接法律后果。这可以从两个方面设计：一是案件审理结果予以作废，一律重审或再审。二是法官个人责任追究，依据过失和故意的不同相应给予行政处分直至追究枉法裁判的刑事责任。

（原载《中国审判》2015年第4期）

依法约束法官自由
裁量权

司法改革已启动提高法官待遇和强化独立审判，这是落实习近平总书记"以提高司法公信力为根本尺度"要求的关键一步。独立审判确保司法成为社会正义最后一道防线，法官抗拒各种诱惑和干扰的定力构成独立审判，法官待遇是法官定力的物质基础。同时，我们不能忘记，独立审判能否真正实现社会公平正义，不仅取决于法官有无足够的体面，也取决于法官是否受严格约束。没有严格的约束，法官有机会随心所欲，独立审判极易沦落为司法专横和司法腐败。

法官自由裁量权是最需要约束的法官权力。法官自由裁量权是成文法国家普遍认可的法官权力。成文法是国家以立法的方式预设的行为规则，由于立法的现实生活条件制约和立法者的认识局限，成文法常常出现法律漏洞和规则缺失，立法无法随时修改法律，填补法律漏洞和规则缺失的任务只能由法官在个案审判中完成。即便没有法律漏洞和规则缺失，成文法也会给法官留出一定的自由裁量空间以适应个案差异，例如刑法中许多犯罪的法定刑期是三年以上七年以下。法官自由裁量权还广泛体现在个案证据的认定和解释上，由此形成了著名的法官"自由心证"术语。法官自由裁量权为避免法官成为只会套用法律条文的机器人创造了条件，也为法官提供了任性或寻租的机会。民事案件中，法官随便解释案件中的某一重要证据就可颠倒是非；刑事案件中，法官没有任何理由也可在4年、5年、6年中自由选择。同案不同判在我国相当普遍，不仅出于不同法院，也出于同一法院、同一合议庭，有些甚至出于同一法官。同案不同判严重损害当事人合法权益和司法公信力，但几无纠正和问责，法官自由裁量权这块挡箭牌起了重要作用。

其实，法官自由裁量权从来不是不受约束的权力，不受约束的权力必然腐败是众所周知的公理。十几年前，最高法院《民事诉讼证据规则》第64条在承认法官自由心证的同时就限定了法官自由心证的边界。最近，最高法院《关于常见犯罪的量刑指导意见》将法官自由裁量的要素法定化和定量化以规范量刑。这些努力都值得高度肯定。但是，法官自由裁量权是司法裁判的一个普遍性问题，事关独立审判的生死荣辱，约束法官自由裁量权不能停留在技术层面或事务层面上。从特定意义上说，独立审判和约束法官自由裁量权是一个硬币的两面，没有独立审判无需约束法官自由裁量权，不约束法官自由裁量权不可能有公平正义意义上的独立审判。不在这样的高度上认识约束法官自由裁量权的重要性，不将防止法官滥用法官自由裁量权作为司法改革的一个重点，司法改革不可能完成党和国家确立的预期目标。

约束法官自由裁量权，需要清晰法官填补法律漏洞和规则缺失的权限。法律是否有漏洞和规则是否缺失本质上属于立法范畴，不属于司法范畴，司法裁判时发现法律漏洞和规则缺失，只能找法不能立法是成文法的基本规矩。法官填补法律漏洞和规则缺失，合法的路径有两个：一是在现有法律中引申出相应规则。从现有法律中引申相应规则的结果是确立规则，其功能类似于立法，不在裁判个案的法官权限之内。依据我国宪法，法院系统只有最高法院的司法解释才有这样的权限，即便是首席大法官，也不能从现有法律中引申相应规则。二是为个案裁判寻找类似的规则。寻找类似的规则是在现有法律中寻求裁判依据，是司法裁判灵活运用法律的表现，没有超出司法裁判的范围。目前，法官填补法律漏洞和规则缺失的权限比较模糊，亟待理清。首先必须明确最高法院的司法解释只能从现有法律中引申规则，不能另设规则或解释出与现有法律冲突的规则。同时必须明确各级法院包括最高法院的会议纪要、指导案例、法官个人论文著作不是司法解释，只能提示或指引法官在个案裁判中寻找类似的规则。

约束法官自由裁量权，需要压缩和固定法官自由裁量的空间。我国是历史悠久的成文法国家，改革开放三十多年是我国大规模立法的时期，可是，成文法至今缺乏崇高的地位和权威。在这样的历史和现实背景下，许多法学学者过分推崇法官自由裁量权，罔顾法官自由裁量权的自身风险，是一种危险的选择。成文法是有缺陷，而且还不少，但成文法追求的是确定的、普遍的、持久的、可预期的法律秩序，这是成文法的根本优势。成文法各种缺陷叠加起来的风险，远不如法官自由裁量权失控必然产生的法律秩序混乱。我国法治任重道远，依法治国的首要任务是强化成文法的权威，压缩和固定法官自由裁量的空间势在必行。最高法院的《关于常见犯罪的量刑指导意见》明确规定了影响量刑的因素和每一因素的影响数值，法官只能在法定的影响因素和数值中自由裁量，堪称压缩和固定法官自由裁量空间的典范，应全面覆盖刑事裁判，而且应推广到更为需要、适用面更广的民事裁判。

约束法官自由裁量权，需要设定法官自由心证的底线：一是法官自由心证不能取代当事人的举证责任。自由心证是举证和质证以后的活动，当事人举证和质证在前，法官自由心证在后。如果当事人没有举证或举证不足，依照法律规定直接承受举证不能的不利后果，不需要也不应有法官的自由心证。二是法官自由心证不能曲解证据及证明力。当事人对证据及证明力常有争议，但这并不改变证据及证明力的客观属性，法官自由心证恰恰是为了揭示证据及证明力的客观属性。如果证据及证明力本身比较模糊，有法官自由裁量的空间。但在证据及证明力清晰的条件下，法官自由心证不能不顾证据文义和功能另作解释。三是自由心证不能违背或滥用情理常理。情理常理的规范表述是日常生活经验，所谓日常生活经验，是指一个社会长期共同生活形成的多数人的经验和感受，不是法官的个人经验和感受。法官自由心证不能违背多数人的经验和感受，更不能以法官个人经验和感受作为情理常理。法官自由心证突破上述三条底线中的任何一条，都属于滥用法官自由裁量权。

约束法官自由裁量权，需要建立相应的审查和责任机制。权力和责任不可分离，独立审判必然要求法官对案件终身负责。我国只有一些零散的错案追究规定和案例，远远达不到独立审判的要求。错案和滥用法官自由裁量权还不是同一问题：错案是结果判断，滥用法官自由裁量权是过程判断；错案的原因多种多样，滥用法官自由裁量权只是法官原因。滥用法官自由裁量权可以导致明显的错案，也可以导致面上不明显但性质恶劣的后果。最高法院司法解释偏离或否定法律、各级法院的指导意见等制定有普遍适用效力的规则、上级法院的案例作为个案裁判事实上的依据，都是违反宪法的行为。法官自由心证信口开河、指鹿为马、李代桃僵，都是挖法治墙角的行为。因而，除了外部监督以外，我国法院应有滥用法官自由裁量权的自我发现和自我纠正的机制。司法解释和各级法院指导意见应有合法性审查机制，这可以成为最高法院应用法学研究所的主要工作；司法裁判的过程和结果应有法官滥用自由裁量权的投诉机制，这可以成为各级法院纪检部门的重要工作；各级法院应定期、随机抽查个案提交无利害关系的专家学者评议，这可以成为各级法院研究室的日常工作。一旦确认滥用法官自由裁量权，应予以相应的党纪、政纪处分，徇私枉法构成犯罪的追究刑事责任。

重结果不重过程的不良思维至今笼罩着我国司法和法学，以至于滥用法官自由裁量权问题几乎被遗忘，司法改革必须扭转这一局面。

（原载《学习时报》2017年5月3日）

判决是法官良知与能力的
镜子

广西一少女在超市受到脱衣凌辱，提起民事诉讼，一审获赔精神损害1万元。因其索赔额为60万元，法院判决由受辱少女承担绝大部分的诉讼费用，两相抵充，尚需倒贴200余元。一审判决依据最高法院有关诉讼费承担的规定，底气似乎很足。以承担诉讼费用的方式限制当事人滥提诉讼请求，这道理也能摆上桌面，但明眼人都清楚，这是极为不公的判决。不仅如此，在客观上，该项判决还引导人们怀疑原告及其律师的诉讼动机乃至于人品，有为天下动辄打官司者戒的意味。

我认为，问题出在法官的良知与能力上。

法官是一个寻求和实现公平与正义的职业，法官的良知与能力，集中表现在孜孜不倦地追求公平与正义。一个判决，是一面显现法官良知与能力的镜子，无论事前事后如何解释，判决摆在那里，白纸黑字，谁都能分析。尽管说，现实生活中，法官寻求公平与正义殊为不易，一个不公判决，总能找到不可归咎于法官的原因，但是，法官是否作过追求公平与正义的努力，是否有能力作这

232

样的努力，还是看得出来的。法官进行了力所能及的努力仍无可奈何，可以谅解。但对公平正义持以冷漠，对不公判决无所痛心，甚至将法律玩弄于股掌之间，很对不起法官肩上的一对天平。黎民百姓将法官视为公平正义的化身，是何等崇高的信任和荣誉，法官岂能不报以应有的良知与能力？本案曝光后，人心向背相当一致，没有任何压力和干扰影响法官主持公道。令人大跌眼镜的判决，至少说明法官没有弄清案中的一些基本问题。

一是如何看待60万元的诉讼请求。判决显示，法官认为该诉讼请求过高而且不当。精神损害赔偿，国家和广西均无上下限规定，法官认为过高，未尝不可，但过高是法官的主观判断所致，而非出于法律规定或社会公理，不能因此定性为不当，更不能将此归为滥用诉讼权利。当事人事先没有与法官商量，怎么知道法官心目中多少才恰当？！法律没有规定对照参数，不管是6万、60万乃至600万，都不存在高不高、当不当的问题。当事人提多提少，没有法律标准衡量，都是合法的正当的行为，对此，无论是法律或法官，都不应加之于法律责任。表面看来，受辱少女之所以得不偿失，是最高法院的规定所致，其实不然，假如法官判赔的不是1万元而是60万元，会出现这种情形吗？由此可见，根本原因还在于法官明显失当的自由裁量上。

二是如何看待1万元的判赔额。孤立地看，不能说不当，但将其与受辱少女承担的诉讼费用联系起来，就不能说这种结果正当。就算让受辱少女承担全额诉讼费用是为了严格执法，为什么就不能判赔2万元、3万元，使受辱少女在支付诉讼费用以后尚有结余以抚慰受伤的心灵？法官有什么理由认死只能判1万元而不能判2万元或更多？广东地方立法规定精神损害赔偿至少赔5万元，上海高院规定精神损害赔偿至多赔1万元，两地均为中国的发达地区，在精神损害赔偿上理解差距如此之大，没有谁说也没有谁能说是广东对还是上海对，这就说明精神损害赔偿不是一个必须这样判不能那样判的领域。判1万可，判2万也可，判更多一些也不是不可。明明看到判1万元会使受辱少女赢了官司倒赔钱，不选择其他也属正当合法的赔偿金额以避免不公结果的出现，这恐怕不只是一个能力问题了。

三是如何看待诉讼费用的承担责任。受辱少女的律师提出人身侵权案件不应适用财产案件诉讼费用承担的规定，应按侵权行为的过错确定诉讼费用的承担责任，颇有道理。让负有全部过错的侵权人承担全部诉讼费用甚至包括受害人的律师费用在国内外都不是奇闻。受辱少女该不该按财产案件承担诉讼费用，一时难有定论，暂且放下，就算原告该如此承担，法官就没有其他合法的救济措施予以补救？如前所述，提高判赔额是一种选择，如果认为这样对侵权一方不公平，法院不妨按实际判赔额计算诉讼费用。即便法院不愿开按判赔额计算诉讼费用的口子，也有诉讼费经法院许可减免的法律规定。律师可以提供法律援助，法院为什么非要收足诉讼费用不可？一个案件，到头来只有法院得钱，对法院至少没有什么形象上的好处。

说来说去，公与不公，存乎于法官之心。同样的法律，在不同法官手中常有不同效果，起作用的是法官的良知与能力。切莫相信什么"情理是情理，法律是法律"之类的虚言，仿佛是因为严格执法才造成结果的不合情理。情理与法律，其实一脉相通，真正冲突到水火不容地步的，极为罕见。绝大多数情况下，只在于法官有无足够的良知与能力把握法律旨意和法律与情理之间的内在联系。目前，要求扩大法官权力的呼声颇高，少有人提及法官的良知与能力，这十分危险。一个社会，无论腐败多么严重，只要还有司法公正，就不至于绝望，而司法公正，从根本上说取决于法官的良知与能力。因此，司法改革的首要任务是提高法官的良知与能力，树立法官在社会上的公信力，而后才可考虑法官的自由裁量权。

（原载《法学评论》2000年第5期）

司法改革应直面
常识挑战

　　十二届全国人大常委会第三十次会议上，最高法院院长周强报告人民法院司法改革取得重大阶段成效，法官员额、立案结案、庭审执行、错案纠防等数据靓丽、实效可观。下一阶段，司法改革面临着如何应对常识挑战进而巩固和扩大改革成效的问题，其中，首要的是如何解决有限的法官与不断增长的案件之间的矛盾。

　　2010年全国法院收案1086万余件，四年后的2014年是1438万余件，2015年5月至2017年9月收案3900万件[①]，基本上每年增长100万件。据有关研究测算，全国法官人数2010年约19.3万人，2014年约19.6万人，2015年21万人，员额制改革后，法官12万余人。7年间，收案数增加约70%，法官人数仅增加近10%，这一方面证明了员额制改革的必要性和成效，同时也产生了法官办案潜力能否一直跟上案件不断增长的疑问。

　　按目前法院收案数，不考虑案件可能上诉和再审的因素，每

---

　　① 参见最高人民法院公报历年的全国法院司法统计公报。

个法官年均约140件。这个数字似乎平淡无奇，有人或许还感到轻松，但这一平均数是以许多基层法官人均年办案300、400甚至500件为基础的。这是因为，一般情况下，最高法院、高级法院的法官没有机会人均年办案140件，中级法院以上的庭长、院长极少能够人均年办案140件，人口稀少或经济落后的基层法院还往往收不到人均年140的案件。案件多少与人口稠密度和经济发展水平相关，多数案件集中在城区尤其是中心城区法院，基层法官人均年办案300件不足为奇。

人均年办案300件，意味着扣除法定节假日，日均办案约1件，需要在1天内完成阅卷、庭审、调解、合议、汇报（有些案件）、判决等，而且一般案件需要三个法官甚至五个法官参与庭审和合议。办案不像其他的计件活儿那样能依赖手脚敏捷或熟能生巧，绝大多数案件千人千面，忽略一个细节、轻视一个证据、听错一句争辩、打错一个名字，都能产生上纲上线的结果，法官必须小心翼翼，即便是几百字的诉状，也是一字一句阅读，不敢一眼而过。办案不像其他的计件活儿只论结果不论过程，所有的环节都有程序的法定要求包括仪式，不能省略、不能淡化、更不能违背，即便是简易案件，也得询问当事人是否申请回避，也得经历法定调查和法庭辩论，也得征询当事人的和解意愿。法官的思维和程序的限制都占用时间，时间有限，日均1案的法官必然处于高度紧张状态，体能和心理都不可能长期为之，这是一个生理常识。

或有人问，美国法官怎么一天能办很多案件？是的，2002年笔者访学美国加州大学伯克利分校，亲眼见到加州一个地方刑事法庭平均20分钟办结3年以下的刑事案件。那个法庭只有一个法官、一个检察官、一个律师和一个书记员；嫌犯上庭，法官核对嫌犯姓名后即问嫌犯是否认罪；嫌犯认罪，法官先问检察官判几年，回答是3年；再问律师判几年，回答是1年；法官没有任何思索状就敲下法槌：2年。法官没有告知嫌犯申请回避、检察官没有宣读起诉书、庭上没有出示和质证任何证据，律师没有发表辩护意见，也没有嫌犯的最后陈述。英美法的重大案件程序复杂，有十年八年搞不完的，但小额案件或轻罪案件的程序没有大陆法那样讲究。大陆法的诉讼程序很费时间，我国的诉讼程序是大陆法模式，再简单的案件也得讲究程序，法官必须交代完该交代的，必须让当事人、律师、公诉人说完该说的，正常情况下20分钟办不了一个案件，这是一个时间常识。

或有人问，法官助理不是分摊了法官大部分事务性工作吗？是的，正因为有法官助理，美国法官能够在20分钟内放心敲下法槌。但我国的法官助理并不能简化诉讼程序，也不能代替法官主持庭审，该有的诉讼程序环节一个都不少，法官助理省不了多少诉讼程序的时间。而且，美国著名律师黄正东先生告知笔者，美国的法官助理有两种：有法学背景的法官助理和行政助理，前者主要由法官自行选任，属于临时工或实习生；后者由法官挑选后由法院聘用或法院公开招聘分配给愿意接受的法官。无论哪一种情形，法官助理不听法官的干不了或干不长，想干下去就得服从法官的指示和要求。我国的法官助理人事上独立于法官，除了党性、自律和友谊外，拿什么确保法官助理全心全意为法官服务？有些法官助理曾是法官的入门导师，法官如何指示法官助理干这干那？法官助理起草的判决书一塌糊涂，法官除了自己重写能有什么办法？法官要对案件终身负责，法官助理没这个责任为何要一丝不苟？不同的制度形成不同利益动机，这是一个制度经济学常识。

或有人问，为何不按照案件的增长率增加法官？是的，随着案件的不断增长，法官人数必然有所增长。但是，法官人数不可能按照案件增长率增长。案件类型不一、法官素质不一、利益纠缠不一，统计学上难以得出案件和法官配置比例的科学结论，忙与闲都只是具体法院和法官个人的状态，能给大面积常态加班的法院增加一点法官名额就已是人文关怀了。案件增长的因素很多，人口的、经济的、社会的、情绪的、制度的等，总体而言，作为发展中的国家，我国的案件增长是至今看不到拐点的客观趋势。相比之下，法官的增长是有天花板的，任何国家的法官都是小众群体，不像警察那样随处可见。我国法官占人口比例，有说高于英国10倍、日本5倍的，也有说低于英国和日本的，不管哪一种说法真实，法官的增长总是有限的，按照近7年的案件增长速度，员额制改革红利耗尽的日子为期不远，法官难以承受工作压力而逃离法官职业的现象将逐渐蔓延，这是一个逻辑常识。

以较少的治理成本满足社会生活需求是人类社会的基本选择，制度安排必然倾向于法官人少事多，从这个意义上说，有限的法官和不断增长的案件之间的矛盾是不能根治的。但法官人少事多须在一个可控的范围内，否则就会出现人少事乱的局面。法官的办案压力能够被常识测试出来，意味着人少事多到了严重失衡的程度。这时需要的不是大道理小道理，而是如何实实在在地释放压力。员额制改革基本用尽了法官的主观能动性，继续加压法官肯定适得其反，因而只能通过改善客观环境和条件控制法官人少事多的风险。

最有效的莫过于控制案件的增长。人与人之间的利益冲突不可避免，社会很难控制纠纷的增长，但纠纷是否转化为案件，取决于法院功能的定位。法院如果是全社会唯一的裁判机关，那么，所有的纠纷都能转化为案件，法院只能依赖不断增加法官、简化诉讼程序、降低办案质量应对案件的不断增长，始终被牵着走。事实上，法院不是也不应该成为唯一的裁判机关，不应该的道理很多很费口舌，仲裁机关的存在足以证明法院不是唯一的裁判机关。笔者在《中国审判》2010年第9期上的《合理调节法院受案范围》中曾提出我国法院只处理比较重要的纠纷，其他纠纷分流给仲裁、行政机关、调解机构，没有引起关注，但这是解决有限的法官和不断增长的案件之间矛盾的根本出路，毫无疑问。司法改革基于司法为民的理念推出有案必立，受案数立即上升30%，如果目前不在法院受理范围的纠纷都转化为案件，结果不难想象。良好的愿望只有符合客观现实才能出现预期的效果，合理控制案件的增长才能真正实现司法为民。立法机关应重新研究法院受理案件的范围，从纠纷的性质、类型、大小入手，合理划定法院受理案件的范围，分流的纠纷交给相应的仲裁机关、行政机关、调解机构裁决。

简化诉讼程序是提高办案效率的必由之路。我国诉讼法是依法治国刚刚开始的产物，程序规范具有特殊的时代价值，而且当时也没那么多的案件，简易程序作为例外也有合理性。现已进入全面法治的时代，有必要重新定位简易程序。如果确定大部分案件适用简易程序，少量重大疑难案件适用普通程序，日均1案就有可能不是法官的重负，当然现有的简易程序也需要调整和完善。简化诉讼程序，可以从两个方面入手：一是基层法院的案件全部采用独任审判，二是基层法院的案件大部分适用简易程序。独任审判没有推诿人民陪审员或其他法官的机会，能最大限度地落实裁判者对案件负责原则。级别管辖制约着基层法院案件的重要度，即便案件因程序简化出了问题，二审完全可以改回普通程序。依照目前的办案压力，法官对自己主办的案件已疲于奔命，能有多少精力关心参与合议的案件？情理上，法官有可能参与别的案件庭审却想着自己主办案件的事。那些仅仅只有仪式意义或名不副实的诉讼程序都应当简化或改革，以免占用宝贵的办案时间。立法机关应重新研究三大诉讼法的价值取向、基本架构和具体制度，力求程序正义和办案效率的平衡。

界定法官与法官助理的关系对案件办案质量和效率相当重要。法官与法官助理的关系不是一个助理概念所能明了的，这涉及法官助理的职责、选任、评价等一系列的问题。法官助理能否办案？法官助理可否主持庭前质证、庭后调解？有无义务帮法官起草和制作判决书？这些都需要在法律层面上明确。法官助理听不听法官招呼？能不能按照法官要求工作？不听招呼、未达要求或消极怠工有什么后果？这些也必须在制度层面上明确。司法改革刚刚完成法官入额的工作，未入额的法官大多转为法官助理，这是司法改革的特殊现象，不应成为法官助理的常态。最高法院应妥善解决现有法官助理的问题，符合法官条件的一律转为法官，不符合法官条件的转岗、调离、提前退休。对于新招聘的法官助理，应明确法官助理为法官服务的性质和要求：一方面，不能让法官助理成为变相的或实际的法官，如果法官助理办案但由法官庭审并签发判决书，实际上是法官成了法官助理的助理，就有一个名义裁判者和实际裁判者谁对案件负终身责任的问题；另一方面，法官对法官助理应有评价权和解聘权，助理事务有粗有细，干得好坏只有被助理的法官才有深切感受，旁人很难体会出法官助理起草判决书是否认真，法官有权解聘法官助理，而且原则上被解聘的法官助理不得在该院继续担任法官助理，法官助理就能成为真正的助理。

上述认识和建议难免招致批评：法院功能、诉讼程序、法官与法官助理体制都是司法制度的宏观问题，为解决法官不堪重负这个微观问题而要求改变宏观层面的制度，有轻重不分之嫌。但是，法官是司法制度的心脏，法官不堪重负必然导致司法制度失去活力，这也是一个常识。国家立法机关和最高法院应将解决法官不堪重负问题作为下阶段司法改革的首要任务。

（原载《人民法治》2018年第4期）

关于住宅土地使用权续期问题的三点认识

温州市一批房屋"20年土地使用权到期"，由于温州市国土局不当言论和新闻媒体的炒作，各路人马纷纷借机露脸，发表似是而非的意见，激化人民群众不满。对此，有关部门应明确三点。

1. 物权法对土地使用权续期的规定明确，没有争议空间。《物权法》第149条规定："住宅建设用地使用权期间届满的，自动续期""非住宅用地建设用地使用权期间届满的续期，依照法律规定办理"。"自动续期"一词并非法律术语，应以汉语一般文义解读。由此，住宅用地无需办理任何续期手续，业主无需申请续期，国土局无需改动土地使用权登记，当然也不存在缴纳续期费用包括补交土地出让金的问题。简而言之，自动续期就是不缴费、不办手续。有些专家建议象征性缴费、对不续期的限制转让等，不是不懂物权法，就是汉语不过关。缴费才能续期，续期才能转让，世上绝无这样的自动续期。

2. 《物权法》起草时的争议背景，不能用来解读自动续期。有专家依据物权立法中考虑过的一些情况，认为物权法的自动续期既没有说要缴费，也没说不要缴费，这是不负责任的。起草时的争议背景应以当时的记录文件为准，即便有，也只是草案的争议背景，最终必须以全国人大通过的物权法文本为准。立法背景只有在法条含义含糊不清的情况下才可作为解释法律的参考，自动续期的含义清楚即不缴费、不办手续，以所谓的争议背景扭曲自动续期的文义，违背法律解释的原则。若认为续期不缴费、不办手续不当，只能呼吁修改《物权法》，不能曲解几千年从无歧义的文字。确定性是成文法的核心价值，概念确定是确定性的逻辑基础，随意解读含义确定的自动续期，有损《物权法》的权威和尊严。

3. 自动续期涉及几亿人民群众的切身利益，不能轻言修改。我的《中国物权法草案建议稿》是当年物权立法中的三个专家建议稿之一，有些问题我比较清楚。自动续期绝非物权立法的一时冲动，而是中国国情的深刻反映，是中国特色社会主义物权法的一大亮点。为地方政府多刨点土地收入，或许是温州市国土局的初衷，殊不知，缴费续期的本质是掏几亿人民群众的腰包，就像重庆、上海的房产税一样，无房的或许旁观甚至期望房价下跌，但只要买了房绝大多数转为反对者。习近平总书记一再告诫全党一切工作必须从人民利益出发，对于得罪大多数人民群众的事情，一定要从政治和大局的层面上慎重决策。至今没有理由和证据可指责自动续期不当，即便有所不当，但《物权法》木已成舟，没有十分重要的理由，没有全国范围的调研，没有人民群众的广泛理解，不能修改自动续期。

如何判别小区公共设施的产权归属

深圳城建开发公司1991年开发的一个小区引来了一场持续20多年的纠纷，官司一直打到最高法院，至今没有定论。案件本身不复杂，深圳城建开发公司作为开发商，组建了城建物业，将小区红线内的三栋大厦的底层架空层作为商铺出租牟利，同时，又将两栋配套小楼作为自己产业办了房屋产权证。业主认为，底层架空层和配套小楼是业主共有财产，开发商的行为构成侵权，因而以业主委员会的名义诉至法院。

本案时间跨度长，2007年《物权法》颁布实施以前，小区产权和物业服务纠纷缺乏明确的法律规则，业主委员会能不能作为原告起诉首先就成为一个问题。直到2006年，在《物权法》（草案）对业主委员会的地位已有定论的背景下，广东高院对本案作出确认业主委员会是适格原告的批复，才使本案有了实质性推进。过分苛求原告的适格性以至于据此推诿许多应由法院审理的纠纷，是中国法院审判的一大陋习，例如，公益诉讼至今因为原告的"格"极端狭窄而无一进入。在国家没有对社会纠纷处理作出分工的条件下，法院作为专业处理社会纠纷的国家机关，事实上负有处理一切其他机关不能处理纠纷的职责，预先设定一个只体现法官意志的"格"拒绝原告的起诉导致许多纠纷求告无门，有违法院职能。原告与纠纷是否有利害关系，本质上是实体问题，应该在审理后作出判断，现在法院普遍在立案阶段做实体性审查，其实是侵害当事人民事诉讼权利，应当引起最高法院的重视。

底层架空层是业主的共有财产，从无理论或法律上的争议，2007年的《物权法》和之前的司法实践的态度都很明确。土地使用权是业主共有的，房屋是业主专有的，底层架空层占的是业主的土地，架起的是业主专有的房屋，毫无疑问是业主建筑区分所有权的共有部分。本案中，底层架空层之所以成为一个问题，完全是开发商的侵权行为和当地国土部门行政乱作为引发的。开发商似乎以为自己开发的小区永远由下属的物业公司管理小区，似乎以为物业公司对底层架空层想怎么用就怎么用，似乎以为底层架空层的出租收入当然归物业公司所有。其实，依照《物权法》，业主有权更换开发商下属的物业公司，物业公司无权决定小区共有部分的用途，物业公司只能收取与业主约定的物业劳酬。开发商的物业公司擅自变更底层架空层的用途显属违法侵权，可当地国土部门为虎作伥，居然还给其颁发租赁许可证，明显属官商勾结。广东高院终审判决开发商的物业公司侵权并赔偿业主损失定性准确，但判决赔偿额是否得当，需查物业公司收取的每年100多万元的出租收入下落。小区共有部分的收入属于业主共有，物业公司无权据为己有。

配套小楼的产权归属是本案最关键的问题。广东高院终审驳回业主委员会的产权诉求，业主委员会向最高法院申请再审，最高法院以适用法律确有错误撤销广东高院判决并提审。然而,问题恐怕不在法律适用上,而在于事实认定上。配套小楼是先办开发商的房产证,后补交100多万元的地价款,如果其土地是小区的一部分,这个小区显然不是普通的商品房小区,其土地使用权应该不是出让性质而是划拨性质,或者本来不是住宅用地。如果其土地不是小区的一部分,配套小楼就不属于小区的组成部分,即便其功能为小区配套服务,也是独立产权,就像配套于一定社区的学校、医院、菜场一样。如属前者,则必须查小区的原始规划,两栋小楼是作为小区的配套设施规划还是独立规划。独立规划的,开发商自行投资和缴纳土地款,产权属于开发商。作为小区配套设施规划的,原则上应当认定为小区的公共设施,属于业主共有。其中应注意小区配套设施的面积,如果两栋小楼的面积超过小区配套设施的规划面积,超过部分属于开发商所有。

小区公共设施属于业主共有是《物权法》的一个基本规则,这是基于一个小区缺少必要的公共设施就无法实现小区正常的居住功能的理由。购房不仅仅是购买专有的房屋,同时也购买了小区相应的公共设施,或者说,专有房屋的价款中包含了小区相应公共设施的分摊成本。开发商不能将专有房屋和公共设施分拆出售或出租以至于影响业主居住。但是,并不是所有的公共设施都影响小区居住功能的正常实现。例如会所,虽然也是为业主服务,但出入会所并非业主居住所必需,会所的存在与专有房屋的使用没有本质联系,这样的公共设施只能作为开发商在小区中的一项投资,否则,业主分摊小区公共设施的成本过大,必然导致房价过高。基于同样的理由,属于小区居住功能要素的小区公共设施,也只能是最低限度配套。

以是否为小区居住功能要素判别小区公共设施产权归属，理论上应该没有争议，但操作需要简单明了的标准。操作层面上，以规划判别小区公共设施产权归属，应该是唯一务实、合理、可行的标准。所有的小区都必须规划，规划一定要考虑小区的各种需要以满足小区居住功能，规划必须符合《物权法》的规定，具有法律约束力。在这基础上，规划明确划定小区公共设施归属于业主共有的部分，防止小区公共设施产权归属纠纷。与之配套，规划一经公示，非经业主委员会决议同意，不得变动。规划局随意改动规划，规划改动无效，有关责任人员承担违法行政的法律责任。小区规划作为购房必查文件，必须透明公开，购房者在知道了哪些小区公共施属于业主共有后，就能自主核算房价作出是否购买的决定。本案的两栋配套小楼的产权归属只能按照原始规划确定，舍此，无其他更合理的办法。

法院审理案件不是简单认定事实，套用法律，必须有清晰逻辑和充分说理。没有逻辑和说理，永远不会有令人信服的判决。且看最高法院的再审判决如何了结纠结了20年的本案。

（原载《中国审判》2013年第4期）

有关《旅游法》司法解释的三点建议

中国游客是世界上最庞大的旅游群体，也是最弱小的旅游群体。无论是出国游还是国内游，挨宰几乎就是中国游客的别名。旅行社、导游司机、定点商家相互勾结，形成了完整的宰客潜规则：猪食一样的十菜一汤，牛棚一样的星级宾馆，黑店一样的购物消费以及各种坑蒙拐骗的行业招数。更为甚者，宰客的和挨宰的习惯成自然，旅游线路居然分出纯玩团和普通团，后者明示是一个宰客团，居然也有无数的游客积极参与。

刚刚实施的《旅游法》，有望浇灭旅游业宰客宰得手抽筋的红火。《旅游法》对游客消费权益作了相当全面和细致的规定，尤其针对旅游业的宰客手段，规定了游客的消费自主权、知情权、请求权、索赔权；禁止了旅行社低价诱骗游客，强迫游客消费，擅自委托异地旅行社或导游带团等；明确了旅行社、导游、经营者、政府监督部门的各种法律责任。《旅游法》实施没几天，云南香格里拉的旅行社、导游、执法人员就撞上了枪口，央视曝光导游强迫游客消费事件，群情激愤之中，云南有关部门作出了对四家涉事旅行社各罚款10万元加停业整顿的处罚，吊销了涉事导游的导游证并决定其三年内不得在云南从事导游业务，对失职的政府监管部门执法人员予以撤职待岗。

但是，《旅游法》能否持久维护游客消费权益，还有待观察。以前不少地方也查过一些情节恶劣的宰客事件，风声过后，旅游业该怎么宰客还是怎么宰。瞧瞧云南香格里拉有关执法人员对申诉游客的恶劣态度，如果没有央视曝光，恐怕难有云南旅游发展委员会的调查和处罚。央视不是旅游业的政府监督部门，曝光宰客事件的概率就像彩票中奖。省级政府监督部门不在一线，派出工作组直接调查处理必然屈指可数。基于地方利益和圈子关系，行业监管者与行业经营者常常穿一条裤子，游客基本上投诉无门。被丢在前不着村、后不着店的地方而且有可能被刀架上脖子，人生地不熟的游客大多会选择妥协或沉默，即便有几个不服的，在执法人员翻白眼或者训斥下，一般也很难坚持投诉。可以预料，只要被查处只是零星个案，旅游业很难因为《旅游法》而改变宰客的习性，毕竟宰客的风险远远小于宰客的收益。

徒法不能自行，再好的法律，没有被执行或者执行得缺斤少两，有等于无。中国旅游业能否脱胎换骨，从以宰客为手段的非理性繁荣彻底转型为以诚信服务为理念的理性繁荣，关键在于是否违法必究、执法必严。由此，必须重视和解决三个有关《旅游法》普遍落实的问题。

一是强化政府监管部门的责任。旅游市场主要向外地消费者提供消费服务，流动性大，有利于旅游业宰客。在时间和维权成本的限制下，游客挨宰后绝大多数只是表示愤怒，极少顶真投诉，如果政府监督部门只就事论事处理投诉，几乎就是鼓励旅游业宰客。维护市场经济秩序是政府天职。云南香格里拉事件中的执法人员仅仅被撤职待岗，显然不足以警戒政府监管部门，其行为不仅仅是对个案的玩忽职守，而且是对香格里拉旅游市场秩序和政府信誉的玩忽职守，开除公职乃至追究刑事责任都不过分。《旅游法》第109条和110条规定了政府监管部门和工作人员的监管法律责任，但这是一个很多法律都有的通用条款，缺少旅游市场的特定要求。建议最高法院在司法解释时明确规定：政府监管部门接到投诉必须派员第一时间到达现场，一般应在游客返程之前作出投诉的处理决定，否则即构成玩忽职守；政府监督管理部门未及时依法处理投诉导致游客人身危险或财产损失超过两千元的，属于情节严重，依法追究刑事责任。

二是提高旅游经营者的违法成本。旅游宰客金额一般不大，但频率高，被投诉和处罚可能只是其中百分之一二，如果只以投诉的宰客金额作为处罚基准，收支相抵，宰客依然是有利可图的营生。《旅游法》第96、97、98、100条有关旅行社，第102有关导游的经济处罚，就个案而言不低，但对经常宰客的而言，违法的综合成本很低。对导游的罚款是一千至一万元，有导游自曝带游客购物的回扣一天就收入一两千元。真正对宰客有威慑力的是吊销许可证、导游证、领队证，但《旅游法》规定了情节严重的适用条件。何为情节严重？《旅游法》没有界定，当地政府监督部门处理投诉时可以借此护短。建议最高法院在司法解释中明确规定：旅游经营者违反《旅游法》规定应处以罚款的，第二次处罚应为第一次处罚金额的一倍，第三次处罚应为第二次处罚金额的一倍，处罚金额超过法定最高限额的以最高限额为限；旅游经营者累计被处罚达到三次或者单次处罚金额达到法定最高限额的，属于情节严重，吊销许可证、导游证、领队证；被吊销许可证、导游证、领队证后继续从事原业务的，构成非法经营罪，依法追究刑事责任。

三是鼓励游客维护自身合法权益。旅游业宰客，除了少数特别恶劣的事件，一般是小宰一把，落到每一游客头上，损失可能就是几十元、几百元。游客在异乡投诉，费时费力也费财，维权所得常常不够开销。这是大多数游客最终放弃投诉的主要原因，也是旅游业敢于宰客的底气所在。《旅游法》规定了旅游合同责任和侵权责任，其中第70条还规定了旅行社拒绝履行合同导致游客人身损害、滞留等严重后果应承担支付旅游费用1—3倍的赔偿金，为游客维权提供了直接的法律依据，但有待细化为更具有操作性的规则。建议最高法院司法解释明确规定：游客因维权而产生的误工费、差旅费、律师费和其他相关费用计入旅游者违约或侵权行为造成的损失，实际损失高于违约金或法定赔偿金的，以实际损失作为违约或侵权赔偿金；游客在维权中遭受人身威胁或人格侮辱等其他有损身心健康行为侵害的，可主张一万元以上十万元以下的精神损害赔偿金。

在旅游法、合同法、侵权法的范围内，确立旅游经营者不敢宰客、不想宰客的行为规则，是维护旅游市场正常秩序和旅游消费者合法权益的必要措施，希望上述三点建议得到最高法院重视和采纳。

（原载《中国审判》2013年第11期）

信用卡利率
该管管了

银行对信用卡透支收取高额利息和滞纳金的传统由来已久，近日央视《每周质量报告》报道的事例，可谓其中的极品。王某透支11万余元，5年后利息和滞纳金近33万元，年利率约为60%，是同期银行贷款基准利率的9倍多，即便按高利贷利滚利的计息方式，年利率也只在32%左右。

中国实行银行利率管制，银行只能在法定浮动范围内确定贷款利率。由于贷款一直是卖方市场，银行在利率上具有说一不二的定价权，如果不是利率管制，银行绝不会比高利贷者心软。前段时间，有关部门清理出许多银行变相提高利率的花招，什么财务顾问费、咨询费、以存定贷等，万变不离其宗的是银行在法定利率之外扒借款人一层皮。信用卡透支其实就是银行贷款，区别只在于借款人可以不打招呼借钱。就那么一点区别，银行就敢而且也能在利率上张开狮子大口，这需要多大想象力和执行力，如果设"诺贝尔捞钱奖"，首届得主一定是中国的银行。

银行当然可以说出很多理由，例如，信用卡不是一般借贷，不能套用一般借贷的利率；收取的不全是利息，包括了作为违约责任的滞纳金；信用卡章程明示了利息和滞纳金计算标准，持卡人认同了才办的卡。可惜，这都是些似是而非的理由，或者说，是体现银行霸气的强词夺理。信用卡作为现代最广泛的支付方式，确实汇集了多重法律关系：银行为交易双方提供代收代付服务的结算关系、信用卡账户存款体现了信用卡持有人与银行的存款关系，信用卡透支时体现了信用卡持有人与银行的借贷关系。但这些关系无一不是平等民事主体之间的关系，无一不受民法的约束。

民法承认当事人意思自治，但前提是意思自治过程和结果必须合法。国家没有说银行利率管制只限于一般借贷，因此，银行规定信用卡透支按日万分之五即年18%直接对抗银行利率管制。银行利率管制是商业银行法等确立的强制性规范，违反银行法定利率的约定无效。滞纳金是违约责任，只能按违约部分即欠款不还的金额计算，不能按借贷金额即透支额计算，银行对已经归还的透支部分也计滞纳金，违反《合同法》的违约责任规定。

民法不仅讲究合法，而且讲究公平和诚实信用。月5%即年60%的滞纳金已经不是公平不公平的问题，而是近乎于抢劫。《合同法》规定，人民法院可以调整当事人之间约定的过高或过低的违约金，而司法实践的过高过低基准线是日万分之二即年7.2%。民间借贷不属于银行利率管制范畴，但最高人民法院也只保护银行同期贷款利率四倍以内的利息，按照五年算，也就是年息30%，信用卡的利息和滞纳金总计年60%，高了整整一倍，足以与高利贷比试心狠手辣。信用卡章程和协议是格式合同，法律规定格式合同不能有对一方当事人明显不公的霸王条款，银行以此为乐，目中实无诚实信用原则。

银行是企业，为了多挣点钱而冒法律之大不韪，也就是奸商行径而已。奇怪的是，那么多年来，有关部门不闻不问，以至于这种变相高利贷爬满中国，形同合法。信用卡利率的监管是一件很简单的事情，审查一下各银行的信用卡章程和格式协议，查处几起信用卡利率上的投诉，出台一个信用卡违法行为的处罚规则，就可以让银行老老实实回到信用卡平等民事主体的位置上来，就不会有那么多的社会怨气，也不需要央视为此耗费宝贵的播出时间。

问题是，有关部门在哪里？

（原载《法治周末》2012年11月1日）

简析国有企业改革的
三大失误

国企改革历经20年，未有根本性突破，多数国有企业未能摆脱困境，这一严酷的现实，应当引起我们多方面、多层次的反思，其中，国企改革本身的问题尤为需要。在我看来，以往的国企改革，存在着三大失误。

一、缺乏广泛的群众基础

国企改革与农村改革差不多同时起步，但后者几乎没走太大弯路就取得了举世瞩目的成功，在人民公社废墟上建立起来的以家庭联产承包责任制为基础的双层经营体制，已成为公认的适应中国农村生产力水平的经营体制，今后30年不变，30年后也无须变。农村改革之所以成功，有两条相当关键：一是始终将亿万农民的切身利益放在首位，二是充分尊重亿万农民的首创精神和自主选择。从安徽凤阳小岗村18户农民包产到户的字据到中共中央的一号文件，是一个亿万农民的切身利益得到释放和确认的过程，一个最了解中国农村的农民群众自行选择和推行适合于自己的改革模式的过程，由此，亿万农民的前途和命运与改革紧密相连、休戚与共。改革给亿万农民带来了实实在在的利益，吸引和促进了亿万农民参与改革和支持改革，因而有了无坚不摧的强大动力。而国企改革就缺这两条。

国企改革一直被定位于国家与企业的关系，由于种种原因，具体落实下来，基本上就成了代表国家的政府官员和代表国有企业的厂长经理之间的关系，因而，国企改革实际上变成了政府官员和厂长经理之间的事情。至今为止，除了最初的扩大自主权之外，没有哪一次国企改革不是由政府官员和厂长经理所决定推行的，没有哪一次国企改革充分考虑到改革必然触及的最大利益群体——国企职工的意愿和利益。企业被承包租赁出去了，挂上公司和集团的牌子了，或者被卖掉送掉了，企业职工不仅没有发言权，而且还常常被蒙在鼓里。在将国企改革归结于产权问题的人看来，这样做理所当然，因为国企职工不是国有企业的产权人。然而，我们知道，计划体制下的国有企业是一个具有多种社会功能的共同生活体，在这里，产权的意义历来是可有可无的，起作用的是国家利益、集体利益和个人利益。国企职工是国有企业的利益主体之一，拥有许多诸如"铁饭碗"和公费医疗之类的既得利益，这些利益确立和保障了国企职工主人翁的地位和社会成就感，不仅是物质的，而且还具有政治与社会意义。当国企改革力图将国有企业改造成纯粹企业并推之于市场之中，必然要对原有的利益及其结构予以梳理和调整。从企业与市场的价值取向上说，国企职工的一些既得利益必然会受到挑战和威胁，因为既然国有企业可以破产，自然就不应有"铁饭碗"，既然国有企业要讲效益，国企职工的收入和福利就应与之挂钩。国企改革使得国企职工的既得利益受到相应程度的损害，这在客观上是无可避免的。我们不能因此而不搞国企改革，但在主观上，国企改革完全而且应该充分考虑国企职工对改革的承受力和分享改革利益的问题，这对于促使国企职工拥护改革、参与改革具有重要的意义。而要做到这一点，就不能将国企职工撇在一边，不能一方面说国企改革不关国企职工的事，另一方面却要国企职工无条件地承担改革成本和后果。在怎么改革的问题上，将为改革作出牺牲的国企职工，应有足够的发言权和一定的决策权，否则，国企职工难免心存疑惑和不安，消极对待改革，甚至站在改革的对立面上。

在广大国企职工被冷落的情况下，国企改革难以走"从群众中来，到群众中去"的路线，通过行政渠道自上而下地推行各种改革，成为国企改革的最基本的方式，由此导致了国企改革的盲目性、片面性和狂热性。国企改革走过了扩大自主权、承包租赁、股份制、现代企业制度试点、优化资本结构等阶段，切莫以为这是国企改革不断深化的历程，事实上，前后改革不具有连续性，属于一计不成又生一计。一"租"就灵时，没有股份制的声音；承包租赁搞不下去了，一"股"就灵便冒了出来；股份制不灵了，重组、兼并、产权交易就成了中心；卖光送光受到抨击了，只能开始念叨邯钢管理经验。每当国企改革陷入困境时之时，总有一些对企业实际状况不甚了了的研究人员，凭着对国外企业制度的一知半解和似是而非的经济学、法学知识，提出一些急功近利的对策，而政府部门常常饥不择食，在缺乏充分论证的条件下急切采纳。这些对策通常着眼于国有企业中的某些突出问题，针对性强，但对问题成因以及相关问题失于理性分析，不能从根本上解决问题，而且经常顾此失彼，适得其反。以承包租赁为例，将国有企业及其职工当成了承包租赁合同的客体，与改革要将国有企业培育成独立法人的目标，可谓南辕北辙，由此造成的混乱无法尽言，一批原本还不错的国有企业，就垮在承包租赁之中。政府部门下了决心，就制订文件、召开会议、布置各地各部门进行试点，一段时间后，总结和宣传试点的成功经验，以全民动手、大办钢铁般的热情和方式推广实施，形成改革高潮。有的地方和部门还定时间、定指标，派出工作组督办，这时如有不同意见，常被上升到对改革开放持何种立场和态度的高度。其实，试点时有领导重视、政策优惠，小环境相对封闭，容易控制等有利条件，而这些条件在全面推广时不复存在，因此，这些拍着脑袋想出来的改革对策，一旦全面推广便漏洞而出，最后总是以问题成堆、不了了之收场。国企改革不得不在"一放就乱，一乱就收，一收就死，一死再放"中循环。

我无意否定行政力量对国企改革的重要推动作用，而是认为，国企职工应当成为国企改革的基本力量，否则，就会沦为少数人的改革。历史上，少数人的改革鲜有成功者，很少是因为改革不符合历史潮流，而是因为多数人不响应，本身就构成改革的巨大阻力。没有群众基础的改革，往往长不了。

二、陷入产权至上的误区

产权问题一直是国企改革的一个兴奋点，两权分离、产权明晰、法人财产权等提法先后出现在重大文件中。国企改革起步于扩大自主权，随着政府部门的放权让利，国有企业形成了自身的财产权益，要求在法律上、政策上得到确认和保障，由此产生了确实重要的国有企业财产权问题。但是，这个问题流行的说法是产权在改革的具体理论与实践中，被逐渐推向极端，成了国企改革的根本问题乃至于全部。法人所有权学说和卖光送光之风，都是做足了产权文章，似乎只要明晰了产权，国有企业的一切问题就能迎刃而解。

这是一个有关法律的神话，搞法律的容易从法律能够决定某一个人权利义务的事实上自我膨胀，进而将法律当成推动文明与进步的最终动力。在中国，法律的现实地位不高，马克思称之为"法学家幻想"在法学圈子中还不太盛行。不幸的是，有"法学家幻想"的经济学家和政治家不少，他们不仅极端崇拜法律权利，甚至创造使用大陆法系包括中国的财产法律制度所没有的"产权"一词，使之风靡中国。到处都在高谈阔论，谁都没能讲清楚什么是产权，国企改革却以此作为出发点和归宿点方兴未艾。然而，法律权利不过是一定社会经济生活条件的反映，属于上层建筑范畴，作用有限而且需要客观前提和条件。法律权利也不可能成为解决现实问题的唯一手段，重视法律权利是必要的，但绝不能迷信。

国企改革的命运不能系于产权之上。国有企业的许多问题并不是产权不明晰所造成的，而是与中国的生产力水平和体制结构连在一起的。以最难解决的减员增效与下岗失业之间的矛盾为例，谁都知道人浮于事是国有企业效益不高的一大原因，但谁都懂得在现阶段不能允许国有企业任意裁员。为什么？就是因为中国的国有企业历来是个小社会，具有相当程度的社会保障功能，如以企业效益作为裁员的唯一依据，牵涉到社会能否容纳大量的下岗失业人员的问题，这与产权明不明晰并无关系。说到底，是因为中国的经济发展水平有限和人口过多导致社会保障供给低下以及就业机会不足，再清晰的产权也替代不了失业救济金。同时，明晰产权与实现产权之间是有距离的，宣布国有企业有什么产权是容易的，但真正落实起来，就不是想怎样就能怎样了。这里既有产权界定是否客观的问题，又有客观条件和时机是否成熟以及主观努力是否得当的问题。1991年，国家搞《全民所有制企业转换经营机制条例》，旨在以法律界定国家所有权与国有企业经营权的相互关系，这个思路应该说是非常正确的，但具体操作时，由于各部门的利益冲突，最后着眼于谁放多少权、国有企业能有多少权之上，既没有分析和说明法律界定的标准和依据，也没有考虑实际执行时的客观需要与可能，甚至连国有企业的经营权是民事权利还是行政权力都没有分辨。因而，尽管给了国有企业一堆自主权，但没有一项能够真正实现，现在已很少有人记得这个条例了。有人认为明晰产权至少可以防止政府部门任意干涉国有企业，这绝对是书生之见。集体企业所有权在"文革"期间也为宪法所确认和保障，很明晰，但集体企业同样被政府的二轻局管得死死的，并不比国有企业自由或自主多少；上市公司的产权够明晰的了，但政府部门同样能以大股东身份操纵和控制上市公司的一切经营活动甚至盈亏。想要亏损，通过关联交易转移上市公司利润或加大风险和费用；想要盈利，通过资产重组将优质资产连同利润注入上市公司以便随后配股圈钱。产权明晰，当然有其积极意义，但不应夸大到无所不能的地步，就因果关系而言，与其将之看成是推进国企改革的动力，不如看成是国企改革的结果，一定意义上，只有国企改革成功之时才有真正的"产权明晰"。

实际上，国企改革初期，产权早就明晰了，这就是国家对国有企业拥有所有权、国有企业拥有经营权，对这一产权关系，没有理由责之为模糊或不当。国家作为出资者，对国有企业拥有所有权，与公民或法人投资行为和权利一样，天经地义。说国家投资的企业不应属于国家所有而应是法人所有，确实令人十分费解。至于国有企业拥有经营权，与现代企业制度没有丝毫冲突，即投资者与其投资的企业在人格上加以分离，使企业能够自主经营，满足现代商品生产和经营的客观规律和需要。有人以国家是抽象的、国家所有权主体是虚化的为由，说明国有企业产权关系模糊，依其逻辑，法人所有岂非同样如此？法人是拟制的法律人格，其一切活动仍需法人代表机关及其成员代为进行，这与国家的活动由政府机关及其成员加以代表并无不同，何以不说法人所有权主体是虚化的？其实，问题不在于产权明不明晰，而在于产权的内容是否具体、确定和有无权利保障。说国家所有权，就要解决由谁去代表国家、以什么方式代表国家、对国有企业有什么具体的权利、以何种程序和方式实现权利等问题；说国有企业经营权，不能不解决国有企业如何独立、在什么条件下独立、在多大范围内独立等事关所有者、经营者各自权益的问题。而这些都不是法律上定个什么权能解决的，需要根据实际情况经过不断探索和改革逐渐调整到位。

产权只是经济利益的一种法律形式，国企改革纠缠于产权问题没有太大意义，国有企业存在的问题，其背后是一定的经济利益及其相关动机、目的和行为，只能放在经济的范畴内才能得以彻底地解决。国务院将纺织工业的压锭作为国企改革三年战役的第一仗，表明国企改革的实践已有走出误区的迹象。这也许还不是自觉的，但有强烈的启示意义。国企改革，应少谈点产权，多研究点如何兼并、破产、下岗分流、再就业之类的问题。

三、疏于防范改革中的腐败

中国正在大力发展市场经济，而市场经济的参与是以一定的资本实力作为基础的，中国社会有着强烈的原始资本积聚和转化的冲动，凭借权力及其特殊条件快速致富，是其中之一。国有企业的巨大财产资源，为中国社会任何一种财产所不及，自然成为以权谋私的首选目标，而国有资产管理体制在改革中的动荡不宁，为腐败提供了可乘之机。国企改革中，有两类群体在腐败面前是要经受特殊考验的。一是政府官员，他们在放权让利和处置国有资产上处于决策地位，拥有广泛的权力，一个国有企业怎样改革、何时改革、交给谁经营，乃至于是否履行监督国有企业职责都能成为政府官员谋取不法利益的筹码；二是厂长经理，他们实际控制着国有企业的经营和收益，有更多机会在自主经营的名义下挥霍和侵吞国有资产。如果放松警惕，防范不力，腐败就会像瘟疫一样蔓延开来。

国企改革恰恰忽略了这一点。由于改革注意力总是集中在如何搞活国有企业，每一次改革的主题和内容都是放权和松绑，并将与此相关的积极作用作为评估改革方案的依据或理由，几乎没有放松和松绑后会不会出现失控以及如何防范的考虑，更没有对改革方案内在缺陷和可能产生的消极后果进行冷静而深入研究的过程。哪些方面、哪些环节容易流失国有资产，哪些部门、哪些人员容易发改革财，哪些形式、哪些程序容易出现权钱交易，事先缺少研究，事后麻木不仁，甚至将已经出现的严重和普遍的腐败，归为国企改革不可避免的失误和代价。这在客观上放纵了一部分政府官员和厂长经理的腐败行为，导致了国有资产的大量流失。既然承包本质上是包盈不包亏，那么，发包承包自然就成为有利可图的交易；既然股份制可以暗箱操作，那么公司的上市指标就不难变成一沓沓人民币或原始股票；既然兼并、重组和产权交易全凭感觉，那么只要在资产评估上略施小计就能发家致富。这几年穷庙富方丈现象越来越为社会关注，企业亏损、工人下岗，厂长经理照样挥金如土，足以说明国企改革在这个问题上是如何丧失警惕，毕竟，庙不是一天就穷的，方丈也不是一天就富的，一个厂长经理要搞垮一个国有企业，是需要时间的。

国企改革疏于防范改革中的腐败，后果相当严重，从某种意义上说，甚于其他失误。首先，引发了国有资产大量流失。有人估计改革以来国有资产流失日以亿计，这当然不是精确的数字，但不能不承认，在某些地方和部门，改革已不是为了搞活国有企业，而是为了搞光国有企业，国企改革有沦为少数人疯狂掠夺和瓜分国有资产的合法形式或借口的危险。国有资产流失其实是一个极其暧昧的表述，怎么流失的？在谁的手上流失的？流失于何处？这些实质性问题长期被搁置一边，但有一点可以肯定，与一般老百姓无关。国有资产流失的事实严重败坏了国企改革声誉，任其发展，国企改革绝无出路。其次，助长中国社会的腐败之风。腐败发展到今天事关党和国家存亡的程度，说到底，主要靠国有资产支撑起来，行贿受贿、吃喝嫖赌，都能公费出账，是何等气派，有可以忽略不计成本的腐败，没有什么腐败不能发生。

或有人认为这只是司法机关是否得力的问题，其实不然。追究法律责任，必须以行为人违反法律的事实作为依据，贪污受贿打击不力，很大程度上可以归之于司法机关，如果问题出在行为性质不明和法律责任不定上，司法机关无能为力。国企改革引起的社会关系和社会意识变化剧烈而深刻，许多新的现象、新的行为，其正当性、合法性往往为原有行为规范所无法界定，只能依靠国企改革本身的内容加以界定，国企改革不重视国有资产流失及腐败问题，会使许多以合法形式掩盖非法目的的行为和事件缺乏是非标准，使一些人"梦想成真"。实际生活中，国有企业为个人提供贷款担保、与私营企业从事高进低出的业务，甚至签订一些合同让他人通过诉讼追究国有企业的违约责任，时有发生，国有企业损失几十万、几百万，极少追究到厂长经理身上。因为按照一般的说法，这些都是国有企业的行为，只是厂长经理经营不善而已。如果国企改革有监督和制约厂长经理滥用权力的有力措施，厂长经理至少不能如此肆无忌惮。国企改革不能推卸防范腐败的社会责任。

研究国企改革的自身缺陷极易引起误解和非议，但这不是研究所应顾及的。国企改革已经搞了20年，应该进入理性阶段了。是否承认以往的国企改革存在这些失误，无关紧要，重要的是，今后的国企改革必须重视这些问题。

[原载《求是》（内部文稿）1999年第7期]

对国企领导班子建设的
八点认识

1. 好班子不一定能搞活搞好国有企业，劣班子迟早能搞死搞垮国有企业。班子再好，客观上没有条件解决资金、技术、市场等问题，只能望洋兴叹，如前几年的走私，就使一些行业整体亏损。国有企业实力再强，也经不起腐败、瞎决策和不负责的折腾，如广东国投的破产。应当重视国企领导班子的建设，而不只是选个法定代表人。多年来，能人治厂的说法不绝于耳，其实，这是一个小生产者的口号，体现的是手工作坊时代个人对生产经营的决定性作用，现代化生产和经营依靠科学管理机制和系统进行，个人的能量是有限的。将一个国有企业的安危系于一人，是一种危险的选择，一些部门和地方，随便将国有企业承包、租赁或委托给这个那个能人经营，结果经常事与愿违。何为能人，谁为能人，这些问题没有搞清楚，就让能人治厂，国有企业不垮才不正常。我们必须警惕和防止一些号称能人的人戴着改革帽子趴在国有企业上肆无忌惮地吸血。

2. 德才兼备是放之四海而皆准的用人原则，问题在于正确把握德与才的具体内容。拥护社会主义、有一定学历，只是起码的要求，还不是国企领导德与才的主要内容。论德，国企领导必须有人格信用，经营国有资产无异于代人理财，人们愿不愿托付财产，一定要看代人理财者的人品，如诚实、正直、责任心。谁会要小偷或游手好闲的当管家？国企领导的个人历史应该是清白的，无论于公于私、大事小事，都不沾违法乱纪、伤风败俗、轻诺寡信、玩世不恭之边。在这个问题上，不能认为小节无害，即使是酗酒也可能造成国有企业的巨大损失，不少出卖或牺牲国有企业利益的合同，就是酒桌上签订的。论才，国企领导应有经营管理的理论知识和实践经验，有经营管理和行政管理的能力，了解企业与市场内外的环境和动态，对企业主导产品拥有必要的专业知识，等等。不能允许外行领导国有企业的内行，更不能允许外行以国有企业作为实习基地。广西某委派一处长去某外贸公司当总裁，不到三年，将一个自有资产6000万元的企业弄得资不抵债，可见庸才猛于虎。应当建立国企领导的职务信用档案，长期跟踪观察，使国有资产掌握在靠得住的人手上。

3. 应优先在本企业中选拔和组建领导班子。熟悉是产生感情、责任感和发挥才干的前提。好的企业，几乎无一例外地拥有热爱自己企业并与之共命运的老总和班子，如海尔、邯钢，他们长期在这个企业中工作，对情况非常了解，容易得到职工们认同、监督和支持。一个几百人、几千人的国有企业中如果真的找不出可信任的人，问题只能出在选人者身上。国企领导岗位本质上是专业岗位。国有企业是生产经营组织，一切应以生产经营为准，正如不能让厅长去法律系或物理系当教授一样，尤其不能让政府经济管理部门如经贸委、外经委的干部下企业当老总，主管经济和生产经营完全不是一回事，前者是管人的、命令的、宏观的，后者是求人的、协调的、微观的，主管经济的干部容易自以为是地将自己当成经营专家而瞎指挥。

4. 领导班子团结协作有着特殊的重要意义。生产经营的多层次、多环节、多因素，使拆台变得容易和隐蔽，一个微小的拆台行为都能影响国有企业的生产经营，不少国有企业就败在班子内部勾心斗角。班子建设应当突出班子的整合性和综合实力。首先，不能再让厂长解雇书记、书记开除厂长党籍之类的闹剧出现，在国有企业既讲中心又讲核心，纯属人为制造麻烦。国企领导班子是一个经营班子，党组织起政治领导作用。具体操作上，经营班子和党组织相互兼职是一个较好的办法，但前提必须是兼职人员既懂经营也懂党务，给国有企业配备不懂经营的党委书记，弊大于利。不能人为地在班子里掺沙子，树立对立面，将有对立历史和倾向的放在同一班子中，并不能起到班子内部的制约与监督作用，相反，会滋生无穷无尽的流言蜚语，使班子成员处于相互猜疑和提防的紧张状态。一天到晚想着这些，还能有心思搞生产经营？只要发现国企领导班子有内耗现象，必须及时地、坚决地予以调整。

5. 实事求是考核国有企业的经济效益。实际生活中，有虚报利润的，如上海市一些国企被查出虚报16亿元；有盈利出于偶然的，如1993年上半年钢材暴涨，所有钢厂的利润都呈现大幅增长；还有一些靠非法手段如制假、走私而牟取暴利的。凭一时的、表面的盈亏评判班子，容易产生错误导向。广西某市在1993年拿出100多万元奖励某钢厂的几位领导，弄得职工愤愤不平，此后几年该钢厂一直亏损，又不见有关部门有个说法。同样，国有企业亏了，也要弄清楚是主观原因还是客观条件使之然。政策性亏损，在合理限度内，不能计在班子的账上，亚洲金融危机确实直接影响到企业生产经营，应该允许班子有适应和谋划的过程。但合同签得草率赔了几百万、疏于管理使生产成本居高不下、盲目贪大求洋让企业背上沉重的债务包袱，这是班子的责任。扭亏为盈的任务也应结合亏损企业的实际状况，如果前任留下十几亿元的窟窿，新来的赤手空拳，如何填平？国有企业的状况和目的各不相同，经营效益的提法或许比经济效益更为准确、公平和实在。

6. 国有企业干群关系是反映班子状态的一面镜子。国企改革，必须紧紧依靠工人阶级、依靠广大国企职工，搞好国有企业，离不开广大职工的理解、支持和努力，这是不言而喻的。自承包租赁以来，不少国有企业干群关系趋向紧张乃至于对立，必须引起重视。凡是干群关系紧张的国有企业，必无良好的领导班子，就凭不能及时化解干群矛盾一项，足以证明这个班子的无能。经常有人将干群关系紧张归结为职工的种种不是，若是个别或少数职工不满，不足为奇，若多数职工不满，这个责任首先得由班子承担。多数职工冷眼看着班子忙活而无动于衷，证明班子在群众中没有形象、号召力和凝聚力，其背后一定有深层次原因，如以权谋私、好大喜功、侵犯职工合法权益等。

7. 应当将对国企领导的监督日常化、制度化。国企领导岗位非常容易失足，管人、管钱、管物，天天有腐败机会，求人、求权、求市场，处处有不腐败办不成事的压力，自律和松散的监督根本不足以造就遵纪守法、廉洁奉公的班子。不少人上任时很有党性，能严于律己，但最后还是一步一步甚至不知不觉地走向深渊。国企改革一直在放权，但放权以后缺乏相应的系统和扎实的制约与监督措施。对国有企业，不能说没有监督，各种各样的检查团、调查组经常下去，但成效甚微，其中多为官样文章，甚至不乏以腐败应付检查的情况。国有企业腐败大多隐蔽在日常生产经营活动之中，没有规范的、经常的监督，往往连问题苗头也见不到。因此，必须加强制度建设和日常工作，要走群众路线，发挥国企职工和职工代表大会的监督作用，同时落实监督部门和人员的职责。

8. 给国企领导以职业企业家应有的社会地位和待遇。目前，各方面都在呼吁建立国有企业的职业企业家机制。作为素质要求高、风险责任重、工作强度大的职业，国企领导岗位对人才的吸引力取决于社会的价值评价和劳动报酬。不可能普遍要求国企领导只讲奉献不计回报，否则，除极个别外，或者是没有人干，或者是干的人另搞歪门邪道。国有企业是我国国民经济的支柱，社会有责任让为之奋斗的国企领导有体面收入，即使国企领导的工资是职工平均工资的10倍、20倍甚至更多，也不应该认为是分配不公，问题只在于这位领导的品性、能力、业绩和贡献是否对得起这份收入。国有企业搞好了，国家、企业和职工各方受益，国企领导的收入即使高一些，相对于其为企业、为社会所做的贡献，也只是极小部分，何况还有个人所得税等二次分配进行调节。当然，国企领导的收入分配必须有规范机制。有的亏损公司老总年薪数十万元甚至数百万元，有的绩优公司老总月工资才几千元，说明国企领导的收入分配问题急需清理、整顿和规范。不仅如此，还要提倡全社会关心和尊重国有企业的职工企业家，应多让国企领导进入人大、政协参政议政，大力宣传他们的先进事迹，切实落实和保障国企领导的合法权益。

[原载《求是》（内部文稿）1999年第21期]

为什么需要"强势国资委"

对于国资委的定位问题，我接触过很多地方国资委领导，心普遍较虚，虚在哪里？第一是因为权力有限，第二总担心被指责"以政代企""政企不分"。管得多怕受指责，管得少不能起到监管作用。怎么看这个问题？

国有资产肯定要有人管，这个前提不可否认。不说我们国家有那么庞大的国有资产，就是在国外，也同样有人管理国有资产，法国的国有企业比例就相当高。管理国有资产不是中国特有的问题，是每个国家都有的问题，只是总量大小不一样。

国有资产管理有两个内涵：一是私法上的监管。国家作为老板、投资者、所有权人，对国有资产进行管理。这种管理对任何资产都一样，我自己炒股管理我的账户，我委托你炒股也必须监控账户资金，了解你炒股状况。二是公法上的监管。国有资产所有和经营一定分开，国家自己不可能经营财产，必须找代理人，国资委或国有财产经营公司。国资委也好，国有资产经营公司也好，都可能为了自己小利益损害国家利益，需要国家对国资委、国有资产经营公司进行监督和管理。在国有资产管理问题上，这两种监管一定要区分清楚。

现在国资委兼有私法和公法管理者角色。我认为，国资委应该更多地向倾向于私法上的监管。庞大的国有资产没有一个强大的出资人，会导致资产更多流失。国资委应该理直气壮，作为投资者，派你去当老总，你糟蹋国有资产当然把你拿掉。因此，必须确立国资委的强势地位。

国资委的定位非常重要。有人说，国资委是一个行政机构，不应该怎样怎样，这是一种没有前提的判断。按照这种逻辑推论，国务院就不能管理国有资产，因为国务院也是行政机构。国资委既然是出资人的角色，就必须有出资人的强势地位，才可能管好庞大的国有资产。《物权法》起草时曾经讨论过一个问题：谁代表国家行使所有权？有人提出不能由国务院代表，应由全国人大代表。这种观点看上去很有道理，国有资产是全民所有，全国人大也是全民选出来的。但全国人大是立法机关，职能上不相称，精力上更顾不过来。这种观点实际上隐含着削弱国有资产监管效率的危险。

（原载《国企》2007年第6期）

国民如何分享国企
创造的财富

国务院决定扩大中央国有资本预算实施范围，适当提高央企上缴红利的比例。这标志着中央国有资本预算由试点进入全面施行阶段。央企上缴红利意味着国有企业是为全国人民打工而不是只为国有企业员工打工，意味着国有企业确实是全体国民的企业而不是国有企业员工的企业。因此，社会各界反应热烈，好评如潮。

我国1993年颁行的《公司法》就明确规定股东享有收取公司红利的权利。股东是投资者，公司红利是投资的收益，公司将红利交给股东天经地义。李嘉诚的企业挣的钱归李嘉诚所有，比尔·盖茨的公司给比尔·盖茨派发红利，全世界没有例外。对国有企业而言，国家就是同李嘉诚、比尔·盖茨一样的老板，上缴红利理所当然。以前，国有企业利润留在国有企业，一是与计划体制下政企不分有关，利润放在哪儿都一样；二是国家疼爱国有企业，尽可能给国有企业发展多一点支持。现在，国有企业成为有限责任公司或股份有限公司，著名央企大多成了上市公司。国有经济也得到了长足发展，许多央企钱多得不得了，动辄就弄个"地王"回来。央企是国家长子，但市场经济不认封建嫡长子的特权，长子也是一个平等的市场参与者，也必须受市场经济规则约束，央企上缴红利是市场经济的规则之一。

央企上缴红利不属公权范畴。中央国有资本预算虽然体现了行政权力，但红利属于资本收益，法律上称为孳息，产生孳息的资本称为原物。孳息的所有权归属于原物所有权人，这是民事法律关系。央企上缴多少红利，属于股东协商决定的事情，国有独资企业如中国烟草总公司，只有国务院一个股东，由国务院决定上缴的比例；国有控股或参股公司，则由股东大会决议是否分红和分红多少，国有股权分得红利后如数上缴国家。对于国有控股公司或参股公司，国务院决定不了也无权决定上缴比例，只能在股东大会上对分红有关事宜提出议案。国务院2007年批准实施的财政部、国资委《中央企业国有资本收益收取管理暂行办法》对此作了清晰规定。一些媒体报道国务院决定"适当提高央企上缴红利比例"，漏掉了上缴比例仅适用于国有独资企业这一前提，容易产生误解。央企上缴红利本质上是投资回报问题，股东决定是否分红、分红多少时是否考虑、如何考虑企业发展，是行使自己股权，与上缴红利是否影响企业发展毫无关系。

真正需要关注的是红利用途。上缴红利不能用来弥补公款吃喝、公费旅游、公车私用的窟窿，这肯定是全国人民的意愿。一些学者提出将央企上缴红利划为社会基金或用于其他民生事业，也值得商榷。国务院2007年的《试行国有资本经营预算的意见》对预算收支有原则性规定：用于资本性支出和与国有企业改革有关费用以及相关的其他支出，也规定必要时可部分用于社会保障。资本经营预算和一般财政预算有着根本的界限，前者是挣钱，后者是花钱，两者不能混淆。如果不将资本经营预算和一般财政预算严格隔离，很难避免资本经营收入被挪作他用，国有企业的血液很容易被抽干。国有企业至今是国家税收的主要源泉，而且还承担了许多社会责任如电价、水价、燃气价的非市场化，国有企业发展和壮大与国家和民族命运休戚相关。因此，上缴的红利应当继续作为资本以钱生钱，而不应用来纯粹消费。社会保障和其他民生事业只能依赖税费量力而行。

没有基本成型的市场经济，没有融入市场经济的国有企业，没有市场经济必需的法治环境，不会有央企上缴红利。由此而言，央企上缴红利，是中国社会进步的一个标志。

（原载《法治周末》2010年11月11日）

严防海外投资成为国有资产流失的漏斗

这几年，央企纷纷提着鼓鼓的钱袋子昂首走出国门，包工程、买股权、玩金融衍生品。央企的银子太多，国内市场容纳不了，在国际市场上一试身手，本身无可非议。但是，迄今为止，没有谁清楚央企是如何进行海外投资的。国资委已排查出央企境外资产超4万亿元，但排查方式主要是央企自查自报，有无漏报、少报、不报，谁也说不清。中投公司刚成立就迫不及待地向黑石公司甩出30亿美元，至今浮亏60%；接着认购摩根士丹利股票，刚满一年就亏本卖掉其中一部分，恐怕连楼继伟先生也奇怪自己是如何做出这些决定的。如果黄光裕这样干，别人真没权说三道四，可央企的银子是国有资产，海外投资不能就这样稀里糊涂打了水漂，无人负责。

海外投资不是做间谍，无需偷偷摸摸，即便谈判时需要保密，最后决定是否投资也应该公开透明。央企很多都是上市公司，本来就应该按照《证券法》履行充分及时的信息披露义务。没上市的央企，比如中投公司，更有责任公开说明和解释投资私募公司的理由和依据，证明这是一个正常的、必要的、不掺杂决策者个人私利的投资决定。暗箱操作导致腐败，就像万有引力一样是地球的必然规律。当一个投资决定可以给自己和家族带来几辈子也挣不来的财富时，最高的年薪和最亮的荣誉不过是几粒尘埃。四川长虹几年间将40亿元的电视机交给美国一家公司销售，不见货款，只是因为缺乏外贸经验？收不到货款还不断发货，这也需要外贸经验？中铁公司承包沙特工程一亏就是40多亿元，这是否过于慷慨？中投公司投资黑石巨亏，而黑石却在中国大赚100%，为何我们总是被人家玩弄于股掌之间？

海外投资面对的是陌生的政治、经济、法律和人文环境，商务部和国资委的审批根本不能保证海外投资的正当性和合理性，因为审批的官员其实也不太清楚某一项海外投资的实际价值。因此，海外投资的公开透明，不应局限于审批机关，而应面向公众。审批机关应将拟同意的海外投资在网上或媒体上公示，详细说明海外投资项目的目的、环境条件、基本情况、预期利益、风险防范、责任追究、决策过程、论证人员等细节，全面提供海外投资项目的调查报告、评估报告、论证报告、中介机构出具的法律文件和各种意向书、协议书、批准文件等有关材料和证据，利用公众力量发现和控制海外投资项目的风险。

既是投资就会有风险，赚与赔不是衡量国有资产是否流失的标准。问题是，央企海外投资存在着严重的法律漏洞，早已超出市场规律本身的风险。基于淡化官方色彩等考虑，央企海外投资不少是以个人或个人公司名义代持股份，这非常危险。时过境迁，知情人不在了，有关法律文书不见了，产权归属就说不清楚，即便能说清楚，国外法律也未必承认是代持。将巨额国有资产的安全置于个人手中，一旦腐败分子卷款而逃，就是血本无归。诸如此类的海外投资方式必须绝对禁止！

海外投资天高皇帝远，防范国有资产流失应该有极其苛刻的监管程序。海外投资项目的进展应当专人监督，实时跟踪，定期报告，及时公告，出现了问题必须全面调查决策者、执行者、审批者、监管者乃至参与论证的专家学者有无过错，对应承担法律责任。中航油整个公司被搞垮，没有人受党纪国法的处理，只有陈九霖在新加坡坐了几年牢，回国不久照样当央企高管。

国资委已表态要严管海外国有资产，很好。关键是要尽快落实，别像国有资产法那样，搞了十几年才弄出一个干巴巴、空洞洞的法律。既要能够洞悉市场规律，获得预期盈利，又要防止海外投资变成国有资产流失的漏斗，仅仅依靠国有资产监管者的品德、决心、智慧和能力还不够，还必须有充分的制度保障。

（原载《法治周末》2010年12月16日）

国有经济在重要行业的
控制地位不等于垄断

近来，中石油、中移动、国家电网等世界500强榜上的公司频遭非议，一些媒体和网友指责这些公司的巨额利润主要来自垄断，并列举其凭借垄断地位损害消费者利益的种种行为。这些议论饱含了希望中国社会主义市场经济健康发展的良好愿望，其批评和责难也不乏具体实例，但停留在感性层面，存在太多误区。

中石油等属于我国《反垄断法》第七条规定的国有经济控制重要行业的企业。国有经济占控制地位的重要行业，是指关系国民经济命脉和国家安全的行业如金融、石油、重工业制造等。所谓命脉，是指行业状况能够直接决定或表现整个国民经济的状况，现代经济是一个复杂的依赖性很强的经济共同体，某一方面出现了问题可能殃及整个经济体系，其中容易出大问题的行业需要国家特别关注。所谓重要行业，是指行业涉及国家经济安全、社会稳定或主权利益，我国石油对外依赖度已近50%，如果发生国际和地区重大争端，石油进口中断，将严重威胁我国的安全。

中石油等的控制地位形成主要是行业本身不适宜高度市场竞

争。有些行业稳定优于效率，如银行、保险等金融业，实行自由竞争，会经常出现金融企业破产，轻则导致存款人、保险收益人利益受损，重则危害国民经济和社会稳定。有的行业自然形成集中，如电网、电信等公用事业，实行自由竞争，难以保证公用事业服务的持续、有效和安全，可以设想一个城市停上两三天水、电、气的混乱，美国加州8小时大停电引起社会骚乱是前车之鉴。有些行业只能国家专营，如烟草、食盐、铸币等，实行自由竞争，难以确保国家主权利益和人民群众的生命健康利益。专营之下，假烟假酒仍屡禁不止；不搞专营，后果肯定严重。应当指出，竞争不是市场经济的唯一指标，若以重要行业竞争不够自由判断我国经济没有市场化或重要行业没有市场化，是对市场经济的最大误解。现代社会没有哪个发达国家能在重要行业中完全自由竞争，美国也不例外。

或有人问，重要行业的控制为什么不能是民营经济？这需要了解我国历史和现实。在我国，提供公共产品一直是而且至今是国有经济的责任。一些地方政府也曾试图让民营经济主导公用事业，鲜有成功。究其原因，公共产品涉及千家万户，价格高触犯众怒，价格低无利可图，民营经济没有为政府分忧的责任，其经营必然是有利可图则进，无利可图则退。一个城市当然可以将水、电、气交给民营企业，但出现断水、断电、断气，愤怒的市民会找民营企业老板论理吗？不！找的一定是市长。

因此，我国《反垄断法》第七条确认了国有经济控制重要行业的合法性，规定：国有经济占控制地位的关系国民经济命脉和国家安全的行业以及依法实行专营专卖的行业，国家对其经营者的合法经营活动予以保护。这一规定需要正确解读。其一，这里说的是国有经济而不是国有企业。中石油等上市公司不能称为国有企业，而是国有经济占主导的企业，或者说大股东是国资委的企业。其二，这里说的是控制而不是垄断，中石油等的控制地位不能说成是垄断地位，控制地位不排除非国有经济的介入，上市公司本身就是多种经济成分并存的载体，符合准入条件的民营企业如果愿意也可以进入重要行业参与竞争。其三，这里说的是经营者而不是独家经营者，中石油等在其行业中不是唯一的经营者，有自己的竞争对手，与其他行业一样，重要行业仍然需要多个相互独立的经营者的竞争。国有经济和经营者是两个不同的概念，不同的经营者也许都有国有经济的背景，但具有独立的法人地位，是独立的民事主体，不能因为不同经营者都以国有股为主就视其为一个经营者。

不少学者和官员也习惯于将控制地位说成是垄断地位，这是受了一些理论观点的误导。有观点认为，反垄断法既要反行为垄断也要反结构垄断，后者要求反垄断法关注一个企业在行业中的地位和作用，防止其具有支配行业的能力。其实，这样的反垄断只是个别国家，美国1984年分割了电信巨头AT&T后，再没有分割企业；法律有规定的也就是日本，但日本反结构垄断的规定从来没有被真正运用过。当今世界上通行的反垄断规则是反行为垄断，允许一个企业具有支配行业的状态，但不允许利用支配地位从事垄断行为。美国只有一个波音公司，在飞机制造行业中不仅是美国独一无二的霸主，就是在全球范围内也没有与之匹敌的对手。如果美国仍然反结构垄断，早就该将波音公司强制分拆。规模经营通常比分散经营更有效率，市场竞争也会导致企业做大做强，企业的集中其实是市场经济内在规律的必然。这就是反垄断法不能反结构垄断的道理。

　　企业做大做强后可能会利用优势地位阻碍市场竞争，所以，反垄断法必须防止企业的垄断行为。我国《反垄断法》第二条规定"中华人民共和国境内经济活动中的垄断行为，适用本法"。很明确，只反行为垄断。我国不承认结构垄断的提法，国有经济在重要行业中的控制地位，不应称为垄断。有人认为将控制地位称为垄断地位是约定俗成，约定俗成不应违反法律规定，不应导致认识混乱，否则普通群众很难理解，既然是垄断地位，反垄断法为何不反？媒体和网友之所以将中石油等批之为垄断国企，就是误以为大企业等于垄断，大股东等于企业。因此，理论界和法律界有责任正本清源，恢复法定用语：控制地位。

　　摘掉中石油等的"垄断国企"帽子不是为中石油等辩护，恰恰相反，是为了盯死中石油等的经营行为。控制地位与垄断行为没有必然因果关系，但控制地位的确容易导致垄断行为。这全在于中石油等的经营动机和目的。中石油等如果有强烈社会责任感，完全可以自律不从事垄断行为，但不能将防止垄断行为系于这些公司的自律上，必须从法律上严加约束和严格监督。因此，我国《反垄断法》第七条同时规定：国家对经营者的经营行为及其商品和服务的价格依法实施监管和调控，维护消费者利益，促进技术进步。经营者应当依法经营，诚实守信，严格自律，接受政府和社会公众的监督，不得利用其控制地位或者专营专卖地位损害消费者利益依法经营。

　　诚实守信、严格自律，是市场经济的一项普遍义务，是任何行业的经营者义务，但重要行业的经营者必须接受政府和公众的特别监督。重要行业的经营者相对集中，容易出现滥用控制地位的现象，为了维护消费者的权益和促进技术进步，国家必须对经营者的经营行为进行特别监督和调控，尤其是价格，往往是经营者非法经营行为的最终体现，须特别予以规范。经营者不能一方面享有经营重要行业的优势，同时以"自主经营"对抗国家的监控，市场化并不是经营者想干什么就干什么。重要行业关系到国计民生，不管谁经营，出了大事，政府都不能不担起来。这不是一般意义的监控，而是涉及具体经营事项的监控。经营者的重大投资、技术改造、日常生产、成本开支、产品销售或服务方向等，都可能影响到社会和公众的利益，都在国家监控范围之内。不核算汽油的成本构成和合理性，不可能判断汽油价格该升还是该降，公用事业价格听证会大多成为涨价会，很大程度上是经营者的经营状况不够透明。除国家机密以外，重要行业的经营者应公开经营状况，不能以所谓的商业秘密对抗政府和公众的监督。

当下问题其实不在于中石油等对行业的控制，而在于我国缺乏对中石油等的有效监控。程序上、规则上或是救济措施上，我国的《反垄断法》对垄断行为均未构致命威胁。这是媒体和网友能举出不少垄断实例的根本原因。因此，我们应把注意力放在反垄断行为上并为之努力。

有学者认为，反垄断行为成本过高，很难坚持，不如反结构垄断省事，这是错误的。反垄断行为成本是否高于反结构垄断没有证据，即便是，也不能放弃。打击犯罪成本也很高，但国家不可能放弃打击犯罪。反结构垄断并不能万事大吉，将中石油公司拆成几十个企业，这几十个企业仍有可能联合起来搞垄断，不管怎么反结构垄断，最终还是要落实到反垄断行为。媒体和网友列举的垄断行为和后果与中石油等对行业的控制其实不具有必然因果关系，中小企业甚至个体户上同样可能妨害竞争如在特定的市场中欺行霸市，同样可能损害消费者利益如到处可见的卖水果短斤缺两，同样可能妨碍技术进步因为无钱投入自主研发。倒是做大做强了的企业，理论上不敢随便妨碍竞争，众目睽睽之下，妨碍竞争可能立即招来反垄断之剑；不敢随便损害消费者权益，企业形象和声誉的损失可能远大于所得利益，而且容易受到追究；不敢不投钱在技术进步上，大企业转行不易，掉头困难，不保持技术的领先就无法保持在行业中的地位。

中石油等公司当然还没有到达如此境界，时不时为蝇头小利伤害消费者感情，但不能因之指责中石油等公司做大做强是件坏事。在坚定不移反垄断行为的前提下，让中石油等做大做强，是中华民族复兴的重要组成部分，是国家幸事，也是百姓幸事。这可以从很多方面加以论证，但已超出了本文话题。

（原载爱思想网，2018年3月23日）

法律规则的确定性及其局限
——以阎崇年千金挑错案为例

白平诉阎崇年和诉中华书局悬赏挑错案已分别进入诉讼程序，一个充满着浓郁娱乐气氛的公众事件由此转化为严肃的法律案件。这两个案件的事实比较清楚：阎崇年确实在一次有四个记者在场的情况下说了"千金挑错"，其中一位记者据此做了公开报道，阎崇年看到公开报道后保持了沉默；中华书局等36家出版单位共同发出的《致全国编辑工作者的倡议书》确实这样表述："对指出出版错误的读者将给予一定的精神和物质奖励，并且承诺实施次品召回制度，发现次品流入社会，立即实施召回措施，真诚赔礼道歉。"但对事实的法律判断，原告和被告之间出现了截然不同的分歧：原告方主张，阎崇年和中华书局应负有悬赏广告的合同义务；被告方否认，其中，阎崇年辩解千金挑错是其与记者的一个玩笑，中华书局则分析倡议书不具备悬赏广告的要素。

悬赏广告的性质和效力曾有理论争议，但司法层面上已经统一。《最高人民法院关于适用〈中华人民共和国合同法〉若干问题的解释（二）》第三条规定："悬赏人以公开方式声明对完成一定行为的人支付报酬，完成特定行为的人请求悬赏人支付报酬的，人民法院依法予以支持。但悬赏有合同法第五十二条规定情形的除外。"因此，这两个案件不涉及悬赏广告是否为合同的问题，而在于是否构成悬赏广告。任何合同的成立必须经过要约和承诺两个阶段，悬赏广告也不例外。白平挑阎崇年著和中华书局出版的《康熙顺天府志》的错误，属于承诺，前提是阎崇年和中华书局已经发出要约。要约和要约邀请是合同法上两个截然不同的概念。前者是提议订立合同，可以引起他人的承诺进而产生合同义务；后者只是吸引他人的眸子和订立合同的兴趣。阎崇年和中华书局是否发出了要约，是这两个案件的关键，而判断的标准是《合同法》第十四条："要约是希望和他人订立合同的意思表示，该意思表示应当符合下列规定：（一）内容具体确定；（二）表明经受要约人承诺，要约人即受该意思表示约束。"

悬赏广告的目的和内容是广告人要求完成指定行为并给予一定的报酬。阎崇年要求完成的指定行为是挑出书中错误，给予的报酬是一错千元，符合"内容具体确定"第一个法定的要约条件。阎崇年的上述表示被公开报道时未附任何限制性条件，形成任何人完成悬赏指定行为即为承诺的局面，符合"表明经受要约人承诺，要约人即受该意思表示约束"第二个法定的要约条件。阎崇年的千金挑错构成要约应无疑问。阎崇年当时或许真是玩笑，但内心意思的确定不在于阎崇年怎么想，而在于怎么做。任何时候，人们都只能从一个人的言行中判断其内心意思，这是意思表示的法律规则的来源和基础。阎崇年当时或许真是对某记者玩笑——这是一个有待证实的细节，但即便如此，公开报道并没有声明千金挑错只对某记者有效，广告显示的信息是谁都可以挑错领赏。阎崇年没有悬赏广告的想法，没有委托某记者发布悬赏广告，也就是对自己著作有点自信，对自己学问有点自负，对自己的名人效应有点期待。这一切皆有可能，但法律判断依据的是由证据支撑的事实而不是想象中的可能。媒体报道和评论阎崇年的千金挑错，阎崇年不加否认，这两个真实客观的证据支撑起阎崇年发布悬赏广告的事实。由此而言，阎崇年为自己的悬赏广告承担合同责任，概率极大。

中华书局倡议书也有悬赏的内容和意义，但其宗旨、目的和作用与阎崇年的悬赏明显不同。阎崇年的悬赏具有向社会夸耀《康熙顺天府志》一书的质量与水平的作用，作为王婆卖瓜的组成部分而引诱公众购买该书以及锻造学问严谨的高大形象。倡议书旨在提高出版物的编辑质量，作为行业自律的组成部分而鼓励社会各界人士挑错，从中读不出中华书局宣称自己的出版物没有差错的意思。更为重要的是，倡议书涉及所有的出版物而非针对《康熙顺天府志》一书，没有指定挑哪一本书的错，也没有确定挑错的具体报酬，不符合悬赏广告的完成指定行为支付约定报酬的特定含义，属于内容不具体、不确定，因而不构成要约。如果中华书局也像阎崇年那样明确宣布对《康熙顺天府志》一书或者旗下任何一种出版物挑错并给予确定数额的奖励，则另当别论。由此而言，中华书局对其倡议书的悬赏表述不承担合同责任，势在必然。

同一件事，仅仅由于悬赏的表述是否明确具体，就引致完全不同的法律判断，这对于普通人而言可能难以理解。普通人很可能注意的是表述的悬赏本质而忽略表述的差异，而这种差异在法律领域中常常构成一条不可逾越的鸿沟。与英美法系的法律规则多来源于生活经验不同，大陆法系的法律规则几乎都是立法者运用一定的法律概念、法律原理、法律逻辑制造出来的，虽然这种制造在应然层面上绝对不能脱离现实的生活需求。制定法律规则，无论是立法机关还是司法解释机关，都受先验的法律思维习惯的约束，都是将社会生活需求转换为法律符号，都不过是以有限的法律语言表达无限的人类行为。由此形成的法律规则，通常具有规范特定行为的目的性，相应的法律概念和构成要素，相对确定的内涵和外延。这些要素决定了法律规则具有确定性：确定的规范目的，确定的适用条件、确定的行为后果。确定的规范目的限定了法律规则的约束范围，例如《婚姻法》不规范订婚这种中国古代曾受法律约束的行为。确定的适用条件构成了权利、义务、责任的要件，例如宣告失踪和宣告死亡在被宣告人下落不明时间上的不同。确定的行为后果保证了法律规则对行为的规范效力，例如侵权责任使得侵权成为一种成本很高的行为。阎崇年和中华书局的悬赏行为虽然只在于悬赏表述的清晰度不同，但这个差异恰恰位于要约规则此与彼、是与非的关键点上。只有表述具体明确的才构成要约，否则不是要约，要约规则的确定性决定了阎崇年和中华书局的不同命运。

法律规则的确定性是成文法的精髓。撇开关于立法宗旨和目的的华丽表述，立法其实就是为了规范实际生活中的行为，解决实际问题。法律规则因而必须具有针对性和可操作性。法律规则如果模棱两可、不着边际，立法应有的价值和意义荡然无存。中国很有一些法律规则中看不中用，问题就出在这些法律规则缺乏应有的确定性。《物权法》的实施并没有阻止一些非法拆迁现象，很大原因是因为《物权法》中有关征地拆迁的规则是空洞的。成文法原则上不承认法律执行者有制定法律的权力，底气就在于法律规则的确定性。成文法具有指引着人们如何行为的功能，使得行为人能够预期自己的行为后果，这也有赖于法律规则的确定性。法律规则的确定性是如此的重要，以至于我们不能为了其他的理由——或许很正当——而放弃或牺牲法律规则的确定性。如果法院对阎崇年和中华书局最终作出截然不同的判决，也许不够公平，相同或类似的行为似乎应该有相同或类似的行为后果。但维护法律规则的确定性，确保整个成文法的价值和功能，是更高层次的社会公平。令人遗憾的是，很多法律专业的人士对法律规则的确定性缺乏足够的理解，大到某些司法解释偏离立法本意（如被立法反复论证后放弃的情势变更原则在司法解释中得以复活），小到白平的律师忽略要约规则的要件而参与对中华书局的诉讼。

法律规则的确定性使得法律规则成为行为的定式或模板，这既是成文法的优势，也是成文法的劣势。确定性越高的法律规则，其自身的局限就越是显眼。这些局限包括：法律规则常常因为不能与所要规范的行为对号入座而出现法律规则适用争议，法律规则之间留有空白、漏洞、交叉使得一些行为处于无法可依或法律冲突之中，法律规则不能及时适应现实生活的变迁而逐渐失去自身的正当性和合理性，等等。这是无可避免的，除非放弃法律规则确定性的追求。定式或模板的相对固定性与行为的多样性和复杂性是一对相互依存的矛盾。一方面，为了羁束各种各样的行为，法律规则必须追求一种共同的要素；另一方面，共同的要素自然而然地与行为的个性发生冲突。如前所述，法律规则的确定性是成文法首要的价值目标，中国是成文法国家，唯一选择是在确保法律规则确定性的前提下尽可能克服或消解相应的局限。重视法律原则以丰富法律规则的内涵和意义，如诚实信用原则由德国的债法原则上升到现代民法的基本原则；强化法律解释以细化和转化法律规则的内容与作用，如最高人民法院事实上已经成为一个积极的忙碌的立法主体；运用法律规则组合以弥补法律规则的功能欠缺，如列举条款与兜底条款、一般规定与但书的组合。这些方法尽管在具体使用上常有争议，但在克服或消解法律规则局限上的作用是有目共睹的。

确认阎崇年的千金挑错构成要约，只就要约规则而言，其实是有漏洞的。或者说，依据要约规则，并不能直接认定阎崇年在访谈中有关千金挑错的言语是一个要约。这既涉及访谈的细节（如是否只让某记者挑错）这样的证据问题，也涉及要约规则本身的内涵和外延这样的法律问题。阎崇年并没有亲自也没有委托记者向公众发布悬赏广告，据此，阎崇年辩称没有发布悬赏广告，一下就将自己置于要约规则以外，阎崇年对要约规则确定性的理解和运用远比白平的律师深刻而娴熟。但是，公众的印象是阎崇年发布了悬赏广告，不仅是白平，包括任何读了记者报道的正常人，所以有了《京城学界正气——赞阎崇年先生的勇敢之举》这样的"粉丝"之论。阎崇年没有发布广告，但广告目的已经实现，意味着阎崇年享有广告带来的利益（如更大的名声、更多的机会和更丰厚的版税）的同时不必承担任何广告的责任。这是一种能耐，隔墙打牛、借力发力的能耐。这更是一种高明之举，钻法律规则确定性及其局限的高明之举。然而，不幸的是，尽管中国的法律存在一定规则漏洞，但恰恰在这件事上，漏洞早已被其他法律规则所堵住。

纵观公开报道，有关千金挑错的文字虽然出自记者笔下，但表述完全以阎崇年为主体，没有任何痕迹显示千金挑错不是或可能不是阎崇年的悬赏广告。善意的公众有足够的理由信赖记者文字的真实性，信赖记者是在代阎崇年发布悬赏广告。也许事实正如阎崇年所说那样并未委托记者代发悬赏广告，记者的行为属于无权代理。但阎崇年在品赏千金挑错的报道和潮水般的好评之余没有出面澄清千金挑错其实是一个与记者的玩笑，以至于作为公众之一的白平花钱购书、费劲挑错，完成了悬赏的指定行为。阎崇年知道记者代自己向公众发出了千金挑错的信息而不加否认，这就对上了《民法通则》第六十六条规定："没有代理权、超越代理权或者代理权终止后的行为，只有经过被代理人的追认，被代理人才承担民事责任。未经追认的行为，由行为人承担民事责任。本人知道他人以本人名义实施民事行为而不作否认表示的，视为同意。"阎崇年同意记者发布千金挑错的信息在法律上相当于阎崇年自己发布，阎崇年因而具有要约人的地位。至此，千金挑错的广告完全具备要约规则的要素，成为不折不扣的悬赏广告。《民法通则》第六十六条的规定消解了要约规则适用于本案的局限。

对白平诉阎崇年和中华书局作出法律判断是容易的，不容易的是对法律判断进行判断。如果本文对阎崇年和中华书局的诉讼命运所作的预判不同于法院的判决，只有两种可能：本文错或者法院错。

（原载《法学评论》2011年第5期）

重要的是发现和填补漏洞

——评《关于审理道路交通损害赔偿案件适用法律若干问题解释》（征求意见稿）

发现和填补法律的漏洞是司法解释的主要功能之一。能否发现漏洞和能否科学填补漏洞，决定着司法解释的质量和价值。最高法院的司法解释在发现和填补漏洞上一直处于时好时坏、有得有失的状态，这次公开征求意见的《关于审理道路交通损害赔偿案件适用法律若干问题解释》（征求意见稿）也不例外。

征求意见稿共29条，其中28条针对审理道路交通损害赔偿案件的具体问题。征求意见稿的内容大致分为三类：一是细化《侵权责任法》机动车交通事故责任的条款，将法律条款中的立法旨意转化为明确、具体的规则，如征求意见稿第十九条对《侵权责任法》第四十九条的"机动车所有人有过错"细化为四种情形。二是解释《侵权责任法》机动车交通事故责任的一些容易引起争议的概念，使其有确定的内涵和外延，如征求意见稿第五条将投保义务人有条件地解释为交强险中的第三者并对投保义务人允许的驾驶人作了具体界定。三是填补《侵权责任法》机动车交通事故责任条款的漏洞，将立法没有考虑到或者虽然考虑到了但没放在法律条款中的内容确定为《侵权责任法》的规则。

征求意见稿填补了保险公司责任上的三个漏洞。（1）《侵权责任法》《保险法》《道路交通安全法》《机动车交通事故责任强制保险条例》均规定了保险公司对受害人的直接赔偿责任，但没有提及保险公司如何承担责任，保险公司因而经常以各种理由拒绝赔偿权利人的索赔。为此，征求意见稿第一条规定：赔偿权利人起诉时，人民法院应当将赔偿义务人和交强险的保险公司列为共同被告，商业险的保险公司可以依据赔偿义务人的请求被列为共同被告。保险公司共同被告地位的确立，将赔偿权利人和保险公司的责任承担争议直接纳入司法程序，堵死了保险公司无正当理由拒绝或拖延赔偿的程序漏洞。（2）机动车同时投保交强险和商业险，承保交强险和商业险的保险公司之间如何承担赔偿责任，《侵权责任法》《保险法》《道路交通安全法》《机动车交通事故责任强制保险条例》均无规定。为此，征求意见稿第九条规定：先由承保交强险的保险公司在责任限额内承担赔偿责任，不足部分由承保商业险的保险公司在责任限额内承担赔偿责任；在交强险内，赔偿权利人有权选择精神损害和财产损害的赔偿次序，优先选择精神损害导致财产损害赔偿不足的，由承保商业险的保险公司在责任限额内承担赔偿责任。这一规定相对有利于承保商业险的保险公司，其合理性有待研究，但法定赔偿次序解决了无端扯皮，有助于赔偿权利人及时得到赔偿。（3）牵引车和挂车分别投保不同保险公司的交强险，保险公司之间如何承担责任，《机动车交通事故责任强制保险条例》没有规定。为此，征求意见稿第十四条规定：损害未超出交强险责任限额的，由承保直接造成损害的牵引车或挂车的保险公司承担赔偿责任，损害超出交强险责任限额的，赔偿权利人可以要求各保险公司在各自的责任限额内平均分摊赔偿。这一规定在保险公司赔偿责任分配上是否合理有待研究，但有助于赔偿权利人得到足额的赔偿。

征求意见稿填补了机动车车主（所有人或管理人）责任上的一个漏洞。《侵权责任法》第五十三条规定："机动车驾驶人发生交通事故后逃逸，该机动车参加强制保险的，由保险公司在机动车强制保险责任限额范围内予以赔偿；机动车不明或者该机动车未参加强制保险，需要支付被侵权人人身伤亡的抢救、丧葬等费用的，由道路交通事故社会救助基金垫付。道路交通事故社会救助基金垫付后，其管理机构有权向交通事故责任人追偿。"这一规定的漏洞在于，机动车不明或未投交强险，赔偿权利人有无赔偿权利？向谁索赔？机动车不明不等于交通事故责任人不明，未投保交强险不等于车主不明，对于前者，《道路交通安全法》明确由交通事故责任人承担赔偿责任，后者则属于《侵权责任法》有关车主责任的一个盲点。交强险是机动车车主必须投保的险种，不投保本身就是违法行为，《机动车交通事故责任强制保险条例》第三十九条为此规定相应的行政处罚。按照侵权责任的一般规定，违法行为可以导致侵权责任，但不投保行为并不直接导致交通事故损害结果，从因果关系上很难推理出车主的赔偿责任。这就出现了一种可能：交通事故责任人赔不了，侵权责任的一般规定又套不上车主。这个问题本应在作为特殊侵权责任之一的机动车交通事故责任中加以解决。但是，立法对机动车车主责任的认识比较混乱，一方面企图分清楚机动车使用人和车主的责任，另一方面又无意清晰界定他们各自的责任界限，《侵权责任法》因而没有作出回应。这是一个实践中无法由司法裁判搪塞的漏洞。为此，征求意见稿第十条规定：未投保交强险的机动车车主在交强险责任限额内承担赔偿责任，机动车车主和侵权人不是同一人的，由机动车车主和侵权人在交强险责任限额内承担连带赔偿责任。同时，征求意见稿还考虑到机动车车主不投保可能是由于保险公司拒绝或延误承保造成的，依照《机动车交通事故责任强制保险条例》，保险公司无正当理由拒绝或延误也是违法行为，因而在第十一条规定保险公司最终要对拒绝或延误承保在交强险责任限额内承担赔偿责任。这一规定强化了机动车车主及保险公司的责任，而且是基于机动车车主及保险公司违反法定投保及承保义务，正当合理，填补相当成功。

征求意见稿填补了交通事故责任中相关人责任的漏洞。《侵权责任法》只涉及机动车车主、使用人和保险公司的交通事故责任，但实际生活中，交通事故常常涉及其他相关人，相关人应否承担相应责任是一个必须解决的问题。《侵权责任法》第四十八条规定按照《道路交通安全法》有关规定承担赔偿责任，但《道路交通安全法》除了第一百零五条以外没有相关人责任的规定。为此，征求意见稿具体规定了相关人责任，包括第二十条的搭乘人、试乘人有过错可减轻被搭乘人、试乘服务人的赔偿责任；第二十一条的道路运输经营名义经营人和实际经营人的共同赔偿责任；第二十二条的出租车经营人的赔偿责任；第二十三条的质权人、承揽人、保管人、代驾服务人、驾驶培训人等的赔偿责任；第二十四条的劳务用人单位或接受劳务一方的直接赔偿责任；第二十五条的高速公路管理人未尽管理义务的相应赔偿责任；第二十六条的在公共道路上堆放、倾倒物品的行为人的赔偿责任和公共道路管理人的相应赔偿责任；第二十七条的道路设计、施工缺陷作为交通事故发生原因之一的设计人、施工人的赔偿责任；第二十八条的机动车缺陷作为交通事故发生原因之一的生产者、改装人、销售者的比例赔偿责任。这些规定扩大了交通事故责任的主体范围，有利于赔偿权利人。相关人的责任或基于机动车的利害关系，或基于相关人的某种与交通事故有关联的过错，具有充分的合理性。但是，第二十六条规定公共道路管理人不能证明自己没有过错就须承担相应赔偿责任，似乎过于苛求。农民在道路上晒谷子，管理人能整天守着不让晒？能树多少个不准晒谷的警示牌？既然不能，管理人如何证明自己没有过错？这一条应改为管理人履行管理义务有重大过错的承担相应赔偿责任。

但征求意见稿没填补完漏洞。在《侵权责任法》各类特殊侵权责任中，机动车交通事故责任可能是最欠缺思考和杂乱无章的。立法者显然不太了解道路交通事故的实际状况和各种复杂的原因，以为交通事故责任仅仅是机动车使用人、车主和交强险的问题，甚至不太了解《道路交通安全法》的内容，以为《道路交通安全法》对交通事故责任已规定得相当全面。因而，《侵权责任法》的6个条款既不反映交通事故这类特殊侵权责任的本质、要件、归责原则，相互之间也没有内在的逻辑联系。其中，4个条款针对机动车使用人和车主不是同一人的情形，1个条款针对交通事故发生后驾驶人逃逸，都是处理具体问题的对策，不具有一般条款的价值和意义。这样的条款应由交通安全法实施细则或司法解释规定，完全没有必要放在《侵权责任法》之中。具体对策不仅仅是这些条款，《侵权责任法》只规定了这些而不规定另外甚至更多的具体对策，主观上表现为随意，客观上肯定漏洞百出。征求意见稿基本上不是解释《侵权责任法》机动车交通事故的某一条款，而是填补漏洞，实在是因为《侵权责任法》有关机动车交通事故责任的立法基础太差。即便是解决具体问题，《侵权责任法》也没有表现应有的思维严密性，征求意见稿已经发现而且填补了《侵权责任法》第五十三条的漏洞，还没有发现《侵权责任法》第五十条、第五十二条的漏洞。

《侵权责任法》第五十条规定："当事人之间已经以买卖等方式转让并交付机动车但未办理所有权转移登记，发生交通事故后属于该机动车一方责任的，由保险公司在机动车强制保险责任限额范围内予以赔偿。不足部分，由受让人承担赔偿责任。"其理由无非是：动产所有权转移以交付为准，机动车是动产，交付后买受人即成为实际车主，未办理所有权登记只是让出卖人保留了车主的名义。但是，机动车是必须登记的特殊动产，以交付作为所有权转移作为唯一的标志本身就非常值得商榷，这是以一般观念处理实际问题的立法教条主义典型。搁下理论争议，从实务角度上看，假若A本来是租车给B使用，在交通事故发生后立即与B串通，订立肇事车买卖合同并倒签日期至交通事故之前，而B一贫如洗，如何处理？按照《侵权责任法》第五十一条，A不承担责任，B承担不了，赔偿权利人的权利落空。立法者肯定没想过这种结局，所有的法律规避行为都是利用立法者思维的疏漏。别以为这类串通不会发生，规避法律责任的民间智慧远高于立法的想象力。想着查处这类串通也是幼稚的，懂得串通的是不会留下多少证据痕迹的。因而，征求意见稿应当重视并填补这个漏洞。基于机动车登记是强制登记，可以要求机动车买卖双方及时履行所有权转移登记的义务，规定：未办理所有权转移登记期间发生机动车交通事故的，买受人承担赔偿责任，不足部分，由出卖人承担赔偿责任。

《侵权责任法》第五十二条规定："盗窃、抢劫或者抢夺的机动车发生交通事故造成损害的，由盗窃人、抢劫人或者抢夺人承担赔偿责任。保险公司在机动车强制保险责任限额范围内垫付抢救费用的，有权向交通事故责任人追偿。"这一规定的本意应该是不让已经受害的机动车车主雪上加霜，无疑是公道的，但规定本身有明显漏洞。A将盗窃来的机动车借给B使用，B作为使用人应否承担赔偿责任？按照《侵权责任法》第五十二条，A承担赔偿责任，B不承担。但这显然没道理，B作为肇事司机应该承担赔偿责任。而且对赔偿权利人极不公平，B不承担责任意味着赔偿权利人少了一个索赔对象。尤其是《机动车交通事故责任强制保险条例》第二十二条规定保险公司不承担机动车在被盗抢期间肇事的赔偿责任，一旦A一无所有，意味着赔偿权利人将自行承受被盗抢机动车造成的交通道路事故的所有损害。更有甚者，根本就不知道盗抢人是谁，哪里去找盗抢人承担赔偿责任？肇事机动车是否被盗被抢与赔偿权利人毫无关系，索赔结果却完全不同，这是正常思维无法理解的。同时，被盗被抢机动车肇事是否绝对与机动车车主没有关系？C的机动车被盗，C懒得报案，一年后C的机动车肇事，按照《侵权责任法》第五十二条，C不承担赔偿责任。但假若C及时报案，被盗机动车或许早被查获，就没有后来的肇事。在这种可能性上，C不报案是一种过错。而且，C不报案通常延长机动车被盗被抢期间，同时延长保险公司免责期间，减少了赔偿权利人要求保险公司承担赔偿责任的机会，这也是对赔偿权利人的一种侵害。机动车是高度危险物品，被盗被抢不及时报案，含有放任危险的意义和后果，要求机动车车主承担及时报案的义务，在尊重他人生命和财产的意义上，并不为过。因此，若要公道和合理，若要维护赔偿权利人的合法权益，征求意见稿完全应该填补《侵权责任法》第五十二条的漏洞，规定：盗窃、抢劫或者抢夺的机动车发生交通事故造成损害的，由盗窃人、抢劫人或者抢夺人承担赔偿责任，盗窃人、抢劫人或者抢夺人下落不明，或无力承担、承担不足的，由被盗抢机动车使用人承担赔偿责任；机动车被盗抢后，机动车所有人或管理人应及时向公安机关报案，自被盗抢之日起三个月未报案的，对报案期满后发生的被盗抢机动车交通事故所造成的损害，承担相应的赔偿责任。

发现和填补法律漏洞不是一件容易的事情，征求意见稿在发现和填补《侵权责任法》机动车辆交通事故责任的漏洞上的得与失，足以证明这一点。最高法院之所以发布征求意见稿，恐怕也是意识到：即便是最高法院的大法官，也未必能在发现和填补法律漏洞上至善至美。相比以往一些明显属于起草人拍脑袋出来的司法解释，征求意见稿标志着最高法院司法解释的进步，但愿公开征求意见不会流于形式。

（原载《中国审判》2012年第5期）

关于"孟勤国教授骂法官事件"的第一次供述

2015年8月3日，我出国旅行，也是法律博客知名博主Preacher发难的一天。旅途不易上网，本以为Preacher的文章也就是一种批评声音，虽然没指出我的论文有哪些错误观点和事实，虽然没说出批评法官的尺度应多长多宽，虽然不乏将不当判决与法官履行职务等同之类的逻辑问题，但毕竟发现了两个错别字，而且文字也貌似公允，所以我不甚在意。8月4日，出现了最高法院司法改革规划处处长何帆高级法官的影子，我以为有人冒用了"法影斑斓"这一很著名的公众号，因为何帆高级法官怎么可能短短时间就找到了当事人才有的一、二审判决书而且细心涂抹掉上面的某些信息？8月6日，江苏高院青年才俊赵俊法官《孟勤国，请不要参选人大代表》的雄文强势登陆，我才知道我的论文真闯祸了，但说出去的话如同泼出去的水，我也只能"坐以待毙"。更没想到的是，此事惊动了徐昕教授、陈有西律师、张新宝总编、秦前红主编等。8月7日，我看到《"法学教授核心期刊批法官事件"论战纪实》，才知道围绕此事已形成了"围殴党"，我被列为"主犯"，不再享有"零口供权"。本想在月底回国后再作供述以免国外信息不便挂一漏万，但南京鼓楼法院意味深长地提示公众"孟勤国沉默不语"，我再保持沉默，就属于"情节特别恶劣"了。

那就讲几点吧，"自首"是算不上了，只能争取"认罪"态度较好。

1. 以案论道的范式不是我发明的，专利属于民法学大家梁慧星教授。梁慧星教授在《法学研究》1995年第2期发表《电视节目预告表的法律保护与利益衡量》，开创了研究个案裁判得失的先河并确立了研究论文的格式。我非常认同梁慧星教授以案论道的范式，认为这一范式有利于打通法学理论与实践之间的隔阂，提高法学研究和司法裁判水平，构造法律共同体，而且是评估个案公正的重要途径。因而，按照梁慧星教授确立的范式，我写了《也论电视节目预告表的法律保护与利益平衡》与梁慧星教授商榷，发表于《法学研究》1996年第2期。我的文字一向不甚温和，但时任该刊主编的梁慧星教授依然发了这篇多有冒犯的论文，我至今感慨梁慧星教授的宽大学术胸怀，同时，我也一直感谢张新宝教授，他是当时的责任编辑。《法学研究》和梁慧星教授代表中国法学的顶尖水平，我没有理由不用这一范式，也没有能力另寻范式，这次被"围殴"的论文因而一如以前。现在，我的论文被宣判为"信访件""代理词"，我十分不解，"围殴党"能否出示宣判的依据和规则以便我慎重考虑是否认罪？"围殴党"中也有认为我的论文学术水平低下，不配在核心期刊上发表的，这又让我松了口气：我的论文至少还算是论文，至于水平，我慢慢向"围殴党"请教，先弄清楚水平线的位置再持之以恒地努力。

2．我的论文没有骂法官，而且没有理由也没胆量骂法官。Preacher罗列了我的论文中"摆弄证据""滥用自由心证""裁判结果无理和不公""荒谬至极""荒唐至极"这些用词，以致徐昕教授也误解我骂了法官。这确实有点冤枉。上述用词非凭空而言，是我的论文阐述理由后自然而然、恰如其分的结论，不用这些词该用什么？"摆弄证据"反映本案法官随意解释和使用证据的事实，"滥用自由心证"是民事诉讼法学常用的学术用语，裁判结果只有有理和无理、公道和不公二选一的表述，两个"至极"对应的是股权终止说和抵扣说。其他被"围殴党"贴上骂语标签的用词，也无一不有特定语境意义。我没念过高中，识字不多，实在找不到替代词，"围殴党"不妨举几个替代用词，让我长长见识。读者如果中立一些，一定能发现我论文中的本案法官们其实就是指裁判本身，只不过主体用词比行为用词简洁明了。我的论文自始至终以裁判的合法性和公平性为论述主线，没有必要非议具体的办案法官，办案法官未必就能决定裁判结果属于"你懂的"范围，所以我的论文中提到"本案裁判不公未必全是本案法官们的责任"。"围殴党"将我的论文主线偷换为骂法官，无非是想激起法官群体的愤怒，将我淹死在20万法官的口水之中，但我不信"围殴党"能绑架法官群体。我有许多同学、学生是法官，我知道绝大多数法官像牛一样办案却收入微薄，所以我向中央高层呼吁给法官足够体面。我也知道有些法官以贪赃枉法为业，所以我向中央高层呼吁对法官严加约束。现在我又知道了还有一些法官办案不行"围殴"行，能一字不提判决而让公众觉得我的论文是败诉代理人的恶意发泄，今后我要在文中声明：本文没有丝毫骂法官的含义，若有误解纯属巧合。

3. 《法学评论》用稿无丝毫不当，不是我的"共犯"更不是"主犯"。文责自负是出版界的基本规则，我的论文我负责。我的论文中有两个错别字，责任也在我，写文章从不请学生代劳，这几年老眼昏花打字常出错。从编辑角度来看，两个错别字固然是遗憾，但相比全文1.6万字，编辑技术指标尚可。当然，"围殴党"并非想与《法学评论》探讨编辑技术问题，只是为了把我和《法学评论》绑在一起押去道德法庭。"围殴党"先是抢占道德高地为《法学评论》量身制作审判规则，接着指控我在自家刊物上发表"信访件"是出于暧昧利益，而《法学评论》删掉我的代理人身份则是配合我攻击、抹黑法官。这一手非常专业，"围殴党"不愧是玩弄规则的高手。普通公众不会想到本校教授在本校刊物上发表论文是中国大学的通行做法，更不会想到《法学评论》在选用本校教授论文上有比校外投稿者更为严格的要求。即便是专业读者，也未必知道诉讼代理人发表其代理案件的研究论文完全正当，未必了解20年前的《法学研究》就发表过作者为代理人的个案研究论文。我和《法学评论》同校，"围殴党"就认定《法学评论》是我的自家刊物，按此逻辑，任《中外法学》主编意味着《中外法学》是某位教授的私产。责任编辑曾是我的学生，"围殴党"就认定《法学评论》用稿不公，按此逻辑，只要律师是法官校友就可认定判决不公。我是败诉代理人，"围殴党"就认定我的论文是发泄不满情绪，按此逻辑，胜诉代理人歌颂法官裁判的就可以发表。编辑删掉了我的代理人身份并隐去了案件当事人的姓名等信息，是为了引导读者关注论文讨论的自由心证问题，避免出现案件胜负上的情绪化认识，本是一个学术刊物保持严谨的证据，但"围殴党"嘴皮一翻，就成了掩盖我作为代理人的利益的行为。其实，《法学评论》过于小心了，《法学研究》当年发表梁慧星教授和我争辩的论文，代理人身份和当事人信息均未做技术处理。公开审判的案件，裁判文书都上网了，不存在隐私问题。"围殴党"本是为了"围殴"我骂法官，又不敢指明我怎么骂法官、我骂对还是骂错，只好去攻击《法学评论》用稿不当，连声东击西的招数都用上了，是否有点黔驴技穷？

4．我为浙大博导商志才教授提供一、二审无偿代理，这让"围殴党"见笑了。在"围殴党"眼里，律师不是维护公平正义的群体，而是拿人钱财、替人消灾之徒。所以，一发现我是诉讼代理人，"围殴党"就兴高采烈，想当然我是有偿代理。很惭愧，我虽然自诩精通诉讼，但不是捞金的行家里手，维持生计主要靠炒股。商志才教授是我的老乡，他价值数亿的股权不明不白地不见了，我看不过眼，也就拔刀相助。2015年初，我还到上海二中院当了一回二审无偿代理人，为拆迁户讨回了10多万元的补偿款，这不是因为我思想觉悟高，而是因为想找个案研究的素材。20年前，我有个计划，找10个与最高法院有关的不当判决写10篇论文，最后出一本《最高法院不当裁判研究》的书。民事裁判不公绝大多数出于证据层面，而民事证据的多样性和复杂性决定了局外人很难准确把握案件事实，我不得不在自己代理的案件中选择研究素材。这次被"围殴"的是第三篇，可惜上海二中院居然采纳了我的代理意见，没搞成第四篇，现在是停工待料。我研究最高法院的不当裁判，不是为难最高法院，而是爱之深、恨之切，因为司法公正必须从最高法院的个案抓起，上梁正下梁不敢歪。何帆高级法官显然误解我的本意，龙颜一怒，也就没注意粘贴的一、二审判决书上我是公民代理。话又说回来，无偿有偿并非道德高下的界限，为了完成我的学术计划而无偿代理也可算是利益，就此而言，"围殴党"攻击我与所研究的个案有利益关系也不算冤枉。但是，"围殴党"显然故意省略了一个基本事实：我是在商志才教授申诉被最高法院驳回后才发表论文的。按理，二审结束就可以发表论文，任何人对已决案件都有权评论，因为对已决案件的评论不对法院裁判产生任何的影响。但我是研究最高法院的裁判问题，所以必须等待最高法院的裁定。如果我想对法院裁判施加压力，应该是在一审、二审过程之中，"围殴党"为了先捧后杀将我这个出了民法界没几个人认识的糟老头抬举为声名显赫，要真是声名显赫找个媒体应该不成问题。诉讼代理人和研究者的角色必须有严格区分，这一点上我一直很本分，恳请"围殴党"明察。

供述不短了，但还没有进入"孟勤国教授骂法官事件"的本质问题。我本想就我的论文断言商志才一案的三级裁判是中国民事审判不可多得的司法不公典型作出供述，但"围殴党"似乎不感兴趣，至今没有提审，我实在不知从哪儿开始坦白。不过，《评孟教授的论文与何教授的背书》显示"围殴党"尽管还没看懂我的论文，但开始琢磨提审提纲，我就等一下吧。我虽然搞民法，但也懂得刑法上的立功，借此机会给"围殴党"提几条合理化建议：一是提审提纲不要再像这次一样喋喋不休于"学术公器""职业伦理"，听说过道貌岸然吗？意思是将道德整天挂在嘴边的都是一肚子坏水，"围殴党"好歹也有法官、学者的光环，别糟蹋自己的形象。二是提审提纲不要再像这次一样凶横，知道点预审心理学吗？

循循善诱才是获取有价值的供述的最佳路径，"围殴党"应该懂得
恐吓和谩骂其实就是刑讯逼供的道理。三是那两朵法检界小花千万
不要再像这次一样赤膊上阵，胡喊乱咬，头一扭骂徐昕教授扯淡。
要知道推荐给中国法院的法袍还是有点装饰作用的，卸掉法袍容易
被误以为是土匪崽子，年轻人还是要修身养性，别沾流氓气。三条
合理化建议应该够"立功"了，就此打住，其他的合理化建议留待
下次再"立功"。

（原载微信公众平台，2015年8月9日）

所有的概念都离不开特定的语境

——答《何为自由心证——求教孟勤国教授》

2015年8月"教授骂法官事件"中，何家弘教授的《何为自由心证——求教孟勤国教授》（以下简称何文）是独一无二的学术商榷文章。何教授是《法学家茶座》主编，《法学家茶座》的文章在武大是不计工分的，但我发了好几篇，这大概可以说明《法学家茶座》和何教授在我心目中的位置。何教授是一位值得我回应的学者，何文是一篇值得我回应的文章，但我没有微博、微信之类的社交账号，而且大半年来浸在第四篇批评最高法院判决的论文中，拖了下来，内心一直不安——怕何教授误以为我不屑与之商榷。前几天收到了君周博士的约稿函，第一念头是再忙也要完成回应文章，一是表达我对何教授的敬意和迟复的歉意，二是对何文的质疑作些说明。

我的专业是民商法，尽管做过几百个案件，但就诉讼法而言，我是一个票友。商志才教授如此有理的诉讼败诉，直接原因是法官随意采信证据，这引导我思考一个具有普遍性的问题：法官采信证据该不该有约束？为解开疑惑，我阅读了许多诉讼法专业的教材、论文和专著中有关证据的论述，觉得中国诉讼法学没给出答案甚至没有研讨（极可能是我阅读不够），在自认为掌握和理解了自由心证的知识、原理和中国民事审判的自由心证现状之后，提出了法官自由心证必须受成文法约束的命题和法官自由心证的三条底线。专业水准是所有票友的梦想和追求，我撰写《法官自由心证的底线》（以下简称孟文）也不例外，但票友永远是票友，何文质疑至少说明孟文有些地方没表述明白。

不过，我对何文的质疑点并不吃惊，因为确定孟文标题时，是用"法官自由心证"还是"法官自由裁量"，我是琢磨过的。有诉讼法的专业论文介绍自由心证有多重涵义：观念形态上，是指关于证据判断标准的学术思想；制度意义上，是指证据法关于证据判断标准的制度；动态行为上，是指一种判断证据的行为。孟文在第三种涵义上使用自由心证，因为只有行为才能且才需受成文法约束，所以标题是"法官自由心证"而非"自由心证"。法官自由裁量也是一种行为，包括证据采信、事实认定和法律适用。孟文的焦点是法官如何采信证据和事实认定，如果用"法官自由裁量"，题目显得过大。法官自由心证涉及的是证据采信和事实认定，也可以说是证据和事实方面的法官自由裁量，就精确性而言，"法官自由心证"较之于"法官自由裁量"更契合孟文。作为行为，法官自由裁量包含了法官自由心证，难言混淆。

何文的自由心证是制度意义上的自由心证，而且是阐述自由心证的适用前提和范围。"司法证明只在没有法律规则的地方采用自由心证"，这是诉讼法专业的共识。问题在于，自由心证适用于什么场合和如何适用自由心证不是同一回事，汽车行驶于无交通标识的道路不等于司机不受交通规则约束。孟文并非讨论商志才教授这个案件该不该自由心证，而是讨论法官该如何进行自由心证。自由心证本身就置于诉讼程序之中，诉讼程序本身就是法律规则，因而，自由心证的运作不能无法无天。何文没辨认出孟文标题中"法官自由心证"的涵义，也没抓住孟文必须防止法官滥用自由心证或自由裁量的核心观点，因而有了"受成文法约束的还是自由心证吗"这一突兀之问。我相信，如果何文写作时间宽裕一点，何文和孟文是可以握手的，因为何文也说到"自由心证不是法官随心所欲和恣意裁断"。

1808年的法国《刑事诉讼法典》的自由心证制度，是自由心证的标准版本，以此为尺度，何文有理由说中国一些司法人员和孟文误用自由心证。但是，不同时期、不同国家的自由心证有很大差异性，既然讨论因商志才教授的案件而起，是否误用似应以中国版本为准。《最高人民法院关于民事诉讼证据的若干规定》第六十四条，被不少民诉法学者认为是中国民事诉讼自由心证的确立，如果属实，这就是自由心证的中国版本。该条是这样要求法官自由心证的："依据法律的规定，遵循法官职业道德，运用逻辑推理和日常生活经验，对证据有无证明力和证明力大小独立进行判断，并公开判断的理由和结果。"依据法律规定是中国式自由心证的第一个要求，也就是说，法官自由心证必须受法律的约束，这正是孟文的标题。孟文将这一要求具体转化为自由心证的三条底线，可以算是孟文的创新，票友对自由心证中国版本的一点贡献。当然，中国版本是否误用了自由心证，就不是票友所能置喙了。

何文还质疑了孟文"证据是案件事实的要素"和"证据相关性

规则"的论述，但因为是"顺便说"，没指出错点也没给理由。希望有机会聆听何教授的指点，这不是客套或其他什么，票友与专业的鸿沟是不可能填平的。

何文介绍的都是公认的通说或知识而且言简意赅，质疑的是学术基本要素——概念，而且是最基本的概念，质疑的方法符合形式逻辑的规则而且符合人们的直觉。尤其是，何文无丝毫的"攻其一点不及其余"的文人陋习，文字洋溢着平和、谦逊的光泽，具有纯学术的品位。但是，这一切没有将何文引航到令人信服的彼岸。这是因为，何文忽略了"自由心证"这一概念的不同语境。概念是人类思想和交流的工具，是特定时空的产物，充满特定语境的信息。离开了原有语境，概念或多或少发生时空信息的交流，固有信息有所流失，新的时空信息有所流入，从而导致概念内涵和功能的变化。因而，学术研究当然包括争论必须充分注意一个事实：所有的概念都离不开特定的语境。

（原载《法学家茶座》第48辑，山东人民出版社2016年版）

理性不能永远淹没在舆论泡沫之中

——为张在元教授事件中的武汉大学辩护

一个自称是张在元教授的学生在网上发了一个《武汉大学对待功勋教授果真寡情薄义》的帖子，立即将武汉大学置于千夫所指的境地。央视不同寻常地两次制作和播放张在元教授事件的节目，《瞭望》《南方周末》等众多报刊纷纷报道和评论，多数网友和张在元教授家属指责和痛骂武汉大学。在几乎一面倒的舆论下，为武汉大学辩护尤其是武汉大学教授作的辩护，极易成为众矢之的，但我相信人类有应有的理性和公正。

张在元教授是武汉大学城市设计学院前院长，为武汉大学建筑学科建设作出过突出贡献。这样一位人品好、有才华的教授患上这样的病，很令人痛心。我们武汉大学的领导、师生、员工都在关注张在元教授的状况，希望他能恢复健康。张在元教授家属与武汉大学的分歧在媒体上曝光，是武汉大学所不愿看到的，因为这对武汉大学有着深厚感情的张在元教授而言，也是一种很深的伤害。张在元教授热爱武汉大学，如果张在元教授能够自主表达意愿，他不会同意其家属对武汉大学的所作所为。张在元教授事件不是张在元教授闹起来的,而是张在元教授家属一手挑起的。张在元教授与武汉大学没有也不可能有分歧,现有的只是张在元教授家属与武汉大学的分歧。武汉大学为了尽可能避免伤害张在元教授,一直在媒体面前保持克制,但张在元教授家属竭力扩大事态,前几天凤凰卫视也来了,武汉大学没有退路了,只能将事实真相公之于众。

那天我在凤凰卫视《一虎一席谈》上讲的主要意思是:应当区分武汉大学对张在元教授的法律义务和人道主义关怀,这是两个性质完全不同的问题,许多网友对武汉大学的不满其实是将法律义务和人道主义关怀混淆了。法律义务必须履行,不履行要受法律制裁;人道主义关怀是自愿的,通常以力所能及为限度。

武汉大学对张在元教授尽到了完全的法律义务。聘任合同是武汉大学对张在元教授负有什么样法律义务的依据,武汉大学做到了而且做得很好,连张在元教授家属也挑不出武汉大学有什么违反合同约定的毛病。按照《劳动合同法》,像张在元教授这样的病,只要过了规定的医疗期,就可以提前解聘,但武汉大学并没有这样做,一直到聘任合同规定的四年聘期届满,聘任合同自然终止。这里必须澄清"解聘"这个被张在元教授家属曲解了的法律概念。解聘是指聘任合同期限未满,基于某种法定或约定原因而提前结束聘任。张在元教授属于聘任期满不再续聘,不属于解聘。张在元教授不具有必须续聘的法定条件,张在元教授的身体状况也不具有续聘的工作能力。这就决定了,武汉大学没有续聘张在元教授的法律义务,也不能违反聘任条件。张在元教授家属宣称武汉大学违反《劳动合同法》和国务院办公厅转发的人事部《关于在事业单位试行人员聘任制度的意见》。其实,他们用错了法律和政策,他们所引用的条文都只能针对解聘，而张在元教授的情况属于聘任合同期满自然终止。武汉大学在聘任合同期满后决定不再续聘，完全符合《劳动合同法》和《关于在事业单位试行人员聘任制度的意见》，或者说，正是根据这两个法律和政策以及其他有关法律政策，武汉大学不得不作出不再续聘的决定。

张在元教授家属说武汉大学篡改了合同聘任期限，将2005年9月1日至2009年8月30日改为2005年5月1日至2009年4月30日。张在元教授家属这样说是为了证明武汉大学提前解聘张在元教授，而不是聘任合同期满不再续聘。看来，张在元教授家属很清楚解聘和续聘的区别和意义，了解《劳动合同法》对解聘和续聘的不同规则。张在元教授家属没有拿出张在元教授那份聘任合同，而武汉大学人事部存档的那份聘任合同上有日期修改，修改处上盖了武汉大学的章。张在元教授家属以修改处没有张在元教授签字认定武汉大学是篡改日期，逻辑上不能成立，张在元教授没签字不等于武汉大学篡改日期。据了解，张在元教授是先上岗后签合同的，工作人员不了解，将日期填错，签合同时发现就改了过来。张在元教授病了，签合同情形说不清楚了，但法律上认定事实，从来不孤证定案，而是要证据链的。武汉大学有足够证据证明自己清白。第一，张在元教授的任职文件是2005年4月下发的，当时的校长侯杰昌是4月28日到学院全体教职员工大会上宣布张在元教授到任的，有文件为证。第二，张在元教授2005年4月就作为院长组织了各种学术活动，有照片为证。第三，更重要的是，张在元教授的劳酬是2005年5月1日开始的，有财务支付凭证为证。张在元教授的聘期自2005年5月1日开始是很清楚的，聘任合同白纸黑字写明聘任期限为四年，张在元教授的聘期在2009年4月30日期满。按照张在元教授家属的说法2009年8月30日才期满，那合同聘期就变成4年4个月了，这就不是聘任合同规定的聘任年限了。说武汉大学篡改合同后果非常严重，构成对武汉大学人格的污蔑和诽谤，一个百年名校做这种下三流的事？必要时可对公章做司法鉴定，看看是当时盖上去的还是现在盖上去的？根据印泥上的氧化程度是可以测定盖章时间的。

张在元教授家属还指责武汉大学不给张在元教授交养老、医疗、失业保险。聘任合同第三条是这样规定的："甲方为丙方提供每月1万元的劳酬（包含养老、医疗、失业以及工伤等保险和公积金中单位承担部分，若因个人未投以上各保险和公积金所引起的后果均由丙方个人承担）。"第四条规定："在聘期内，丙方须在甲方工作每年不少于120天。"国家规定单位应该为全日制劳动者交各种保险，张在元教授家属据此认为聘任合同第三条无效，问题在于张在元教授不是一个全日制劳动者，而是一个非全日制劳动者。非全日制用工，国际劳工公约规定为"系指正常工时较类似全时劳工为少之受雇者"。单位是否必须为张在元教授这样的非全日制劳动者上各种保险，至今无法律明文之规定，何来武汉大学违法一说？了解我国事业单位情况的都知道，事业单位改革还没有到位，即便是武汉大学在编全日制教授，武汉大学要为其交各种保险也有着渠道上的困难。张在元教授在武汉大学是兼职，他是著名的喜马拉雅空间设计公司的创办人和领衔设计师，同时也是广州市橡树空间咨询服务有限公司的法人代表，通常应在广东缴纳各种保险。武汉大学既尊重张在元教授自由选择在何处交保险的意愿，又承担了保险费用中单位承担的部分，这是值得敬重的善意，不应该被张在元教授家属糟蹋，也不应该受到公众的误解。此外，张在元教授家属认为法律规定有一个医疗期，如果扣除医疗期，张在元教授的聘期应该顺延。事实上医疗期是国家规定不得解聘或终止的时间。依据原劳动部《患病或非因工伤负伤医疗期规定》，张在元教授的医疗期为六个月。张在元教授2006年2月开始生病，先后到国内外各大医院求医治疗，从2007年4月未再到岗工作，早就过了医疗期。过了医疗期不存在聘期顺延的问题。

许多网友认为即便武汉大学尽了法律义务，情理上也是有瑕疵的。这一判断主要来源于张在元教授家属对2009年4月30日下午张在元病床前情况的描述。我也是从网上知道情况的，当时也像众多网友一样：武汉大学怎么能够对一个生命垂危的病人宣布决定并且扬长而去？但我是搞法律的，没有止于情绪，而是到学校有关部门了解情况。现在可以说，事实完全不像张在元教授家属说的那样，武汉大学对张在元教授的人道主义关怀力度是我原先不敢想象的，远远超出了力所能及的意义，完全可以用四个字描述：仁至义尽。

据在场的武汉大学部门领导介绍，自张在元教授住院以后，武汉大学各部门领导包括校领导经常去看望，4月30日是众多看望中的一次，因为这一天是聘任合同期满日，看望领导向张在元教授传达了学校不再续聘的意见。之前，校方也已与张在元教授及其家属沟通过，没有分歧。当时，张在元教授情绪是平静的。随后，看望领导又传达了学校对张在元教授工作的高度评价和不再续聘后继续关注张在元教授治疗的意愿，此时，张在元教授的情绪是有点激动了。时间久了，看望领导回忆不起张在元教授是否流泪，但有点泪眼蒙眬是可能的。需要特别指出的是，在场医生和病历可以证明，当时张在元教授处于病情平稳期，不是病危期。我不在现场，上述情况是看望领导的回忆，也不一定准确。但张在元教授家属对现场情况的介绍也是一面之词，并没有证据，尤其是陈四平先生，虽然他言之凿凿，但他和我一样也不在现场。我们凭什么相信一面之词呢？凭一面之词就指责武汉大学薄情寡义，是不是有点过分？

武汉大学是仁至义尽还是薄情寡义，显然不能以说不清楚的4月30日下午现场情况作为判断标准，而应该看武汉大学为张在元教授做了些什么？武汉大学为张在元教授做了至少以下的事，公众可以自主判断。（1）张在元教授2005年4月到岗，2006年2、3月期间，感觉身体不适，先后赴北京、上海、广州、西安和美国等地求医检查，从2007年4月开始四处住院治疗。校、院领导一直关心和帮助张在元教授的治疗。举例而言，2008年2月3日，武汉大学特派最好的救护车、医疗组和院领导远赴千里之外的西安，将张在元教授从西安接回武汉治疗。这不只是一个花费1.5万元的问题，当时天降百年不遇的大雪，路途艰难，而且危险。（2）由于张在元教授家属与专业护工关系紧张，有一段时间没有专业护工愿意护理，武汉大学组织了年轻教师、干部和学生作为志愿者24小时轮流陪护，时间为2007年11月至2008年5月。（3）张在元教授老家有90多岁的母亲，为了安慰老人，学院领导自张在元教授住院后，连续三年在春节之前去湖北公安县农村探望老人并致送礼品。如果说上面三件事还主要属于人道主义的精神关怀的话，那么就看武汉大学对张在元教授是如何给予人道主义物质关怀的：（4）张在元教授在四年聘期中实际工作不到一年，按规定生病期间只能发病假工资，但武汉大学一分不少发全薪。（5）截至2008年11月18日，张在元教授实际医疗费用已超过百万元，武汉大学为其支付了51.46万元，同时以武汉大学名义担保挂账70.76万元。也就是说，武汉大学已支付和担保支付的医疗费达到122.22万元。122.22万元是什么概念？国家每年拨付给武汉大学师生员工的公费医疗经费是2962万元，张在元教授一人就占用了4.13%，而武汉大学共有8000多名教职员工，光是教授就有1127名，还有数万名学生。武汉大学将多少位教授的公费医疗费用花到了张在元教授一个人身上，世上有这样的薄情寡义吗？

有一点需要指出，即便是在编的武汉大学教职员工，按照公费医疗的规定，个人也应承担一定比例的医疗费用。合同期满后，在张在元教授家属仍未支付医疗费的情况下，张在元教授的治疗并未中断，完全是武汉大学的人道主义关怀使然。问题在于，张在元教授并不是全日制在编教授，按政策不能享受公费医疗；按聘任合同，张在元教授无权要求武汉大学为其支付医疗费。虽然聘任合同已有明确约定，但武汉大学实际上还是让张在元教授享受了公费医疗的待遇，而且还超出了公费医疗的标准。给不应该给的待遇，付不应该付的费用，这难道还不能说明武汉大学对张在元教授的关爱吗？要知道，平常我去看病，校医院医生都会和我商量怎样节约看病费用，我们都理解，武汉大学的公费医疗费用太紧张。武汉大学让张在元教授享受公费医疗待遇本身就不符合政策，但在聘任期内，张在元教授毕竟是武汉大学的兼职教授，得的又是非同一般的病，我们武汉大学的教授们还是能理解校方让张在元教授享受公费医疗待遇这一举措的。但聘期届满，张在元教授不再是武汉大学的兼职教授，校方绝无理由也无权力让张在元教授继续享受公费医疗待遇，挤占有限的公费医疗资源。人道主义关怀不能违反法律和政策，不能损害公共利益和他人合法权益，这也是力所能及的一个含义。武汉大学不可能这样继续支付张在元教授医疗费，只能另寻人道主义关怀的方式。武汉大学依然会关注张在元教授的后续治疗问题，但这不意味着武汉大学继续支付或担保张在元教授的医疗费用。

我不清楚张在元教授的公司是否为张在元教授投了医疗保险，如果没有，张在元教授的公司和张在元教授个人应该承担医疗费用。张在元教授的公司在业内有相当高的知名度，张在元教授是一个具有国际知名度、很有经济实力的著名设计师，应该有能力承担医疗费用。张在元教授不是农民工，其家属有责任以张在元教授公司和个人财产支付医疗费，相信张在元教授家属不会只要张在元教授的财产而不要张在元教授，因此，张在元教授的后续治疗应该不会中断。当然，在张在元教授家属切实承担起张在元教授后续医疗责任的前提下，武汉大学也可以尽自己力所能及的人道主义关怀，如组织募捐、招募看护志愿者、寻求慈善资助等。

张在元教授家属在媒体上有许多攻击武汉大学的言论，有人担心武汉大学会因此改变对张在元教授的评价和态度。我相信：无论张在元教授家属如何抹武汉大学的黑，武汉大学都不会因此改变对张在元教授的高度评价，也不会停止力所能及的人道主义关怀。武汉大学是百年名校，知书识礼，不会与张在元教授家属一般见识。再说，清者自清、浊者自浊，武汉大学也不是谁抹黑就能黑的。但是，张在元教授家属对武汉大学近乎诽谤的恶意言论确实严重伤害了武汉大学广大师生尤其是为张在元教授做过志愿服务的师生的感情，引起了公愤。武汉大学就像南京老太太摔倒事件中的小伙子一样，做好事帮老太太最后反说成是他推倒了老太太。不同的是，那名小伙子因为缺少证据说不清楚，而武汉大学有充分的证据和法律条文说清楚一切。

舆论炒作总有乏味的时候，最后总要回到事实与法律的轨道上，以为吵吵闹闹就能得到非分利益的人是非常幼稚的。希望张在元教授的家属正视事实、学习法律、感恩包括武汉大学在内给予的各种来自社会各界的人道主义关爱，以免陷入忘恩负义的泥潭里。

（原载《法学家茶座》第30辑，山东人民出版社2009年版）

罚单背面的
重要提示

美国加州的城市对停车规矩颇严。稍不留神，停错地方停错时间，罚单就会出现在车的挡风玻璃上，有时还不止一张。在加州伯克利，一张普通的停车罚单为23美元，想起美元与人民币是一比八点几，难免多看看手中的罚单。罚单有红有绿，挺醒目，正面记载着违章停车的车型、车号、时间、地点、罚款金额、签发警官名字与警号等事项，背面则是密密麻麻的一大堆字体极小的文字，标题为"Important Notice"（重要提示），有的罚单还注明"read carefully"（仔细阅读）。

这些文字是提示违章者如何对待这一张罚单，主要涉及三个方面：一是告示你了结罚单时的权利。如果认为自己不该受罚，可在21天内提起行政复议；如果罚单原因出于车况不良或未随身携带汽车保险单等，可选择改正违章行为后付10美元罚款或直接付80美元罚款以作了结。二是警示你不主动了结罚单的后果。你应当在21天内支付罚款，逾期将导致更高的罚款或受DMV（车辆管理部门）的处罚；如果罚单要求你先上法庭，而在规定的期限内你没去，你会被拘捕，受到6个月监禁或1000美元罚款的处罚。三是提示你如何了结罚单。你可以邮寄一张填有罚单号码的支票或以信用卡付款；如果你提起行政复议，可到某某部门办理或邮寄行政复议书。有关部门的地址、邮编、电话、网址、工作时间等，一应俱全。

重要提示出于相关的美国法律。无论提示的事项有无法律的条文号，其所陈述的均显示了具体的权利、义务和责任，以至于任何一个具备基本阅读能力的人，都能准确地了解和把握。不用花钱求助于律师，无须对警官绽放笑脸，也不必揣摩法官今天的心情好不好，按章办事即可，最终的结果与事先的提示完全一致，简单、透明，富有效率。以前老听说美国法官的权力很大，到了美国才知道美国法官自由裁量的能耐远不如中国法官，辛普森之类的案件有陪审团先把着门，日常生活总有很具体的框框，法官也就是依样画葫芦而已。不像咱们这儿，没事时满街都是法律，想用时老对不上号，最终还得恭请法官"为民做主"。违章停车这样的事儿，罚多少算公平合理是说不清楚的，加州规定，在预留给残疾人的车位上停车，罚350美元，从来没有人申诉这个罚款高得离谱，当然也没有谁傻到冒犯这一规定。只要对同一类的违章行为按同一标准处罚，就是公平合理，轮不上法官发挥主观能动性。而且，交通违章时时有，美国人气最旺的地方除了超市恐怕就是处理罚单的大厅了，排队经常需要个把小时，如果让法官细思慢量，配多少法官都不够。在这一点上，不能不服美国人，他们不在这些琐事上浪费资源，攒足了劲去打伊拉克。

交通违章事不大，却也能惹出大麻烦。就那23美元，逾期支付超过21天，变成76美元，再拖着不交，隔一段时间翻上几倍。美国是一个最没有个人秘密的国家，不说土生土长的，就是只在美国住上一年半载的，只要美国政府愿意，一时半刻就查清楚你在银行有多少美元、挨过几张罚单，还有没有其他不良记录。除非你不要合法身份，否则再多的罚款也得交。上法庭也就是处理一下罚单，前后不过十来分钟；不去，却能导致牢狱之灾。别以为美国人大大咧咧，这种时候，法庭一定会发出传票，警察一定会想方设法找到你。这里包含着这么一个意思：人非圣贤，孰能无过，日常起居，犯个小错，给张罚单起个警示或惩戒作用，也就过去了。但得了罚单不依法了结，就不是一个可以疏忽的问题，而有了一种藐视或挑战法律的含义，如果听之任之，人人效仿，法律的权威和秩序就无从谈起。而法律及其秩序涉及国家与社会的根本利益，其确立和运行可是投入了很多资源的。事儿一上升到这样的高度，就容不得谁掉以轻心或营私舞弊。得了罚单，只能老老实实地支付罚款或堂堂正正地申请复议，千万不要存侥幸之念，也别找关系走后门。美国的法官或警察绝不会与你撮一顿或笑纳你提去的茅台，因为，法律无情着呢。

然而，最足以称道的还是美国执法部门的精明。将有关事项印在罚单背面，首先体现了执法部门的人情味儿。怕你摸黑，每一个拐角都给你点上灯。让你数钱出去难免使你不快，因而绝不再让你掏腰包时有一丝的不便，连邮寄支票的信封都给你备好。你犯了错，人家的服务还那么仔细周到，你不觉得人家罚你也是迫不得已吗？你还好意思将怨气洒在不相识的警察或法官的身上吗？同时，执法部门也撇清了干系。该告知的都告知了，执法部门履行了法律要求告知的义务，你想纠缠也没门。你无法挑剔执法的程序，也找不到这不知那不知的借口，硬要纠缠，只有一个不是理由的理由，那就是你不识字。罚单上甚至用大一号的字体提示不得邮寄现金，从而避免了瓜田李下之嫌。这一份精明值得一学。当然，学的基础是不想以权谋私，什么都透明了，就提供不了有偿咨询服务，也没有了打通关节一说。

琢磨完罚单，就不觉得罚单沉重了。现在花几千几万元未必能听到一堂好课、学到一点真本事，区区200元人民币，就长了这份见识。

（原载《法学评论》2003年第4期）

中国股市的症结在于
没有规矩

　　许小年放弃股市研究，理由是A股出了系统性问题，不是一两项政策或者新领导能解决的。这不是什么高深之见，踩三轮的王大爷每次买股被套、割肉也都这么说。作为股市专家，许小年本应稍微深刻一些，比如透露点什么样的系统性问题、根子在哪儿、有什么解决办法。不过，这未免强人所难，中国经济学家通常勇于表达对现状的不满，至于分析现状和改变现状，一贯不甚了了。

　　A股系统性问题不是近来的事，从中国股市开锣的那天起就这样。当年许小年发出股市推倒重来的吼声，后来，股指跌破千点，推倒确实，但重来乌有，指数一度升到6000多点的股市至今依旧。其间也曾发生过许多据说能使中国股市公平、公开、公正的改革，但中国股市依然到处是坑蒙拐骗、弱肉强食。吴敬琏曾怒斥中国股市连赌场都不如，撇去其中的愤青情绪，吴敬琏其实抓住了A股系统性问题的根子。赌场也有赌场的游戏规则，连赌场都不如意味着中国股市没有规矩。

　　说中国股市没规矩，领导不一定认同，中国不是有《证券法》、证监会的各种指引和交易所的各种规则吗？不是有黄光裕和汪建中被送进大牢的事例吗？

是有，但多是些中看不中用的规则。没事，这个条文那个指引很多；有事，往往找不到对号入座的规则。枝枝节节的地方规则很细，例如独立董事的任期不得超过6年，2年必须接受一次后续培训。关键地方常常只有原则性规定甚至留出让人运作的空间，例如如何防止独立董事成为大股东的爪牙。与香港股市对独立董事任期没有限制相比，内地股市的独立董事独立性要求似乎更高，但对现代投资聘大股东、退休领导李安任独立董事，内地股市束手无策。美国股市8年间退市7000多家，中国股市20年只退市75家，不只是中国的退市标准过低，也是因为中国的退市规则中留有一个特别处理的空间。京东方这样上市10年除了圈钱就是亏损的公司因而能从容操纵财务赖在股市不走。想堵住漏洞其实很简单，大股东无独立董事提名权和表决权就能避免独立董事不独立，退市标准改为累计亏损3年者退市就能将京东方驱出股市。可是，制度设计者总是神奇地迷失在如此简单的问题之中。

有用的规则却配置极低的违法成本。《证券法》《公司法》规定了不少法律责任，刑事责任、行政责任、民事责任一应俱全，然而，责任与违法行为性质和违法预期所得不成比例，让人觉得相当值得冒险。绿大地虚假上市何等恶劣、何等猖獗，大股东何学葵一审被判3年缓刑，几乎是零成本取得数亿财富，这简直是在号召有点虚假上市可能的公司不妨奋力一搏。在香港股市中，信息披露不实，董事长可能被判监禁2年加1000万港元的罚款，相同的事情发生在内地股市，一般也就是证监会的一份警告或者30万元的罚款，这就是中国宝安敢在石墨烯信息披露上耍弄四大证券公司和投资者的原因。违法成本极低的规则对证券违法犯罪行为几乎没有约束力，有等于无。想要中国股市有规矩，必须提高违法成本到动辄坐牢、禁入和倾家荡产的程度，这就是古人所说的治乱世用重典。

问题还出在选择性执法。中国证监会再怎么能干，也不可能监管住这么多的上市公司、中介机构和庄家。监管工作只能由地方证监局扛大头。然而，地方证监局常常自觉不自觉地服务于地方大局，一不查国有控股的公司，二不查民营的纳税大户，三不查背景深厚的机构，就查与地方政府闹别扭的民营企业和汪建中之类的农家子弟。南京国资委控制的南京高科出售仙林商务地产给关联公司，评估价7000多万元，散户大哗，再评估变成了1.5亿多元。同一评估事务所前后不到半年的评估价相差1倍，明显存在猫腻，江苏证监局至今不闻不问。ST宝龙在澄清公告中公开承认以应收账款直接支付公司职工工资，收入不入账直接支付费用显然违反会计准则，而且涉嫌偷税，广东证监局视若无睹。选择性执法完全改变规则的预期，导致规则蜕化为关系的尾巴和寻租的工具。

由此可见，A股系统性问题本质上是缺乏法治。中国股市哪一角落都有理不清的难题，就事论事永远解决不了，不管中国证监会主席姓尚还是郭。中国股市的首要任务是确立规矩，以严密周全、严管重罚、六亲不认的规则对付中国股市上偷油的老鼠，这样，中国股市才能出现朗朗乾坤。

（原载《法治周末》2012年3月29日）

必须严厉查处光大证券 "8.16"证券犯罪行为

　　光大证券2013年8月16日的乌龙指交易无疑是中国股市的"汶川"地震。乌龙指交易作为一种指令或技术错误,在许多国家股市都发生过,本身与犯罪无关。但乌龙指交易发生后如何应对,就可能涉及证券犯罪。因此,中国证监会和广大股民关注的重点应是光大证券应对乌龙指交易的方案和行动。

　　分析公开信息,光大证券应对乌龙指交易主要有三个部分组成:(1)在11:16指数大幅回落时继续主动买入推高指数直至11:30最高价收盘,以便掩盖乌龙指事实,诱导市场想象有重大利好政策出台,诱骗其他投资者跟进买入。(2)在有媒体报道乌龙指交易后,光大证券董秘梅某出面否认,继续维持市场消息面的朦胧,诱导其他投资者在午后开盘后犹豫卖出,为光大证券开出股指期货的巨额空单留出尽可能多的时间。(3)利用11:30—12:55的休市时间迅速调集资金,集合竞价就开出巨量股指期货空单,对冲乌龙指的风险并利用乌龙指交易获得的筹码打压股指获利。

　　就投资之道而言,光大证券的方案堪称严密,行动堪称迅速,结果堪称成功。在午后开市短短半小时，光大证券就开出近7000手市值46亿元的股指期货空单，至当天收盘，已有2.1亿元的盈利。如果光大证券在下星期将乌龙指筹码杀跌出尽，股指期货指数或有150点至200点的跌幅，光大证券的空单获利可能高达6亿元。乌龙指交易总计72亿元，平均最多也就是亏5个点即3.6亿元，光大证券应对乌龙指交易的行动不仅弥补亏损，还可盈利2.4亿元。

然而，从法律上看，光大证券干的是犯罪勾当。

乌龙指交易发生后继续主动买入以维持股指到收市，是利用资金操纵市场，触犯《证券法》第一百八十四条，构成操纵证券、期货市场罪。《刑法》第一百八十二条规定："单独或者合谋，集中资金优势、持股或者持仓优势或者利用信息优势联合或者连续买卖，操纵证券、期货交易价格或者证券、期货交易量的，情节严重的，处五年以下有期徒刑或者拘役，并处或者单处罚金；情节特别严重的，处五年以上十年以下有期徒刑，并处罚金。单位犯前款罪的，对单位判处罚金，并对其直接负责的主管人员和其他直接责任人员，依照前款的规定处罚。"

光大证券董秘公开否认乌龙指事件，指真为假，是公开散布虚假信息，触犯《证券法》第一百八十九条，构成编造并传播证券、期货交易虚假信息罪和诱骗投资者买卖证券、期货合约罪。《刑法》第一百八十一条规定："证券交易所、期货交易所、证券公司、期货经纪公司的从业人员，证券业协会、期货业协会或者证券期货监督管理部门的工作人员，故意提供虚假信息或者伪造、变造、销毁交易记录，诱骗投资者买卖证券、期货合约，造成严重后果的，处五年以下有期徒刑或者拘役，并处或者单处一万元以上十万元以下罚金；情节特别恶劣的，处五年以上十年以下有期徒刑，并处二万元以上二十万元以下罚金。单位犯前两款罪的，对单位判处罚金，并对其直接负责的主管人员和其他直接责任人员，处五年以下有期徒刑或者拘役。"

在只有光大证券清楚乌龙指交易的条件下，光大证券开仓巨额股指期货空单，是利用内幕消息交易，触犯《证券法》第一百八十三条，构成内幕交易、泄露内幕信息罪和利用未公开信息交易罪。《刑法》第一百八十条规定："证券、期货交易内幕信息的知情人员或者非法获取证券、期货交易内幕信息的人员，在涉及证券的发行，证券、期货交易或者其他对证券、期货交易价格有重大影响的信息尚未公开前，买入或者卖出该证券，或者从事与该内幕信息有关的期货交易，或者泄露该信息，或者明示、暗示他人从事上述交易活动，情节严重的，处五年以下有期徒刑或者拘役，并处或者单处违法所得一倍以上五倍以下罚金；情节特别严重的，处五年以上十年以下有期徒刑，并处违法所得一倍以上五倍以下罚金。单位犯前款罪的，对单位判处罚金，并对其直接负责的主管人员和其他直接责任人员，处五年以下有期徒刑或者拘役。"

中国证监会刚刚宣布对光大证券立案调查，但没有相应措施，这表明中国证监会对光大证券的证券犯罪行为还没有足够认识。如果调查重点落于乌龙指交易本身，很难及时控制光大证券操纵市场和内幕交易的后果，光大证券就会从犯罪中获利。光大证券或许早已洞察到中国证监会的调查力度和范围，因而以一种近于疯狂、几乎不加掩饰的犯罪方式作为乌龙指事件的善后方案。如果光大证券这种在世界股市史上闻所未闻的操纵市场和内幕交易最终得逞，中国证监会有什么必要查处那些百万、千万级别的老鼠仓？

为了中国股市未来，为了中国证监会不渎职，中国证监会必须严厉查处光大证券的证券犯罪行为。建议中国证监会立即冻结光大证券乌龙指交易的账户、光大证券股指期货的账户，彻查资金来源和构成，防止犯罪证据流失。建议中国证监会立即会同海关、公安对光大证券所有高管和核心部门人员实施边控，防止责任人员和证人外逃。建议中国证监会公布调查人员、调查时间、调查范围，防止调查出现营私舞弊、徇私枉法、滥用职权。光大证券的"8.16"证券犯罪行为，是检验中国证监会监管工作的试金石，让我们拭目以待。

（原载《证券日报》2013年8月20日）

关于抢救中国股市的
八条建议

尊敬的易会满主席：

我是1993年入市的股民，见证了中国股市30多年的风风雨雨。在国际政治和国内经济双重压力下，中国股市已到了前所未有的危险时刻，相信您比2亿散户更忧心如焚。近期，中国证监会和有关媒体一再力振社会对中国股市的信心，遗憾的是至今没有任何对症下药的措施。为此，向您提8条建议，供您和有关部门决策参考。

一、中国股市必须讲政治、讲大局

证券市场是现代经济的枢纽，也是资本主义和社会主义较量的经济战场，中国股市的兴衰绝非2亿散户的得失，而是中国式现代化的成败，事关中国特色社会主义的国运。中国股市绝不能崩盘、休克、关门，也不可能经常依赖国家救市资金维持门面，有关中国股市的政策都必须以此为底线。

二、上证指数不能长期徘徊于3000点上下

上证指数徘徊于3000点上下常被误为中国股市稳定的指标。其

实，上证指数作为中国主板市场的指数，是中国股市健康程度的主要指标。股指反映股市资金量和上市公司数量的比例关系，构成股指的公司定期更新确保进入股指的公司具有投资价值，没有哪个经济持续发展的国家的股指不是向上的。对应中国以往20多年的经济高速发展，上证指数至少应该翻倍，长期徘徊于3000点上下违背股市的客观规律，足以证明中国股市的沉疴积弊。

三、股市融资应当与股市资金总量挂钩

股市融资多少取决于股市资金多少，而不是相反。上市公司融资是从股市抽走资金投于实体经济，上市公司分红是实体经济收益资金回流股市，而上市公司的持续成长是吸引场外资金流入股市的动力。股市原则上只能允许那些具有持续成长性和分红预期的公司融资，而且股市融资总额必须与股市资金流入额保持合理的比例。以讲故事为业的科创板公司不是绝对不可融资，但必须严格控制如一个行业只允许1—2个公司融资，而且绝不能高市盈率。

四、上市公司的数量应当保持相对稳定

实行注册制后，中国股市的上市公司数量急剧增加，不包括北交所，已达5000家。股市资金总量的增长取决于经济发展水平和股市投资效应，上市公司数量增加超过股市资金总量增长率时，场内资金必然分流导致股票平均价格下降。中国证监会应依据当年股市资金总量确定下年的新股上市额度，当年股市资金总量零增长或负增长，下年暂停新股上市，同时，实行退市和上市联动机制，退市一家可新增一家新股上市额度。

五、上市3年未实现招股书承诺或预测事项的一律退市

招股书是公司吸引股民申购或购买其股票的重要依据，上市3年未实现招股书承诺或预测事项，说明招股书忽悠股民，公司本身不具备上市的条件或能力，予以退市合情合理。同时必须规定，公司上市前的股东必须在实现招股书承诺或预测事项后2年才能减持，招股书构成虚假陈述或损害股东利益的对股民承担侵权赔偿责任。

六、处罚上市公司应当同时严厉处罚公司董事和高管

上市公司是法人，其违法行为其实就是公司董事和高管的违法行为，只处罚上市公司不处罚公司董事和高管，无异于鼓励公司董事和高管利用上市公司在股市兴风作浪。广州中院的康美药业案判决之所以产生震撼力，就在于公司董事、高管承担连带赔偿责任。对证券市场违法行为的零容忍应直接落在公司董事和高管身上，违法的公司董事和高管应支付倾家荡产的违法成本。

七、严厉监管基金资金在个股上的抱团取暖

炒股盈利的密码是低位收集筹码、高位派发筹码，公募私募基金在个股低位时买入、高位时卖出属于正常股市交易。但中国股市最为常见的是，基金资金在个股高位时买入，抱团取暖，将个股市盈率推上几十倍甚至数百倍，引诱散户接盘或高位接盘利益输送，最终，所谓的股茅几乎无一例外地腰斩。这是典型的操作股价，是中国股市"牛短熊长"的直接原因，必须予以严厉监管。应当

规定，公募私募基金对市盈率超过30或40倍的个股只能卖出不能买入，单个公募私募基金买入个股的资金不得超过基金资金总量的百分之三。

八、发行审核委员会委员必须提交3年以上的个人炒股账单

注册制下的发行审核是新股上市唯一的质量阀门，审核委员不仅应有金融、财务、法律、行业知识，更重要的必须明了股市猫腻，如大股东如何掏空公司、庄家如何宰割"韭菜"、散户如何追涨杀跌。从未炒股的任何专家都只能纸上谈兵，审核委员没有被"割韭菜"的痛苦记忆，很难发现所审核公司潜在的深层问题和风险，也很难体会华虹公司将募集的210亿元资金用于理财给散户的感受。应当规定，不能提交3年以上个人炒股账单的专家不能担任发行审核委员会委员，审核委员及其亲属终身不得买卖其审核发行的上市公司股票。

此致！

武汉股民　孟勤国

2023年8月24日